こどもたちへ伝えたい…

にほんのあそびの教科書

にほんのあそび研究委員会［編］

土屋書店

はじめに

昔《むかし》の日本《にほん》の子《こ》どもたちは、自然《しぜん》の中《なか》や軒下《のきした》、家《いえ》の中《なか》などで、体《からだ》や身近《みぢか》な道具《どうぐ》を使《つか》ったあそびをたのしんでいました。しかし、現在《げんざい》それらを見《み》かけることは、すっかり減《へ》ってしまいました。身《み》近《ちか》な自然《しぜん》は少《すく》なくなり、子《こ》どもたちは塾《じゅく》やおけいこなどで忙《いそが》しくなり、あそぶ機会《きかい》が限《かぎ》られてしまったのです。

この本《ほん》は、現在《げんざい》は見《み》ることがまれになったものもふくめて、日《に》本《ほん》に昔《むかし》からつたわるあそびを、「外《そと》あそび」「草花《くさばな》あそび」「室内《しつない》あそび」の３つに分《わ》けて紹介《しょうかい》しています。

中《なか》には、はじめて知《し》るものもあると思《おも》いますが、すべて本《ほん》の通《とお》りにやらなくてはいけないというものではありません。あそぶ人《にん》数《ずう》や場所《ばしょ》、時間《じかん》などによって、自由《じゆう》にアレンジしていいのです。

子《こ》どもはあそびを通《とお》して、いろいろな子《こ》とかかわり、自分《じぶん》で考《かんが》えていく中《なか》で、社会性《しゃかいせい》や人間性《にんげんせい》を学《まな》びます。たくさんあそんだ子《こ》どもほど、豊《ゆた》かな大人《おとな》に成長《せいちょう》するものです。

大人《おとな》になった方《かた》も、あそんでいた子《こ》どものころの記憶《きおく》をふりかえると、とてもなつかしく、たのしい気持《きも》ちになることでしょう。また、実際《じっさい》にあそんだ経験《けいけん》のある方《かた》は、この本《ほん》とはちがうやり方《かた》やルール、歌《うた》などであそんでいたかもしれません。あそびはそれぞれの時代《じだい》や地域《ちいき》で、いろいろな方法《ほうほう》が生《う》まれ、つたえられたものなのです。この本《ほん》のあそび方《かた》は、ひとつの方法《ほうほう》にすぎません。これ以外《いがい》にもこんなあそびがあったと、ぜひ子《こ》どもたちにつたえてください。

この本《ほん》をきっかけとして、多《おお》くの子《こ》どもがたのしくあそべる空《くう》間《かん》が生《う》まれることを願《ねが》っています。

にほんのあそび研究《けんきゅう》委員会《いいんかい》

もくじ

外《そと》あそび

草《くさ》花《ばな》あそび

室《しつ》内《ない》あそび

外《そと》あそび

花《はな》いちもんめ

地域《ちいき》ですこしずつちがう歌詞《かし》の、じゃんけんあそび♪

名《な》前《まえ》をよばれた子《こ》がじゃんけんをして、負《ま》けた子《こ》は相手《あいて》の組《くみ》に入《はい》ります。自分《じぶん》の名前《なまえ》をよばれたときは、うれしいような、はずかしいような気持《きも》ちにもなります。

どの子《こ》をよぶのか、自《じ》分《ぶん》がよばれるのか、考《かんが》えるのがすこしドキドキする、じゃんけんあそびです。

花《はな》いちもんめ

[歌《うた》の豆知識《まめちしき》] **「勝《か》ってうれしい、花《はな》いちもんめ。負《ま》けてくやしい、花《はな》いちもんめ」**のところを、**「ふるさとまとめて、花《はな》いちもんめ。もんめ、もんめ、花《はな》いちもんめ」**というパターンの歌詞《かし》もあります。**「おかまそこぬけ」**を**「おかまこわれて」**や、**「ふとんびりびり」**を**「ふとんがぼろぼろ」**と歌《うた》う地域《ちいき》もあります。この本《ほん》の歌詞《かし》以外《いがい》がまちがっているのではなく、それぞれの「花《はな》いちもんめ」があるのです。

［あそび方《かた》］

1

2組《くみ》に分《わ》かれて、横一列《よこいちれつ》に手《て》をつなぎます。代表《だいひょう》のひとりがじゃんけんをします。

2

じゃんけんに勝《か》ったA組《エーぐみ》は、「勝《か》ってうれしい」と歌《うた》いながら前《まえ》に進《すす》み、「花《はな》いちもんめ」で、けるように片足《かたあし》を前《まえ》にふりあげます。負《ま》けたB組《ビーぐみ》は、A組《エーぐみ》にあわせてうしろにさがります。

3

B組《ビーぐみ》は「負《ま》けてくやしい」と歌《うた》いながら前《まえ》に進《すす》み、「花《はな》いちもんめ」で、けるように片足《かたあし》を前《まえ》にふりあげます。A組《エーぐみ》は、B組《ビーぐみ》にあわせてうしろにさがります。交互《こうご》に歌《うた》いながら前進《ぜんしん》と後退《こうたい》をくりかえします。

4

歌《うた》がおわったら、それぞれの組《くみ》が輪《わ》になって、どの子《こ》がほしいかを相談《そうだん》します。

5

きまったら「きーまった」といって、列《れつ》にもどります。

あそびの豆知識《まめちしき》

花《はな》いちもんめの語源《ごげん》

花《はな》いちもんめは、漢字《かんじ》で「花一匁《はないちもんめ》」とかきます。「匁《もんめ》」とは重《おも》さの単位《たんい》のひとつで、1匁《もんめ》は3.75g《グラム》で、今《いま》の5円玉《えんだま》1枚《まい》の重《おも》さです。また、江戸時代《えどじだい》のお金《かね》の単位《たんい》でもありました。しかしこのあそびの「匁《もんめ》」がどちらのことなのかは、わかっていません。

江戸時代《えどじだい》の本《ほん》には、このあそびの記録《きろく》がないので、はじまった時代《じだい》はわかっていませんが、昔《むかし》は「子買《こが》い」や「子貰《こもら》い」という、にたあそびもありました。

6

A組《エーぐみ》が歌《うた》いながら前《まえ》に進《すす》み「◎◎ちゃんがほしい」ときめた子《こ》をよびます。

7

B組《ビーぐみ》が歌《うた》いながら前《まえ》に進《すす》み「△△ちゃんがほしい」ときめた子《こ》をよびます。

8

よばれた子《こ》は前《まえ》に出《で》てきてじゃんけんをします。

9

負《ま》けた子《こ》は勝《か》ったほうの組《くみ》に入《はい》ります。

10

勝《か》った組《くみ》から歌《うた》いはじめ、歌《うた》とじゃんけんをくりかえします。

11

片方《かたほう》の組《くみ》にだれもいなくなったら、おわりです。

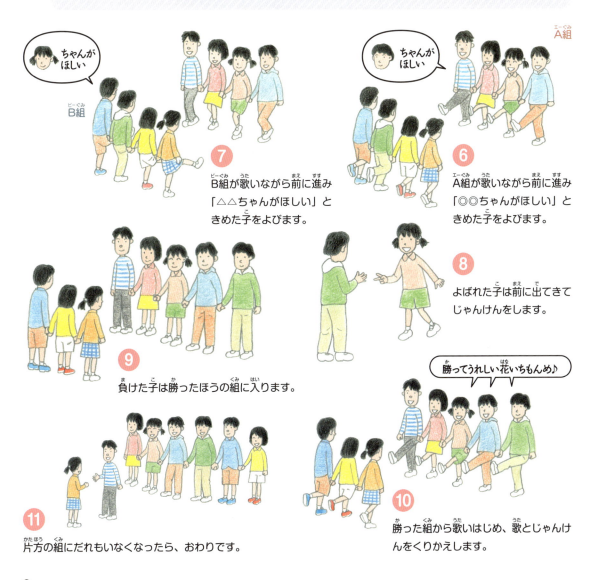

外《そと》あそび

はじめの一歩《いっぽ》

関東《かんとう》の数《かぞ》え方《かた》は「だるまさんがころんだ」

鬼《おに》がふりかえったときに動《うご》いた子《こ》は、つかまってしまいます。ほかの子《こ》はその子《こ》を助《たす》けるために、鬼《おに》に近《ちか》づいていきます。近《ちか》づくごとにだんだんと緊張《きんちょう》が高《たか》まります。

[あそび方《かた》]

1 鬼《おに》はかべや木《き》にむかい、子《こ》から背《せ》をむけて手《て》で目《め》をかくします。子《こ》は横一列《よこいちれつ》にならびます。

2 子《こ》は「はじめの一歩《いっぽ》」といって、一歩《いっぽ》進《すす》みます。

3

鬼《おに》が「だるまさんがころんだ」と10文字《もじ》を数《かぞ》えているあいだに、子《こ》たちは鬼《おに》にむかって進《すす》み、鬼《おに》が数《かぞ》えおわるまでに体《からだ》の動《うご》きをとめます。

4

鬼《おに》は数《かぞ》えおわったらすぐにふりむき、動《うご》いている子《こ》がいたら名前《なまえ》をよびます。

5

よばれた子《こ》はつかまり、鬼《おに》と手《て》をつなぎます。

6

鬼《おに》は「だるまさんがころんだ」をくりかえします。あとからつかまった子《こ》は、一列《いちれつ》に手《て》をつなぎます。

7

子《こ》は鬼《おに》とつかまっている子《こ》がつないでいる手《て》を「切《き》った！」といって切《き》ります。

【ルール】つかまっている子《こ》がいないときは、「ドン！」といって鬼《おに》の背中《せなか》にタッチします。

8

鬼《おに》は「だるまさんがころんだ」と数《かぞ》えて、「ストップ」とさけびます。子《こ》はそのあいだににげ、ストップでとまります。

9

鬼《おに》は子《こ》の方向《ほうこう》へ3歩《ぼ》進《すす》みます。鬼《おに》にタッチされた子《こ》が次《つぎ》の鬼《おに》となります。

【ルール】⑦の前《まえ》に子《こ》がみんなつかまったら、はじめにつかまった子《こ》が次《つぎ》の鬼《おに》となります。

いろいろなルール

⑨で子《こ》をつかまえるときは、「3歩《ぼ》」や「5歩《ほ》」と先《さき》にきめるルールと、子《こ》がとまった時点《じてん》で子《こ》が「大《おお》また10歩《ぼ》」や「小《こ》また5歩《ほ》」ときめるルールがあります。

あそびの風土《ふうど》

地域《ちいき》によって数《かぞ》え方《かた》いろいろ

10文字《もじ》の数《かぞ》え方《かた》は、「**だるまさんがころんだ**」のほかにも、地域《ちいき》によってさまざまなものがあります。関西《かんさい》では「**坊《ぼん》さんがへをこいた**」といいます。ほかにも「**坊《ぼん》さんが酒飲《さけの》んだ**」「**ハワイのフラおばさん**」という数《かぞ》え方《かた》もあります。

外《そと》あそび

かごめかごめ

大人《おとな》が行《おこな》っていた「神《かみ》おろし」がもとといわれるあそび

歌《うた》いながら鬼《おに》のまわりをまわり、歌《うた》のおわりにみんなでしゃがみます。鬼《おに》は目《め》かくしをしたまま、うしろにどの子《こ》がいるかを予想《よそう》して名前《なまえ》をいいます。

みんなで歌《うた》いながらぐるぐるまわるたのしさと、名前《なまえ》をよびあてられるかもしれない、ちょっとしたドキドキがあります。

[あそび方《かた》]

1

鬼《おに》はしゃがんで手《て》で目《め》かくしをします。子《こ》は鬼《おに》を真《ま》ん中《なか》にして、手《て》をつないで輪《わ》になり、「かごめかごめ」を歌《うた》いながら、右《みぎ》にまわります。

かごめかごめ

か ごめ か ご め　か ごのな かのと りーは　い つ い つ で やーる
よ あ け の ば ん に　つ るとか めがす べった　うしろのしょうめんだ　あれ

[歌《うた》の豆知識《まめちしき》]『諺苑《げんえん》』という江戸時代《えどじだい》の国語辞典《こくごじてん》にある「かごめかごめ」の歌詞《かし》は、「かごめかごめ。かごの中《なか》の鳥《とり》は、いついつ出《で》やる。夜明《よあ》けの晩《ばん》に、つるつるつっぺぇった。なべのなべの底《そこ》ぬけ。一升《いっしょう》なべの底《そこ》ぬけ。底《そこ》を入《い》れてたもれ」という内容《ないよう》でした。「底《そこ》を入《い》れてたもれ」は、「底《そこ》を入《い》れてください」という意味《いみ》です。

あそびの歴史《れきし》

明治時代《めいじじだい》のはじめに大流行《だいりゅうこう》

かごめかごめは、明《めい》治時代《じじだい》のはじめから、中《なか》ごろに大流行《だいりゅうこう》したそうです。昔《むかし》は「地蔵《じぞう》あそび」や「中《なか》の中《なか》のお坊《ぼう》さん」という、同《おな》じようなあそびもありました。

しかしこのあそびのもとは、大人《おとな》たちがまじめに行《おこな》っていた「神《かみ》おろし」という儀式《ぎしき》であったという説《せつ》があります。これは、天候《てんこう》や農作物《のうさくぶつ》の収穫《しゅうかく》、家同士《いえどうし》の結婚《けっこん》などについて、神《かみ》のおつげを聞《き》くためのひとつの方法《ほうほう》でした。そのようすを子《こ》どもがあそびとして、現代《げんだい》までつたえてきたといわれています。

また、歌《うた》の意味《いみ》についてはさまざまな説《せつ》があります。「かごめ」は、「かごの目《め》」や、「屈《かが》め（しゃがめ）」という意味《いみ》が考《かんが》えられています。

2

歌《うた》の「うしろの正面《しょうめん》だあれ」にあわせて、鬼《おに》のうしろにだれかがかくれるようにして、しゃがみます。

3

鬼《おに》は目《め》かくしをしたまま、うしろにいる子《こ》を予想《よそう》して名前《なまえ》をいいます。あたればその子《こ》が次《つぎ》の鬼《おに》となります。

【ルール】あたらなければ、同《おな》じ子《こ》が鬼《おに》を続《つづ》けます。

外《そと》あそび

子《こ》とろ子《こ》とろ

平安時代《へいあんじだい》にお坊《ぼう》さんが作《つく》ったあそび

親《おや》は一番《いちばん》うしろの子《こ》が鬼《おに》につかまらないように、にげまわったり、両手《りょうて》を広《ひろ》げたりして鬼《おに》のじゃまをします。

親《おや》の動《うご》きにつられて、子《こ》たちがあっちこっちにゆさぶられるはげしさが、やみつきになります。

［あそび方《かた》］

あそびの起源《きげん》

平安時代《へいあんじだい》の僧侶《そうりょ》が作《つく》ったあそび

子《こ》とろ子《こ》とろは、平安《へいあん》時代《じだい》の恵心僧都《えしんそうず》という僧侶《そうりょ》（お坊《ぼう》さん）が作《つく》ったあそびで、当時《とうじ》はこのような歌《うた》でした。

とりつく
比丘《びく》（出家《しゅっけ》した男子《だんし》）
比丘尼《びくに》（出家《しゅっけ》した女子《じょし》）
優婆塞《うばそく》（仏教《ぶっきょう》を信《しん》じる男子《だんし》）
優婆夷《うばい》（仏教《ぶっきょう》を信《しん》じる女子《じょし》）

「比比丘女《ひふくめ》」いうお地蔵《じぞう》さん（親《おや》）が、地獄《じごく》にひきずりこもうとする鬼《おに》から、仏教《ぶっきょう》を信《しん》じる人々《ひとびと》（子《こ》）を守《まも》るという内容《ないよう》でした。仏教《ぶっきょう》を広《ひろ》めるために作《つく》られた、子《こ》どものあそびなのです。

1

鬼《おに》と親《おや》、子《こ》をきめ、子《こ》は親《おや》のうしろに一列《いちれつ》につながります。鬼《おに》と親《おや》がかけあいをします。

鬼《おに》「子《こ》とろ子《こ》とろ、どの子《こ》とろ」
親《おや》「どの子《こ》がほしい」
鬼《おに》「◎◎ちゃんがほしい」

【ルール】一番《いちばん》うしろの子《こ》以外《いがい》はつかまえることができません。

2

鬼《おに》は列《れつ》の一番《いちばん》うしろの子《こ》をつかまえます。親《おや》は子《こ》がつかまらないように、手《て》を広《ひろ》げて左右《さゆう》に動《うご》き、鬼《おに》から子《こ》を守《まも》ります。子《こ》は列《れつ》からはなれないように、しっかりと前《まえ》の子《こ》の体《からだ》をつかみ、前《まえ》の子《こ》の動《うご》きにあわせてにげます。

3

鬼《おに》につかまると、親《おや》が次《つぎ》の鬼《おに》となります。前回《ぜんかい》の鬼《おに》は、子《こ》の一番《いちばん》うしろにつながります。

外《そと》あそび

江戸《えど》時代《じだい》の関所《せきしょ》のようすが歌《うた》になった 通《とお》りゃんせ

列《れつ》になって、手《て》で作《つく》ったアーチを歌《うた》いながらくぐります。歌《うた》のおわりにアーチの下《した》にいた子《こ》は、はさまってつかまってしまいます。

はさまるかどうかのドキドキと、はさまったあとの体《からだ》のゆれがおもしろいあそびです。

[あそび方《かた》]

1

アーチを作《つく》る親《おや》をふたりきめ、ほかの子《こ》は手《て》をつないで一列《いちれつ》になります。

2

子《こ》と親《おや》が交互《こうご》に歌《うた》いながら、子《こ》は順番《じゅんばん》にアーチをくぐります。

【アレンジ】人数《にんずう》が多《おお》いときは、はじめの子《こ》とおわりの子《こ》が手《て》をつなぎ、輪《わ》になってまわります。

通《とお》りゃんせ

[歌《うた》の豆知識《まめちしき》] 埼玉県《さいたまけん》の三芳野神社《みよしのじんじゃ》や、神奈川県《かながわけん》の菅原神社《すがわらじんじゃ》が舞台《ぶたい》という説《せつ》もあり、各神社《かくじんじゃ》には石碑《せきひ》があります。

あそびの起源《きげん》

「帰《かえ》りがこわい」のはなぜ?

「通《とお》りゃんせ」は、江戸時代《えどじだい》の箱根《はこね》の関所《せきしょ》のようすを歌《うた》ったという説《せつ》があります。箱根《はこね》は江戸《えど》と京都《きょうと》や大阪《おおさか》をつなぐ東海《とうかい》道《どう》のあいだにあり、幕府《ばくふ》の情報《じょうほう》を守《まも》るために、通行《つうこう》が管理《かんり》されていました。通《とお》るためには手《て》形《がた》（許可証《きょかしょう》）が必要《ひつよう》ですが、家族《かぞく》の急病《きゅうびょう》などは、見《み》のがしてくれることもありました。しかしその帰《かえ》りは、行《い》きのように通《とお》ることがむずかしかったので、「行《い》きはよいよい、帰《かえ》りはこわい」と歌《うた》われたといわれています。

3

歌《うた》の最後《さいご》にアーチの下《した》にきた子《こ》は、親《おや》の手《て》にはさまってつかまります。つかまった子《こ》は「地獄《じごく》ごくらく、えんま様《さま》こわい」といわれてゆさぶられます。

【ルール】つかまった子《こ》は、親《おや》のひとりと親《おや》を代《か》わります。

外《そと》あそび

明治時代《めいじじだい》にはじまったといわれる劇《げき》の鬼《おに》ごっこ

あぶくたった

歌《うた》いながら鬼《おに》のまわりをまわって、頭《あたま》をつつきます。歌《うた》がおわったら、子《こ》のひとりがお母《かあ》さん役《やく》になって、劇《げき》をはじめます。

劇《げき》の鬼《おに》ごっこなので、いろいろな台詞《せりふ》でアレンジをしてあそびましょう。

[あそび方《かた》]

1

子《こ》は鬼《おに》をかこみ、「あぶくたった」を歌《うた》いながらまわります。

2

「ムシャムシャムシャ」のときに、鬼《おに》の頭《あたま》を手《て》でつつきます。「まだ煮《に》えない」と歌《うた》うときは、①にもどり、また歌《うた》のはじめから歌《うた》います。

あぶくたった

♪この歌《うた》は、「まだ煮《に》えない」と歌《うた》うと、またはじめにもどります。好《す》きなだけくりかえして歌《うた》い、「もう煮《に》えた」でおしまいです。

3

「もう煮《に》えた」で歌《うた》がおわったら、「戸棚《とだな》にしまっておきましょう、ガチャガチャガチャ」といい、鬼《おに》をほかの場所《ばしょ》に移動《いどう》させ、カギをかけるふりをします。そして、子《こ》の中《なか》のひとりがお母《かあ》さん役《やく》となり、劇《げき》をはじめます。

子《こ》「お母《かあ》さん、お金《かね》ちょうだい」
お母《かあ》さん「戸棚《とだな》にあずきがあるから、あれを食《た》べなさい」
子《こ》「はーい。あっ、くさってる。川《かわ》にすてましょう。ドボーン。おふろに入《はい》って、ジャブジャブジャブ。ご飯《はん》を食《た》べてムシャムシャムシャ。おふとんしいて、ねましょう」

4

鬼《おに》が子《こ》のほうへむかい、戸《と》をたたくまねをします。子《こ》の問《と》いかけに、鬼《おに》は好《す》きに答《こた》えます。

鬼《おに》「トントントン」
子《こ》「なんの音《おと》？」
鬼《おに》「風《かぜ》の音《おと》」
子《こ》「あーよかった」
鬼《おに》「トントントン」
子《こ》「なんの音《おと》？」
鬼《おに》「おばけの音《おと》」
子《こ》「キャー！」

5

鬼《おに》は「おばけの音《おと》」といったら、子《こ》をおいかけます。

あそびの歴史《れきし》

昔《むかし》の劇《げき》の鬼《おに》ごっこ

あぶくたったは、明治《めいじ》20年《ねん》ごろにはじまったといわれています。しかし、劇《げき》と鬼《おに》ごっこをあわせたあそびは、その前《まえ》からありました。その中《なか》に、家《いえ》の軒下《のきした》であそぶ「むかいのばーさん」があります。子《こ》が2組《くみ》に分《わ》かれて会話《かいわ》をし、最後《さいご》には鬼《おに》が子《こ》をおいかけるというあそびです。

かくれんぼ

平《へい》安《あん》時《じ》代《だい》にもあそばれていた！

鬼《おに》が目《め》かくしをしているあいだに、子《こ》は自《じ》分《ぶん》のかくれ場《ば》所《しょ》をさがしてかくれます。

かくれているときの、見《み》つかるのがすこしこわいような、緊《きん》張《ちょう》感《かん》がたのしいあそびです。

あそびの歴《れき》史《し》

物語《ものがたり》にかかれているかくれんぼ

かくれんぼのあそびがはじめてかかれた本《ほん》は、日本最古《にほんさいこ》の長編物語《ちょうへんものがたり》『宇津保物語《うつほものがたり》』や、物語風《ものがたりふう》の歴史書《れきししょ》『栄花物語《えいがものがたり》』とされています。どちらも平安時代《へいあんじだい》の書物《しょもつ》です。

また、昭和《しょうわ》30年代《ねんだい》くらいまで、夕方《ゆうがた》からはかくれんぼを禁止《きんし》する家《いえ》が多《おお》くありました。人《ひと》さらいや「かくしばあさん」につれていかれるといわれていました。今《いま》のように外《そと》は明《あ》かりで明《あか》るくなかったので、夕方《ゆうがた》に外《そと》であそぶのは、とても危険《きけん》だったのです。

[あそび方《かた》]

1

鬼《おに》をひとりきめます。鬼《おに》が手《て》で目《め》かくしをしてきめられた数《かず》を数《かぞ》えているうちに、子《こ》はかくれます。

2

鬼《おに》が数《かぞ》えおわったら、「もういいかーい？」とさけんで聞《き》きます。かくれている子《こ》は「もういいよー」と答《こた》え、かくれていない子《こ》は「まーだだよ」と答《こた》えます。

3

かくれていない子《こ》がいれば、鬼《おに》はしばらく待《ま》って、もう一度《いちど》「もういいかーい？」と聞《き》きます。

4

みんながかくれたら、鬼《おに》は子《こ》をさがします。

5

見《み》つけたら「◎◎ちゃん見《み》ーつけた」といいます。

6

みんなを見《み》つけたら、おわりです。はじめに見《み》つかった子《こ》が次《つぎ》の鬼《おに》となります。

外《そと》あそび

鬼《おに》ごっこ

お寺《てら》の行事《ぎょうじ》が起源《きげん》？

あそぶ人数《にんずう》や場所《ばしょ》の広《ひろ》さによって、いろいろな鬼《おに》ごっこがあります。友《とも》だちがたくさんいると、鬼《おに》がふえたり、鬼《おに》が手《て》をつないで子《こ》をおいかけたりする鬼《おに》ごっこができます。
晴《は》れている日《ひ》は、人《ひと》や木《き》のかげがくっきりと見《み》えますので、公園《こうえん》などでかげ鬼《おに》をしてあそびましょう。

[いろいろな鬼《おに》ごっこ]

●氷鬼《こおりおに》

1

鬼《おに》をひとりきめて、子《こ》は鬼《おに》が10を数《かぞ》えているうちににげます。鬼《おに》につかまった子《こ》は、氷《こおり》のようにかたまって動《うご》けなくなります。

2

つかまっていない子《こ》にタッチされると、またにげられるようになります。
【アレンジ】人数《にんずう》が多《おお》いときは鬼《おに》をふやしてあそびましょう。

●色鬼《いろおに》

【ルール】鬼《おに》のきめた色《いろ》にさわっている子《こ》は、つかまえることができません。

1 鬼《おに》をひとりきめます。子《こ》が「色《いろ》、色《いろ》、何色《なにいろ》？」と聞《き》き、鬼《おに》は色《いろ》をひとつきめてその色《いろ》をさけびます。

2 子《こ》はにげながら色《いろ》をさがして、見《み》つけたらさわります。鬼《おに》は子《こ》が色《いろ》をさがしているところをつかまえます。

3 みんなが色《いろ》にさわっているときは、また子《こ》が「色《いろ》、色《いろ》、何色《なにいろ》？」と聞《き》き、鬼《おに》はほかの色《いろ》をいいます。

4 鬼《おに》につかまった子《こ》が、次《つぎ》の鬼《おに》となります。

●かげ鬼《おに》

1 鬼《おに》をひとりきめて、子《こ》は鬼《おに》が10を数《かぞ》えているうちににげます。子《こ》は鬼《おに》にかげをふまれないようにします。

2 鬼《おに》にかげをふまれた子《こ》が、次《つぎ》の鬼《おに》となります。

あそびの小技《こわざ》

木《き》や建物《たてもの》のかげに入《はい》って、自分《じぶん》のかげを消《け》すことができます。

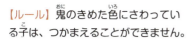

[少《すく》ない人数《にんずう》であそべる鬼《おに》ごっこ]

●高《たか》鬼《おに》

1

鬼《おに》をひとりきめて、子《こ》は鬼《おに》が10を数《かぞ》えているうちににげます。子《こ》は地面《じめん》よりも高《たか》いところをさがして登《のぼ》ります。

【ルール】地面《じめん》よりも上《うえ》にいる子《こ》は、つかまえることができません。

2

鬼《おに》が上《うえ》にいる子《こ》にむかって「1、2、3……」と数《かぞ》えると、子《こ》は10までにその場所《ばしょ》から動《うご》きます。

3

鬼《おに》につかまった子《こ》が、次《つぎ》の鬼《おに》となります。

●木《き》鬼《おに》

1

鬼《おに》をひとりきめて、子《こ》は鬼《おに》が10を数《かぞ》えているうちににげます。

【ルール】木《き》にさわっている子《こ》は、つかまえることができません。

2

鬼《おに》につかまった子《こ》が、次《つぎ》の鬼《おに》となります。

あそびの豆《まめ》知《ち》識《しき》

小《ちい》さい子《こ》がいるときには、どうあそぶ?

小《ちい》さい子《こ》や、下《した》の学年《がくねん》の子《こ》も一緒《いっしょ》になってあそぶときには、小《ちい》さい子《こ》を「みそっかす」とする特別《とくべつ》なルールを使《つか》います。小《ちい》さい子《こ》がつかまりそうなときは見《み》のがしたり、つかまっても鬼《おに》にならないようにしたり、2回《かい》つかまったら鬼《おに》にしたりするのです。みそっかすとする子《こ》に、年齢《ねんれい》のきまりはありませんので、みんなで相談《そうだん》をしてあそびましょう。

「おみそ」や「おまめ」、「あぶらっこ」とよぶ地域《ちいき》もあります。

[せまい場所《ばしょ》であそべる鬼《おに》ごっこ]

●しゃがみ鬼《おに》

1

にげるスペースをきめて線《せん》でかこみます。鬼《おに》をひとりきめ、子《こ》は鬼《おに》が10を数《かぞ》えているうちににげます。

【ルール】しゃがんでいる子《こ》は、つかまえることができません。

2

鬼《おに》がしゃがんでいる子《こ》にむかって「1、2、3……」と数《かぞ》えると、子《こ》は10までに立《た》ちあがってにげます。

3

鬼《おに》につかまった子《こ》が、次《つぎ》の鬼《おに》となります。

●ひょうたん鬼《おに》

【アレンジ】人数《にんずう》によって大《おお》きさを変《か》えましょう。

1

鬼《おに》をひとりきめて、地面《じめん》にひょうたんの形《かたち》をかきます。子《こ》はその中《なか》に入《はい》ります。

2

鬼《おに》はひょうたんの外側《そとがわ》から子《こ》をつかまえます。鬼《おに》につかまった子《こ》が、次《つぎ》の鬼《おに》となります。

あそびの小技《こわざ》

ひょうたんの細《ほそ》い部分《ぶぶん》をジャンプしてとびこえることもできます。

[おおぜいであそべる鬼《おに》ごっこ]

●つなぎ鬼《おに》

1

鬼《おに》をひとりきめて、子《こ》は鬼《おに》が10を数《かぞ》えているうちににげます。

2

鬼《おに》が子《こ》をつかまえたら、その子《こ》も鬼《おに》となります。
手《て》をつないで、ほかの子《こ》をおいかけます。

3

つかまった子《こ》も鬼《おに》となり、
さらに手《て》をつなぎます。

4

鬼《おに》がどんどんつながります。

5

鬼《おに》が4人《にん》つながったら、ふたりと
ふたりに分《わ》かれます。

6

子《こ》がみんなつかまったら、おわりです。

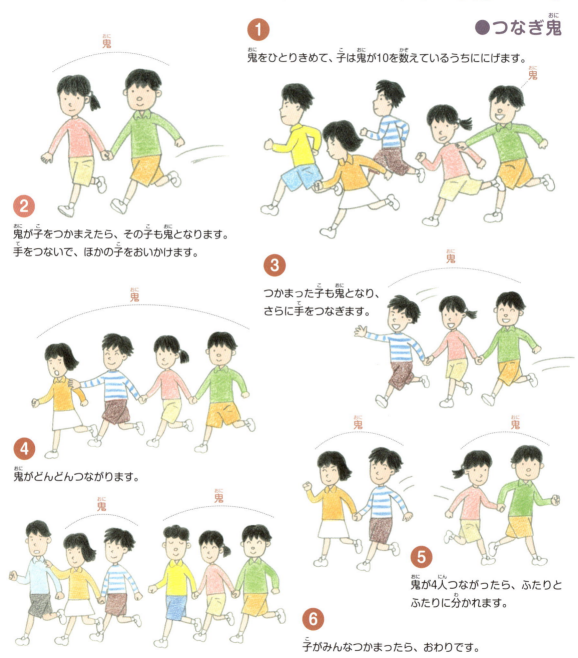

3

どんどつながり、一列《いちれつ》になったらおわりです。

【ルール】先頭《せんとう》の子《こ》がほかのあそびの鬼《おに》になります。

●だきつき鬼《おに》

1

鬼《おに》をきめずに、子《こ》のみではじめます。子《こ》はほかの子《こ》にうしろからくっつきます。

2

くっつかれた子《こ》は、ほかの子《こ》にくっつきます。

【ルール】はなれてしまったら、ほかの子《こ》にくっつきにいきます。

●ふやし鬼《おに》

1

鬼《おに》をひとりきめて、子《こ》は鬼《おに》が10を数《かぞ》えているうちににげます。鬼《おに》が子《こ》をつかまえたら、その子《こ》は鬼《おに》になります。

【ルール】鬼《おに》が子《こ》をつかまえても鬼《おに》は鬼《おに》のままです。子《こ》にはなりません。

2

鬼《おに》がどんどんふえます。

3

子《こ》がみんなつかまったら、おわりです。

あそびの起源《きげん》

お寺《てら》の行事《ぎょうじ》が鬼《おに》ごっこのはじまり

地方《ちほう》の神社《じんじゃ》やお寺《てら》では、「鬼《おに》おい祭《まつり》」や「鬼《おに》むけ」という、鬼役《おにやく》の人《ひと》が大《おお》あばれをしたあとに、ほかの人々《ひとびと》においかけられる行事《ぎょうじ》があります。このようすを子《こ》どもたちがまねをしたことで、鬼《おに》ごっこができたという説《せつ》があります。

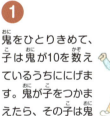

外《そと》あそび

目《め》かくし鬼《おに》

九州《きゅうしゅう》に目《め》かくし鬼《おに》ににた行事《ぎょうじ》があった！

子《こ》が歌《うた》いながら手《て》をたたき、目《め》かくしをした鬼《おに》をおびきよせるあそびです。鬼《おに》は声《こえ》や音《おと》を聞《き》いて、子《こ》をつかまえます。

にげるスペースを小《ちい》さくするので、せまいところでもあそべる鬼《おに》ごっこです。

［あそび方《かた》］

1

にげるスペースをきめて線《せん》でかこみます。鬼《おに》は目《め》かくしをします。

用意《ようい》するもの

- ハチマキやタオルなどの目《め》かくし

2

子《こ》は「鬼《おに》さんこちら、手《て》のなるほうへ」と歌《うた》いながら手《て》をたたきます。鬼《おに》はそれを聞《き》いて、手《て》さぐりで子《こ》をさがします。

3

鬼《おに》につかまった子《こ》が、次《つぎ》の鬼《おに》となります。

あそびの豆《まめ》知《ち》識《しき》

九州《きゅうしゅう》にある目《め》かくし鬼《おに》のような行事《ぎょうじ》

九州《きゅうしゅう》の大分県《おおいたけん》にある六郷満山《ろくごうまんざん》のお寺《てら》に、目《め》かくし鬼《おに》のようなまつりごとがあります。儀式《ぎしき》のおわりに「鬼《おに》の目《め》」というもちがまかれ、これを食《た》べた人《ひと》は健康《けんこう》になるといわれています。このもちをとると、鬼《おに》の目《め》はとられたことになり、鬼《おに》の役《やく》はうろうろと歩《ある》きまわります。もちをとった人は、鬼《おに》に「鬼《おに》さん、目《め》はこっち」などといって、鬼《おに》と一緒《いっしょ》に動《うご》きまわります。この鬼《おに》は自分《じぶん》の目《め》を失《うしな》う代《か》わりに、人々《ひとびと》に幸《さいわ》いをよびこんでいるのです。

外《そと》あそび

大正《たいしょう》時代《じだい》に登場《とうじょう》したあそび
かんけり

かくれんぼをあわせた鬼《おに》ごっこです。子《こ》は見《み》つからないようにかくれながら、かんをけらなくてはいけません。

にげてかくれるだけではなく、鬼《おに》がかんのそばをはなれたすきに、かんをけりにいくスリリングなあそびです。

あそびの豆知識《まめちしき》

かん入《い》りコーヒーは日本人《にほんじん》の発明《はつめい》

かんコーヒーは日本人《にほんじん》が考《かんが》えたもので、1969年《ねん》に発売《はつばい》されました。それまでは、びん入《い》りのコーヒーが売《う》られていました。びんはお店《みせ》にかえさなければいけなく、運《はこ》ぶときにわれやすいので、かんコーヒーが考《かんが》えられたのです。

当時《とうじ》のかんの材料《ざいりょう》は鉄《てつ》で、鉄《てつ》イオンとコーヒーのタンニンが化学反応《かがくはんのう》をおこし、コーヒーが黒《くろ》くなってしまうので、特別《とくべつ》なコーティングをしていました。また、かんには穴《あな》をあけるための器具《きぐ》がついていて、飲《の》むときには、飲《の》み口《くち》の穴《あな》とかんの中《なか》に空《くう》気《き》を入《い》れるための穴《あな》をあけていました。

[あそび方《かた》]

1

広場《ひろば》の真《ま》ん中《なか》にあきかんをひとつ立《た》てて、まわりに円《えん》をかきます。

2

鬼《おに》をきめたら、子《こ》のひとりがかんをけります。鬼《おに》がかんを円《えん》にもどすうちに、子《こ》はかくれます。

3

鬼《おに》はかくれた子《こ》をさがします。見《み》つけたら、その子《こ》の名前《なまえ》をよびます。

4

鬼《おに》は名前《なまえ》をよんだらすぐにもどり、かんをふみます。

5

かんをふまれた子《こ》はつかまり、かんのそばにあつまります。

6

鬼《おに》にかんをふまれる前《まえ》に子《こ》がかんをければ、はじめの②にもどります。つかまった子《こ》もにげ出《だ》し、またかくれます。

【ルール】かんをける前《まえ》にみんながつかまったら、はじめにつかまった子《こ》が鬼《おに》となります。

いろいろなルール

はじめに鬼《おに》をきめる方法《ほうほう》に、きめたところからみんなでかんをけり、とんだところに印《しるし》をつけて、一番《いちばん》とばなかった子《こ》が鬼《おに》になる方法《ほうほう》もあります。

外《そと》あそび

陣《じん》とり

戦《いくさ》がもといわれる陣《じん》地《ち》入《い》りあそび

陣《じん》地《ち》と陣《じん》地《ち》をつないだ細《ほそ》い道《みち》をたどって、相手《あいて》の陣地《じんち》に入《はい》るあそびです。はちあわせになったところでじゃんけんをして、負《ま》けた子《こ》が道《みち》をはずれます。じゃんけんに負《ま》けた子《こ》の組《くみ》は、相手《あいて》の子《こ》が陣地《じんち》に入《はい》ってこないように、すぐに陣地《じんち》を出《で》ましょう。

どれだけ速《はや》く進《すす》めるか、どれだけ多《おお》くじゃんけんに勝《か》てるかが勝負《しょうぶ》です。

[あそび方《かた》]

1

ふたつの陣地《じんち》をかき、陣地《じんち》を長《なが》くくねった道《みち》でつなぎます。2組《くみ》に分《わ》かれて陣地《じんち》に入《はい》り、出《で》る順番《じゅんばん》をきめて一列《いちれつ》にならびます。

2

スタートの合図《あいず》でそれぞれの陣地《じんち》からひとりずつ出《で》て、道《みち》の上《うえ》を走《はし》って敵《てき》の陣地《じんち》にむかいます。

3

ふたりが出会《であ》ったところでじゃんけんをします。

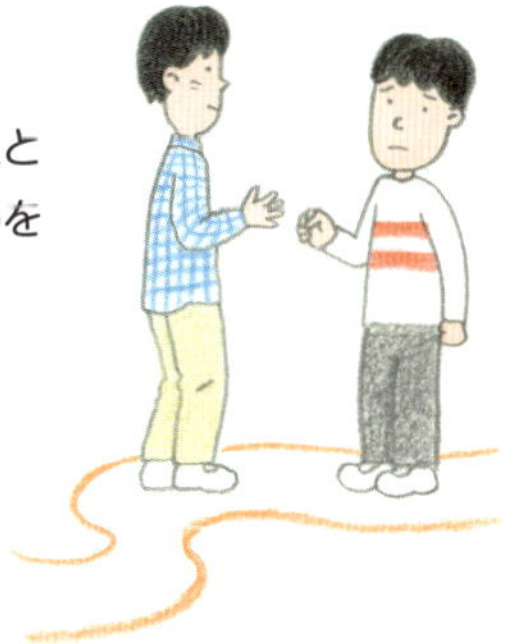

4

負《ま》けた子《こ》は道《みち》をはずれ、すぐに次《つぎ》の順番《じゅんばん》の子《こ》が陣地《じんち》を出《で》ます。

5

道《みち》をはずれた子《こ》は自分《じぶん》の陣地《じんち》にもどり、次《つぎ》の順番《じゅんばん》を待《ま》ちます。

6

先《さき》に敵陣《てきじん》に入《はい》った組《くみ》が勝《か》ちです。

あそびの豆《まめ》知《ち》識《しき》

いろいろな「陣《じん》とり」

陣《じん》とりは、「陣場入《じんじょうい》り」ともよばれ、戦《いくさ》がもとになっているといわれています。明治《めいじ》時代《じだい》のなかごろに流行《りゅうこう》した陣《じん》とりのひとつに、「城《しろ》とり」がありました。陣地《じんち》を日露戦争《にちろせんそう》の戦地《せんち》だった中国《ちゅうごく》の「二百三高地《にひゃくさんこうち》」という地名《ちめい》を名《な》づけてあそばれていました。

鬼《おに》ごっこは、こわい存在《そんざい》の鬼《おに》からにげるあそびですが、陣《じん》とりはそうではありません。相手《あいて》の陣地《じんち》をせめて、宝物《たからもの》をとったり、陣地《じんち》に入《はい》ったりすることで勝《か》ちとなります。そのためには、チームワークや作戦《さくせん》が重要《じゅうよう》なのです。

S《エス》陣《じん》

あそぶ前《まえ》のチーム分《わ》けも重要《じゅうよう》！

2組《くみ》に分《わ》かれて、相手《あいて》の陣地《じんち》にある宝《たから》をとりにいきます。陣地《じんち》と島《しま》以外《いがい》はケンケンで進《すす》みますので、「S《エス》ケン」ともいいます。陣地《じんち》の外《そと》はバランス感覚《かんかく》、中《なか》は力《ちから》くらべで勝負《しょうぶ》がきまります。チームワークや力《ちから》が必要《ひつよう》で、とてもはげしいあそびです。

あそびの豆知識《まめちしき》

組《くみ》の分《わ》け方《かた》

あそぶ子《こ》を2組《くみ》に分《わ》けるには、次《つぎ》の方法《ほうほう》があります。

分《わ》け方《かた》①：同《おな》じくらいの体型《たいけい》や力《ちから》の子《こ》が、ふたりでペアになり、それぞれじゃんけんをします。負《ま》けた子《こ》、勝《か》った子《こ》であつまって2組《くみ》に分《わ》かれます。

分《わ》け方《かた》②：力《ちから》の強《つよ》そうな子《こ》が、ふたりでじゃんけんをします。勝《か》った子《こ》、負《ま》けた子《こ》の順番《じゅんばん》で、ひとりずつ自分《じぶん》の組《くみ》に入《い》れる子《こ》をえらびます。

[あそび方《かた》]

❶

地面《じめん》にS《エス》の字《じ》とひと休《やす》みできる島《しま》をかき、それぞれの陣地《じんち》に宝物《たからもの》を置《お》きます。2組《くみ》に分《わ》かれ、宝《たから》を守《まも》る役《やく》、敵《てき》の陣地《じんち》にせめる役《やく》をきめるなど、作戦会議《さくせんかいぎ》をします。

【コツ】宝物《たからもの》は石《いし》やあきかん、ボールなどを使《つか》いましょう。

❷

スタートの合図《あいず》で、自分《じぶん》の陣地《じんち》から敵《てき》の宝《たから》をとりにいきます。

【ルール】S《エス》の字《じ》のとぎれているところが陣《じん》地《ち》の出入口《でいりぐち》です。ここ以外《いがい》からは陣地《じんち》に出入《でい》りできません。

【ルール】島《しま》の中《なか》では両足《りょうあし》で立《た》つことができます。敵陣《てきじん》の子《こ》と戦《たたか》ってはいけません。

【ルール】自分《じぶん》と敵《てき》の陣地《じんち》、島以外《しまいがい》はケンケンで進《すす》みます。

❸

敵陣《てきじん》の子《こ》が入《はい》ってきたら、陣地《じんち》の外《そと》におし出《だ》します。おし出《だ》された子《こ》はアウトとなり、陣地《じんち》の外《そと》に出《で》ます。

【ルール】陣地《じんち》の外《そと》に足《あし》や手《て》をついたらアウトです。

【ルール】陣地《じんち》の中《なか》では、地面《じめん》に手《て》や両足《りょうあし》をついてもアウトにはなりません。

【ルール】陣地《じんち》と島以外《しまいがい》で地《じ》面《めん》に手《て》や両足《りょうあし》をついたり、ころんだりしたらアウトです。

❹

先《さき》に敵陣《てきじん》の宝《たから》をとった組《くみ》が勝《か》ちです。

外《そと》あそび

おしくらまんじゅう

昔《むかし》の名前《なまえ》は「めじろおし」

さむい季節《きせつ》に道具《どうぐ》がなくてもできる、体《からだ》をあたためるあそびです。昔《むかし》はかべなどに背中《せなか》をつけて一列《いちれつ》になり、両側《りょうがわ》から中央《ちゅうおう》にむかっておしあいをしていました。

冬《ふゆ》はおしくらまんじゅうで体《からだ》をあたためてから、あそびましょう。

あそびの起源《せげん》

「めじろおし」の由来《ゆらい》は？

江戸時代《えどじだい》の文化《ぶんか》やあそびについてかかれた本《ほん》の『嬉遊笑覧《きゆうしょうらん》』にある「めじろおし」というあそびが、おしくらまんじゅうの古《ふる》い記録《きろく》です。そのころは、輪《わ》ではなく列《れつ》になり、たがいに体《からだ》をおしあって、列《れつ》の中《なか》にいる子《こ》を外《そと》におし出《だ》すあそびでした。おし出《だ》された子《こ》は、列《れつ》のはしに移動《いどう》して、中央《ちゅうおう》にむかって体《からだ》をおしあいます。

めじろおしとは、たくさんの人《ひと》がこみあって並《なら》ぶこと、物事《ものごと》が集中《しゅうちゅう》していることという意味《いみ》があります。鳥《とり》のメジロが、1本《ぽん》の木《き》に体《からだ》をおしあうようにたくさんならんでとまっているようすから、この言葉《ことば》が作《つく》られました。

[いろいろなおしくらまんじゅう]

●輪《わ》

おしくらまんじゅう、おされて泣《な》くな

左右《さゆう》の子《こ》とうでをくみ、背中《せなか》をあわせて輪《わ》になります。「おしくらまんじゅう、おされて泣《な》くな」といいながら、輪《わ》の中心《ちゅうしん》や左右《さゆう》に体《からだ》をおしあいます。

●一列《いちれつ》

おしくらまんじゅう、おされて泣《な》くな

1

かべを背《せ》にして一列《いちれつ》にならびます。「おしくらまんじゅう、おされて泣《な》くな」といいながら、列《れつ》の右《みぎ》の子《こ》は左《ひだり》に、左《ひだり》の子《こ》は右《みぎ》にむかって体《からだ》をおしあいます。

2

きつくなったら列《れつ》から出《で》て、左右《さゆう》どちらかのすみに移動《いどう》します。

♪「おしくらまんじゅう」♪

おしくらまんじゅう　おされて泣《な》くな
あんまりおすと　あんこが出《で》るぞ
あんこが出《で》たら　つまんでなめろ

外《そと》あそび

地域《ちいき》によっていろいろな言葉《ことば》あり☆

じゃんけんグリコ

じゃんけんをしながら進《すす》むあそびです。勝《か》った子《こ》の出《だ》したじゃんけんによって、進《すす》む歩数《ほすう》がきまります。学校《がっこう》やマンションの階段《かいだん》、歩道橋《ほどうきょう》などであそぶときには、一段《いちだん》ずつ登《のぼ》ります。

学校帰《がっこうがえ》りは家《いえ》を目的地《もくてきち》にして友《とも》だちとあそびましょう。

［あそび方《かた》］

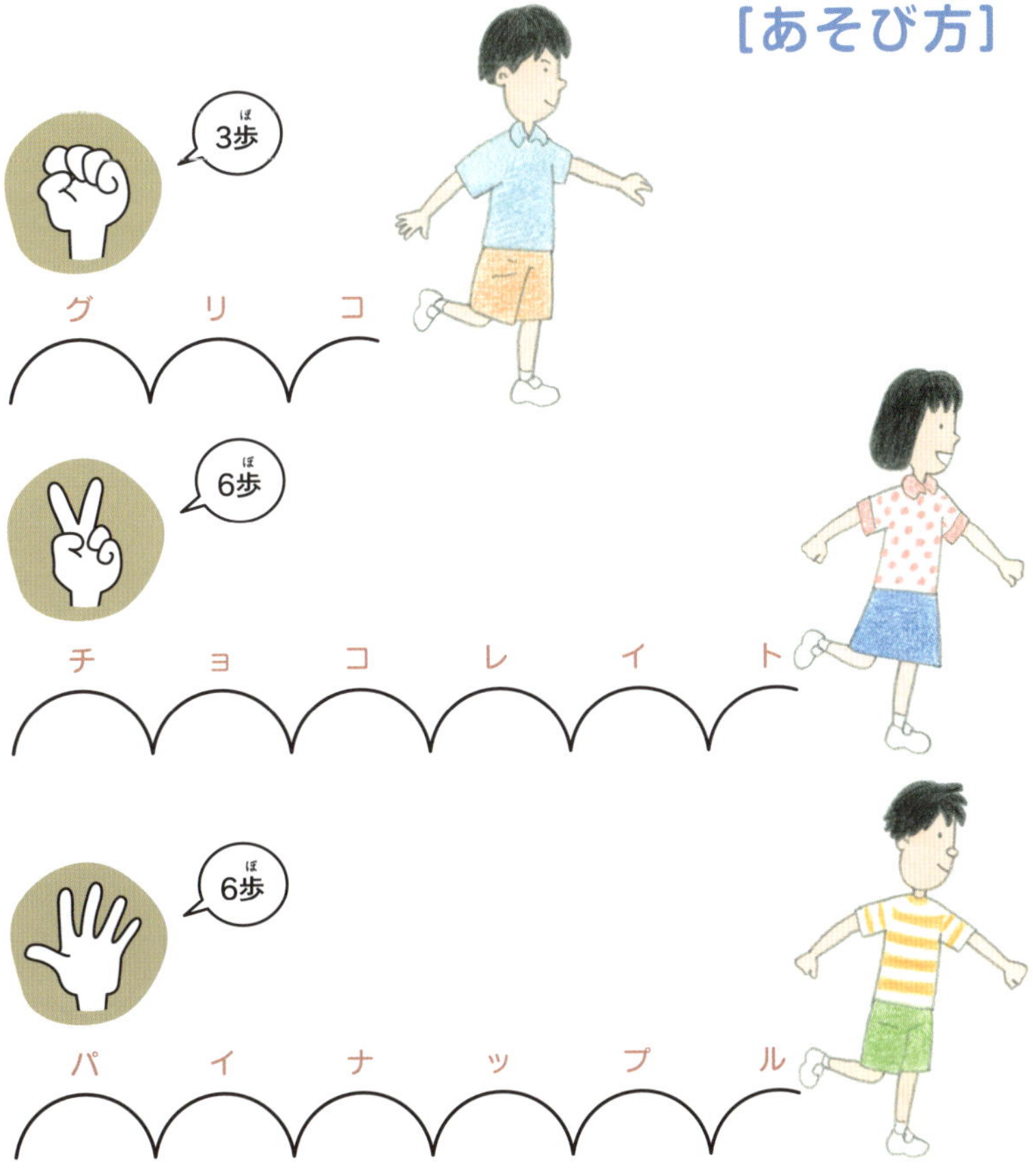

1

みんなで同《おな》じ位置《いち》に立《た》ち、ゴールをきめます。みんなでじゃんけんをします。

2

勝《か》った子《こ》は、自分《じぶん》の出《だ》したじゃんけんの、きまった数《かず》を進《すす》みます。

3

先《さき》にゴールに着《つ》いた子《こ》が勝《か》ちです。

いろいろなルール

ぴったりに目的地《もくてきち》に着《つ》かないときには、あまった歩数分《ほすうぶん》を、うしろにもどるというルールもあります。

あそびの風土《ふうど》

子《こ》どもに人気《にんき》があったお菓子《かし》のグリコ

じゃんけんグリコには、当時人気《とうじにんき》があったお菓子《かし》や、食《た》べものなどの名前《なまえ》が使《つか》われています。グリコは1922年《ねん》に登場《とうじょう》し、1930年《ねん》ごろに全国《ぜんこく》で人気《にんき》をあつめました。また、グリコのシンボルである「手《て》をあげて走《はし》る男性《だんせい》」のマークは時代《じだい》とともにすこしずつ変《か》わっていて、現在《げんざい》は7代目《だいめ》です。

また、神奈川県《かながわけん》では「グレープフルーツ・チョコボール・パイナップル」、鳥取県《とっとりけん》では「グリンピース・チョコ入《い》りパン・パラシュート」といい、地域《ちいき》によっていろいろな言葉《ことば》であそばれています。

外《そと》あそび

石《いし》けり

古代《こだい》ローマでもあそばれていた！

円《えん》の中《なか》に石《いし》をなげて、その石《いし》をよけながらケンケンパで進《すす》むあそびです。円《えん》の外《そと》にはみ出《で》ないようにするので、ケンケンとびのバランスも大切《たいせつ》です。

あそびの歴史《れきし》

2000年《ねん》も前《まえ》からあるあそび

石《いし》けりの歴史《れきし》は古《ふる》く、古代《こだい》ローマでもあそばれていたことが、1世紀《せいき》の記録《きろく》にあります。

イタリアでは「楽園《らくえん》」とよばれ、キリスト教《きょう》を広《ひろ》めるためのあそびでした。手前《てまえ》が「地獄《じごく》」で、先《さき》のほうが「天国《てんごく》」です。人間《にんげん》が死後《しご》に苦《くる》しみの世界《せかい》をめぐり、最後《さいご》は天国《てんごく》や楽園《らくえん》にたどりつくようすをあらわしています。日本《にほん》にのこる記録《きろく》は、明治時代《めいじじだい》からですが、いつごろはじまったのかはわかっていません。

[あそび方《かた》]

1

地面《じめん》にスタートラインと、直径《ちょっけい》50cm《センチメートル》ほどの円《えん》をかき、番号《ばんごう》をふります。

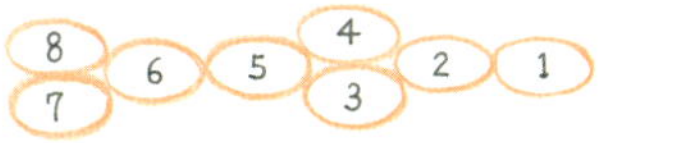

2

スタートラインに立《た》ち、《1》の中《なか》に石《いし》をなげます。

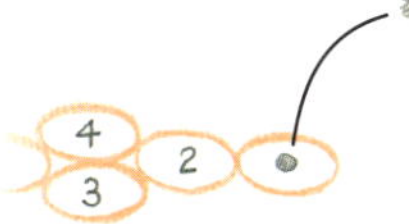

3

石《いし》のある《1》をとびこし、《2》に片足《かたあし》の「ケン」で立《た》ちます。

4

《3》《4》にそれぞれ片足《かたあし》が入《はい》るように両足《りょうあし》の「パ」で立《た》ちます。

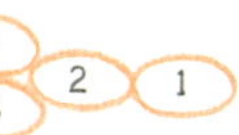

5

《5》《6》はケンケンで、《7》《8》はパで進《すす》みます。

6

ジャンプでむきを変《か》えます。

7

《6》《5》はケンケンで、《4》《3》はパで進《すす》みます。

8

《2》でケンのまま、《1》の石《いし》を拾《ひろ》います。

9

石《いし》を持《も》って、《1》をケンで進《すす》み、スタートラインにもどります。

10

スタートラインから、《2》の中《なか》に石《いし》をなげます。

11

《1》はケンで、石《いし》のある《2》をとびこえます。同《おな》じようにスタートラインにもどったら、石《いし》をなげる円《えん》を進《すす》めます。

【失敗《しっぱい》したら】石《いし》を置《お》いてある前《まえ》の円《えん》にずらし、次《つぎ》の子《こ》と代《か》わります。

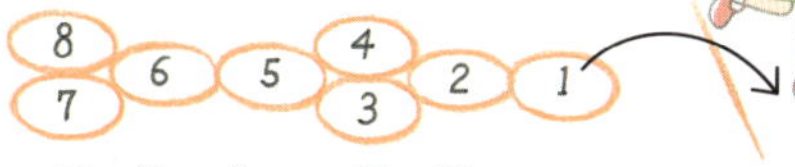

12

先《さき》に《8》の円《えん》に石《いし》を置《お》いて、石《いし》を拾《ひろ》ってスタートラインにもどった子《こ》が勝《か》ちです。

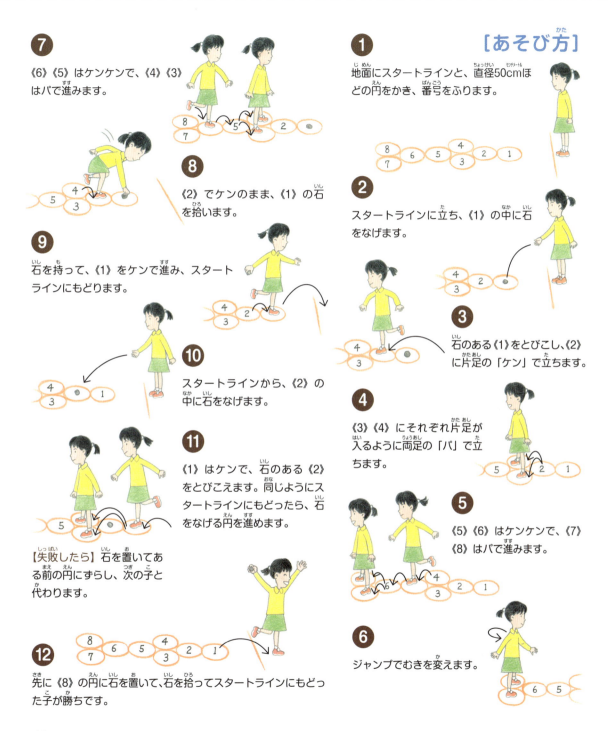

外《そと》あそび

昔《むかし》は夕《ゆう》方《がた》にされていたあそび

くつとばし

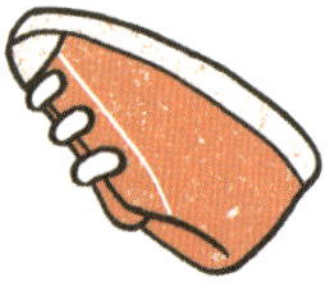

とばしたくつのむきで、天《てん》気《き》の予《よ》想《そう》をしたり、とんだ長《なが》さをくらべたりするあそびです。昔《むかし》はゲタをはいていたので、「ゲタとばし」といわれていました。

ブランコにのってとばす方《ほう》法《ほう》は、座《すわ》りこぎよりも立《た》ちこぎのほうが遠《とお》くにとばせますが、バランスがむずかしいので注《ちゅう》意《い》してあそびましょう。

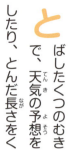

[いろいろなあそび方《かた》]

あそびのアレンジ

ブランコにのってくつをとばす方法《ほうほう》もあります。

●くつとばし

地面《じめん》にスタートラインをひき、くつをとばせるように軽《かる》く足《あし》にひっかけます。足《あし》をふりあげて、くつをとばします。一番遠《いちばんとお》くにとんだ子《こ》が勝《か》ちです。

あそびの歴《れき》史《し》　昔《むかし》のくつとばし

遠江《とおとうみ》（今《いま》の静岡《しずおか》県《けん》）に、10数人《すうにん》くらいであそぶ「はきものかくし」がありました。昔《むかし》のはきものは、ぞうりやゲタで、片方《かたほう》を出《だ》してあつめ、ひとりが「雨《あめ》か日《ひ》和《より》（晴《は》れ）か」といって、空《そら》にむかってなげます。落《お》ちたときに表《おもて》は「日和《ひより》」で勝《か》ち、裏《うら》は「雨《あめ》」で負《ま》けとなります。勝《か》ちの子《こ》のはきものはもどされ、負《ま》けの子《こ》のはきものは集《あつ》められて、またなげられます。最後《さいご》までのこった子《こ》のはきものは、ほかの子《こ》にかくされます。「夜《よ》が明《あ》けた」の合図《あいず》で、かくされた子《こ》がさがしにいきます。これは、夕方《ゆうがた》に家《いえ》に帰《かえ》るころのあそびでした。

●天《てん》気《き》予《よ》想《そう》

「明日天気《あしたてんき》になーれ」といいながら、足《あし》をふりあげてくつをとばし、くつのむきによって天気《てんき》を予想《よそう》します。

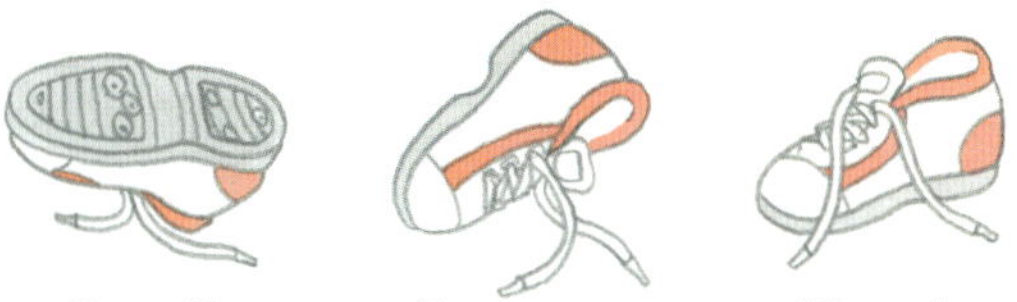

◎裏《うら》……雨《あめ》　◎横《よこ》……くもり　◎表《おもて》……晴《は》れ

注意《ちゅうい》!

くつをとばす方向《ほうこう》にだれもいないことを確認《かくにん》してからあそびましょう。

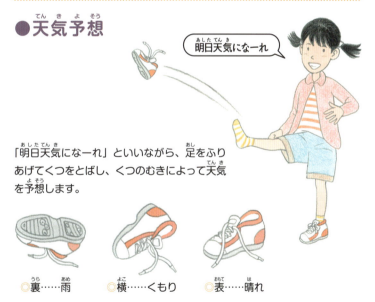

外《そと》あそび

すもう

日本《にほん》を代表《だいひょう》する競技《きょうぎ》のひとつ

すもうには、友《とも》だちと体《からだ》と体《からだ》をぶつけあう、力《ちから》くらべのたのしさがあります。テレビでもおなじみの「大《おお》ずもう」のほかにも、体《からだ》の一部《いちぶ》を使《つか》うあそびもあります。

[あそび方《かた》]

●すもう

1

地面《じめん》に直径《ちょっけい》3m《メートル》ほどの円《えん》をかき、土俵《どひょう》を作《つく》ります。土俵《どひょう》に入《はい》り、むきあって地面《じめん》に手《て》をつきます。

2

「はっけよーい、のこった！」の合図《あいず》で、くみあいます。

3

相手《あいて》を土俵《どひょう》の外《そと》に出《だ》すか、相手《あいて》をおしたおした子《こ》が勝《か》ちです。

すもうのルール

土俵《どひょう》の中《なか》でも手《て》や足《あし》をついた子《こ》は負《ま》けです。

あそびの歴史《れきし》

日本《にほん》のいろいろな「すもう」

日本《にほん》のすもうの歴史《れきし》はとても古《ふる》く、5世紀後半《せいきこうはん》から7世紀《せいき》までに作《つく》られた古墳《こふん》から、力士《りきし》のはにわや、石《いし》の力士像《りきしぞう》が出《で》てきています。

また、奈良時代《ならじだい》や平安時代《へいあんじだい》には、旧暦《きゅうれき》の7月《がつ》7日《なのか》（現在《げんざい》の8月《がつ》10日《とおか》前後《ぜんご》）に、宮中《きゅうちゅう》で天皇《てんのう》が強《つよ》い力士《りきし》をあつめて行《おこな》う、「相撲節会《すまいのせちえ》」がありました。これは武家政権《ぶけせいけん》が成立《せいりつ》する12世紀末《せいきまつ》まで、5世《せい》紀《き》にわたり続《つづ》きました。

中世《ちゅうせい》に入《はい》ると、武士《ぶし》にとってはすもうが訓練《くんれん》のひとつでした。また、神社《じんじゃ》では寄付《きふ》をつのるためにも行《おこな》っていました。この「勧進相撲《かんじんずもう》」が、今《いま》の大《おお》ずもうとなったのです。

［体《からだ》の一部《いちぶ》を使《つか》うすもう］

●しりずもう

❶

うしろをむいて立《た》ち、おしりをくっつけます。

❷

合図《あいず》で、おしりを使《つか》って、おしたりひいたりします。

【ルール】手《て》を使《つか》ってはいけません。

❸

相手《あいて》の足《あし》の位置《いち》を動《うご》かした子《こ》が勝《か》ちです。

●はり手《て》ずもう

❶

30cm《センチメートル》ほどはなれて、むきあって立《た》ちます。手《て》は肩《かた》の高《たか》さで、両手《りょうて》の手《て》のひらをあわせます。

❷

合図《あいず》で、相手《あいて》をおしたりひいたりします。

【ルール】手《て》のひら以外《いがい》はさわってはいけません。

❸

相手《あいて》の足《あし》の位置《いち》を動《うご》かした子《こ》が勝《か》ちです。

あそびの豆知識《まめちしき》

モンゴルで大人気《だいにんき》のすもう

モンゴルでは「ブフ」という、すもうが有名《ゆうめい》です。力士《りきし》は皮《かわ》や布《ぬの》で作《つく》られた上着《うわぎ》を着《き》ます。上着《うわぎ》をつかんでなげあうので、柔道《じゅうどう》にちかい競技《きょうぎ》です。日本《にほん》とはちがって土俵《どひょう》がないので、相手《あいて》をたおすまで続《つづ》きます。ブフはとても人気《にんき》のある競技《きょうぎ》で、家畜《かちく》が無事《ぶじ》に育《そだ》つように祈《いの》るお祭《まつ》りのときなどに行《おこな》われます。

力士《りきし》には試合《しあい》の成績《せいせき》によって、タカ、ゾウ、ライオン、巨人《きょじん》などの称号《しょうごう》がつきます。力士《りきし》の称号《しょうごう》は力《ちから》のシンボルとされ、女性《じょせい》に圧倒的《あっとうてき》な人気《にんき》があります。

●片《かた》足《あし》すもう

1

地面《じめん》に円《えん》をかいて、土俵《どひょう》を作《つく》り、ケンケンで動《うご》きます。相《あい》手《て》の子《こ》とくみあい、おしたりひいたりします。

2

相手《あいて》を土俵《どひょう》の外《そと》に出《だ》すか、相手《あいて》があげている足《あし》を地面《じめん》につかせた子《こ》が勝《か》ちです。

あそびのアレンジ

土俵《どひょう》を大《おお》きくすれば、みんなであそべます。

●ひきずもう

1

おたがいの右手《みぎて》と右手《みぎて》をにぎり、足《あし》は肩《かた》はばよりすこし広《ひろ》めに開《ひら》きます。

2

合図《あいず》で、おしたりひいたりします。【ルール】左手《ひだりて》を使《つか》ってはいけません。

3

相手《あいて》の足《あし》の位置《いち》を動《うご》かした子《こ》が勝《か》ちです。

外《そと》あそび

まりつき

もとは「つきまり」という大人《おとな》のあそび

勝《か》ち負《ま》けを競《きそ》うのではなく、歌《うた》にあわせてポンポンとまりをつく感触《かんしょく》がおもしろいあそびです。歌《うた》のおわりに、まりをキャッチする技《わざ》はいろいろあります。

練習《れんしゅう》をしてできたときのよろこびは、あそんでみてはじめてわかります。

あそびの起源《きげん》

もとは大人《おとな》たちのあそび

まりあそびは、奈良時代《ならじだい》にかかれた歴史書《れきししょ》の『日本書紀《にほんしょき》』には、飛鳥時代《あすかじだい》から行《おこな》われているとあります。当時《とうじ》は大人《おとな》たちのあそびで、「けまり」といい、まりをけっていました。その後《ご》、手《て》でまりをつく「つきまり」であそびました。これは平安時代《へいあんじだい》の本《ほん》に記録《きろく》があり、これがまりつきのはじまりといわれています。ほかにも、まりをけって地面《じめん》に落《お》とし、その数《かず》を数《かぞ》える「数《かず》まり」がはじまりという説《せつ》もあります。

あんたがたどこさ

［歌《うた》の豆《まめ》知《ち》識《しき》］ 歌詞《かし》にある「肥後《ひご》」は、今《いま》の熊本県《くまもとけん》にありました。「船場《せんば》」も熊本県《くまもとけん》の地名《ちめい》で、駅《えき》にはタヌキの銅像《どうぞう》があります。

［あそび方《かた》］

1
「あんたがたどこさ」を歌《うた》いながらまりを地《じ》面《めん》につきます。

2
歌詞《かし》の「さ」のときに、まりを足《あし》の下《した》にくぐらせます。

3
「ちょっとかぶせ」で、両足《りょうあし》の下《した》にまりをつきます。

4
体《からだ》のうしろで、まりを両手《りょうて》でとります。

いろいろな「さ」の技《わざ》

◎体《からだ》を一回転《いっかいてん》させる
◎足《あし》でまりを軽《かる》くけりあげる

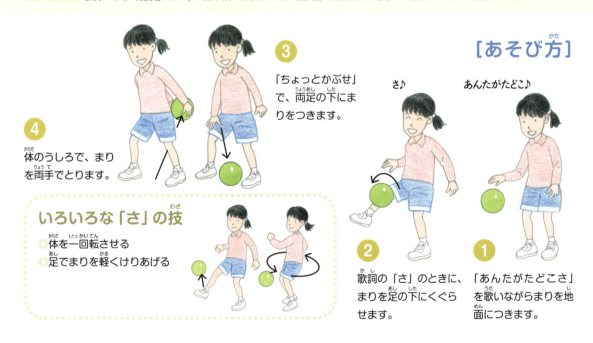

外《そと》あそび

明治時代《めいじじだい》は、ピンとはったなわをとんでいた

大《おお》なわとび

連《れん》続《ぞく》とびは、あいだがあかないように、1回《かい》なわをまわすたびにひとりずつとびます。たくさん続《つづ》けてとべた達成《たっせい》感《かん》や、ひっかからないように気《き》をつけてとぶ緊張《きんちょう》感《かん》がたのしいものです。

人数《にんずう》が少《すく》ないときは、片側《かたがわ》を木《き》などにしばってあそびましょう。

あそびの歴史《れきし》

昔《むかし》のなわとびはゴムとびのようなあそび

明治時代《めいじじだい》の大《おお》なわとびは、なわをピンとはって、それをとびこえるあそびで、ルールは今《いま》のゴムとびと同《おな》じです。とびこえるごとに高《たか》さをどんどん高《たか》くしていき、素材《そざい》はワラや麻《あさ》を使《つか》っていました。当時《とうじ》は和服《わふく》で、下着《したぎ》を身《み》につけていなかったので、大人《おとな》はこのあそびを禁止《きんし》していました。しかし子《こ》どもたちは、着物《きもの》がまくりあがらないように、すそを両足《りょうあし》にまいてあそんでいたようです。

●大波《おおなみ》小波《こなみ》

1

とび役《やく》の子《こ》はなわの中心《ちゅうしん》に立《た》ちます。「大波《おおなみ》」で、なわを大《おお》きく左右《さゆう》に2回《かい》ゆらし、それをとびます。

2

「小波《こなみ》」で、なわを小《ちい》さく左《さ》右《ゆう》に2回《かい》ゆらし、それをとびます。

3

「ぐるっとまわして」で、なわを2回《かい》まわし、それをとびます。

4

「にゃんこの目《め》」で、なわをまたぎます。

用意《ようい》するもの

- なわやロープ
(長《なが》さ10m《メートル》ほど)

[いろいろなあそび方《かた》]

●連続《れんぞく》とび

1

ふたりの子《こ》がなわをまわし、ほかの子《こ》は一列《いちれつ》にならびます。

2

ひとりずつ1回《かい》とんで反対側《はんたいがわ》にぬけます。

【コツ】なるべく間《ま》をあけず、1回《かい》なわがまわるたびに、ひとりの子《こ》がとぶように、続《つづ》けましょう。

3

列《れつ》の最後《さいご》の子《こ》がとんだら、続《つづ》けて列《れつ》のはじめの子《こ》がとびます。

外《そと》あそび

ゴムとび

はじまったのは、ゴムが登《とう》場《じょう》した明《めい》治《じ》時《じ》代《だい》のころ

ひとりずつゴムをとびこえるあそびです。ゴムの高《たか》さはくるぶしからだんだん高《たか》くしていきます。

こしよりも高《たか》いときは、側転《そくてん》とびや逆立《さかだ》ちとびなど、体《からだ》にゴムをひっかけてこえます。やさしいものから練習《れんしゅう》しましょう。

ゴムの高《たか》さ

用意《ようい》するもの

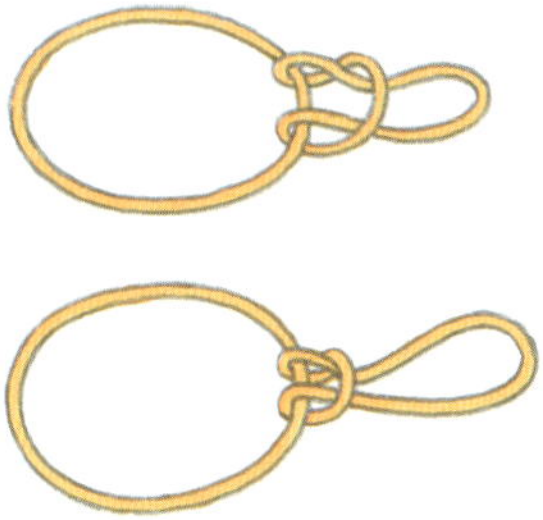

- ゴム（長《なが》さ2m《メートル》ほど）

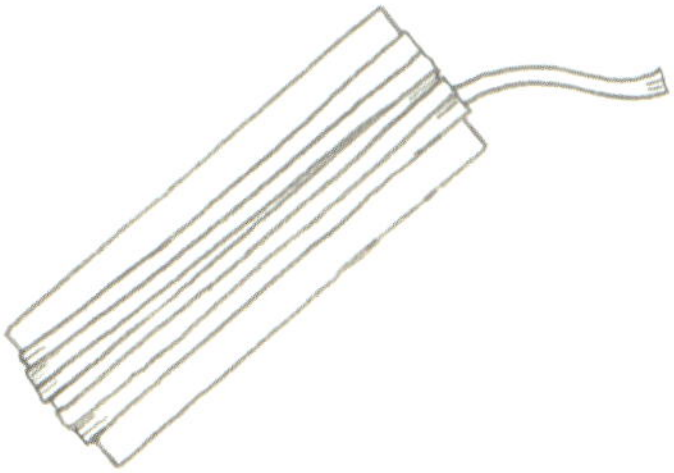

【コツ】長《なが》いゴムがないときは、輪《わ》ゴムをつないで作《つく》ります。

[あそび方《かた》]

1

ゴムをくるぶしの高《たか》さにそろえます。はじめの子《こ》は、好《す》きなとび方《かた》でゴムをとびこえます。

2

【失敗《しっぱい》したら】持《も》ち役《やく》のひとりと代《か》わります。

あとの子《こ》は、はじめの子《こ》と同《おな》じとび方《かた》でゴムをとびこえます。

3

みんながとびおわったら、ゴムの高《たか》さを一段高《いちだんたか》くします。

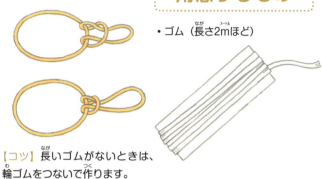

[いろいろなとび方《かた》]

●男《おとこ》とび

助走《じょそう》をつけて片足《かたあし》でふみこみ、走《はし》り高《たか》とびのようにとびこします。

●女《おんな》とび

助走《じょそう》をつけてとび、体《からだ》をひねって両足《りょうあし》で着地《ちゃくち》します。

●ケンケンとび

片足《かたあし》でとびこします。

あそびの歴史《れきし》

はじまりは明治時代《めいじじだい》

　ゴムとびは、ゴムが登場《とうじょう》した明治時代《めいじじだい》からあそばれています。昭和時代《しょうわじだい》のはじめまで、ゴムとび用《よう》のゴムは、駄菓子屋《だがしや》やおもちゃ屋《や》などで売《う》られていました。ゴムがないときには、茶色《ちゃいろ》の輪《わ》ゴムを2m《メートル》ほどの長《なが》さにつないでいました。今《いま》は手芸用《しゅげいよう》のゴムを使《つか》うと便利《べんり》です。

　とび方《かた》は「男《おとこ》とび」や「女《おんな》とび」など、当時《とうじ》からこのようによばれていましたが、なぜこのような名前《なまえ》がつけられたのかは、わかっていません。

●男《おとこ》ひっかけとび

足《あし》をあげて、ゴムを足首《あしくび》にひっかけてとびこえます。こしくらいの高《たか》さのゴムがとべます。

●女《おんな》ひっかけとび

ゴムを片足《かたあし》の足首《あしくび》にひっかけて低《ひく》くおさえ、体《からだ》をひねってとびます。むねの高《たか》さくらいのゴムがとべます。

●側転《そくてん》とび

側転《そくてん》をしながら体《からだ》にゴムをひっかけてとびこえます。

●逆立《さかだ》ちとび

逆立《さかだ》ちをしながらゴムをひっかけ、たおれるようにこえます。頭《あたま》など、高《たか》い位置《いち》のゴムがとべます。

外《そと》あそび

コマ

奈良《なら》・平安時代《へいあんじだい》はうらないのひとつだった

コマは大人《おとな》も子《こ》どもも夢中《むちゅう》になるあそびです。ひとりでできる技《わざ》もいろいろあります。友《とも》だちがいれば、だれが長《なが》くまわせるかを競《きそ》いあいましょう。ひもをまくときのコツは、すき間《ま》のないようにきっちりとまくことです。

[まき方《かた》]

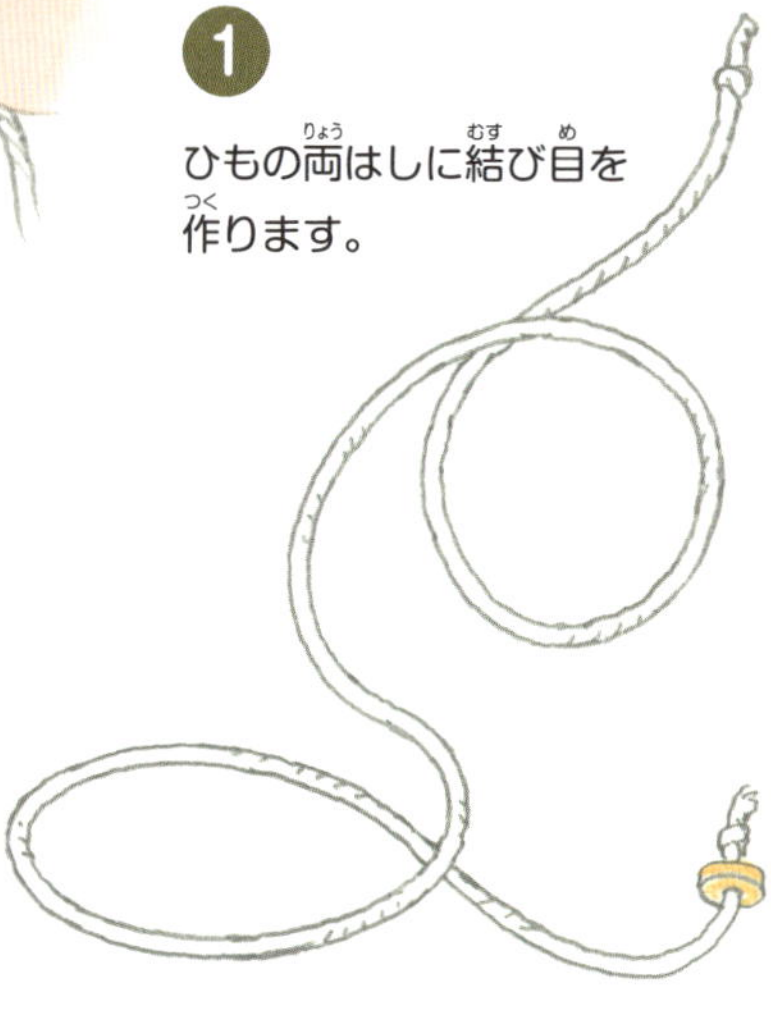

1 ひもの両《りょう》はしに結《むす》び目《め》を作《つく》ります。

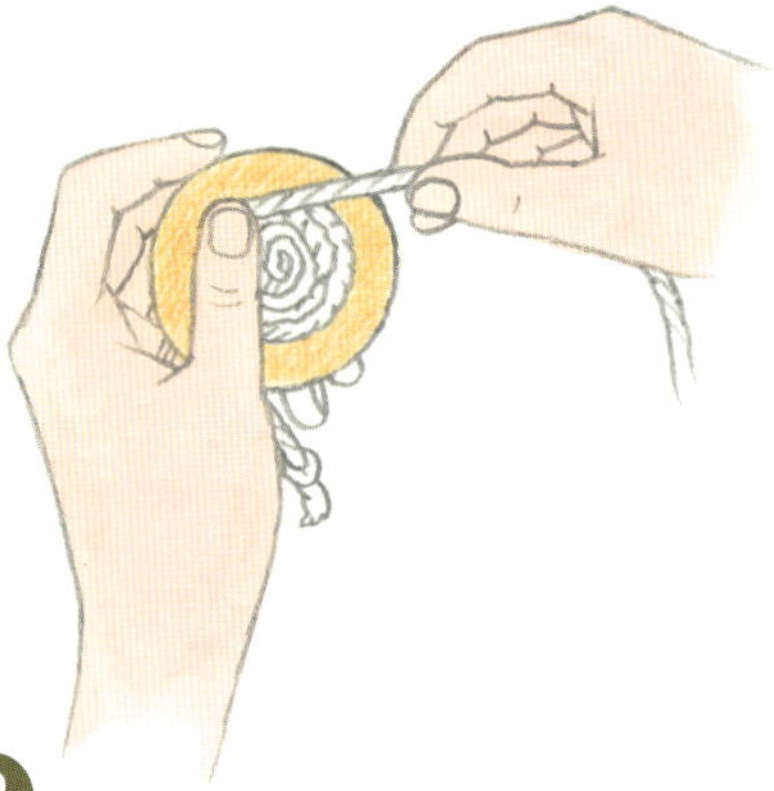

2 コマを裏《うら》がえし、下《した》の心棒《しんぼう》から中心《ちゅうしん》に、ひもがたるまないように親指《おやゆび》でおさえながら、ふちまで時計《とけい》まわりにまきます。

なげ方《かた》

1
コマを肩《かた》の高《たか》さにかまえます。

2
コマを持《も》ったまま右手《みぎて》をうしろにひき、コマを左前《ひだりまえ》になげ出《だ》したら、素早《すばや》くひもをひきます。

持《も》ち方《かた》

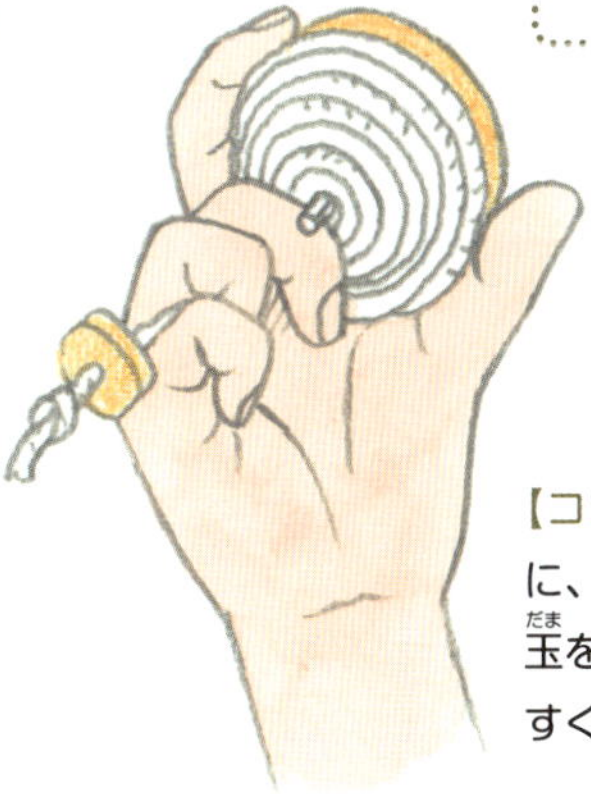

【コツ】ひものおわりに、すべりどめの5円《えん》玉《だま》を入《い》れると、持《も》ちやすくなります。

親指《おやゆび》と人差《ひとさ》し指《ゆび》でコマの側面《そくめん》をつかみ、ひものおわりは薬指《くすりゆび》と小指《こゆび》ではさみます。

[いろいろなあそび方《かた》]

●けんかゴマ

【アレンジ】ふたりのときの円《えん》は直径《ちょっけい》80cm《センチメートル》ほど。人数《にんずう》によって大《おお》きさを変《か》えましょう。

地面《じめん》に円《えん》をかき、じゃんけんで負《ま》けた子《こ》から順番《じゅんばん》にコマをまわします。次《つぎ》の子《こ》は相手《あいて》のコマにぶつけるようになげます。最後《さいご》までまわっている子《こ》が勝《か》ちです。

●大寿命《だいじゅみょう》

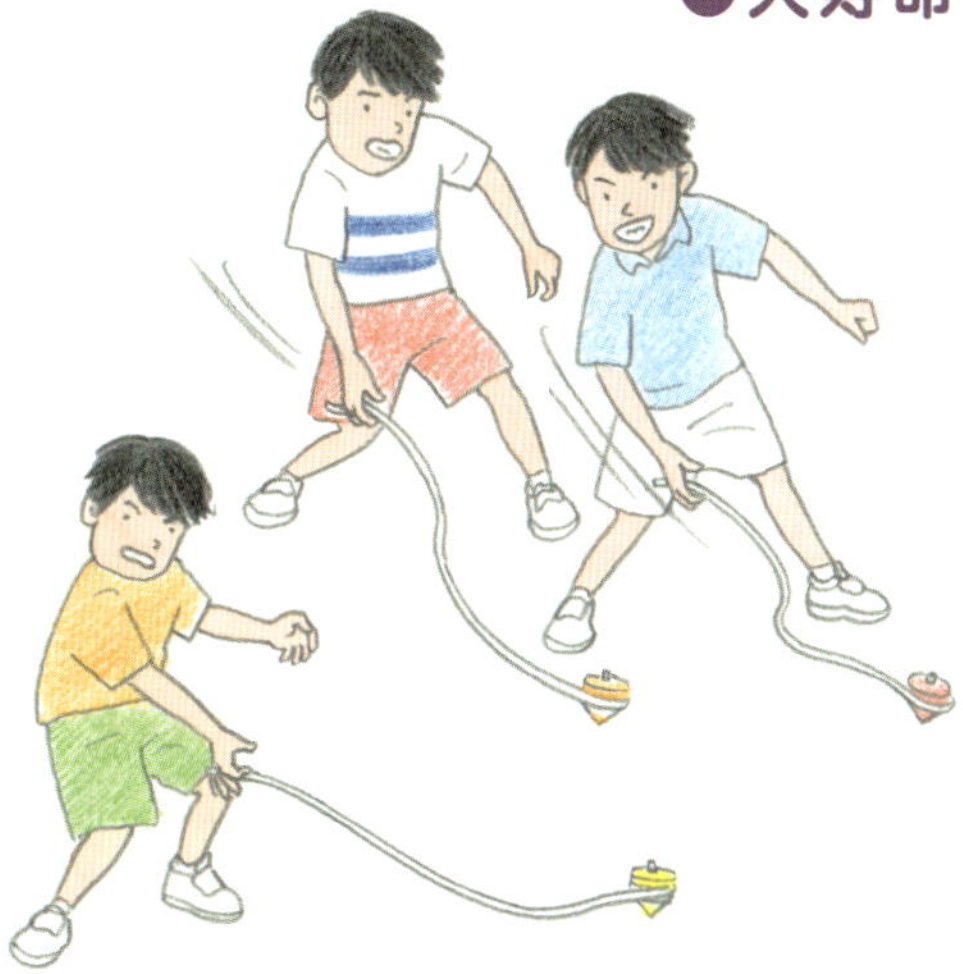

「寿命《じゅみょう》、寿命《じゅみょう》、大寿命《だいじゅみょう》」というかけ声《ごえ》で、いっせいにコマをまわします。一番長《いちばんなが》くまわした子《こ》が勝《か》ちです。

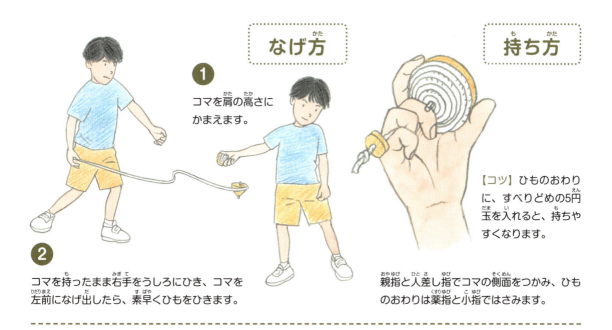

[ひとりでできる技《わざ》]

●手《て》のっけ

❶ コマをなげ、ひもからはなれる瞬間《しゅんかん》にひもをひきつけます。

❷ 落《お》ちてくるコマを手《て》のひらで受《う》けます。

●すくいとり

❶ コマを地面《じめん》になげ、心棒《しんぼう》に手《て》のひらを近《ちか》づけます。

❷ 薬指《くすりゆび》と小指《こゆび》のあいだから、素早《すばや》くすくいあげます。

あそびの歴史《れきし》　昔《むかし》は貴族《きぞく》のあそび

日本《にほん》のコマは、奈良《なら》・平安時代《へいあんじだい》は宮廷《きゅうてい》の儀《ぎ》式《しき》の中《なか》で行《おこな》われるものでした。「独楽《こま》びょう師《し》」というコマをまわす専門《せんもん》の人《ひと》がいて、紫色《むらさきいろ》のひもを使《つか》ってうらないをしていたのです。

その後《ご》、貴族階級《きぞくかいきゅう》の大人《おとな》たちのあそびとして広《ひろ》まり、子《こ》どもがあそびはじめたのは、およそ300年《ねん》あとの江戸時代《えどじだい》です。時代《じだい》によってさまざまなコマが作《つく》られ、あそばれるようになりました。

●ひもかけとり

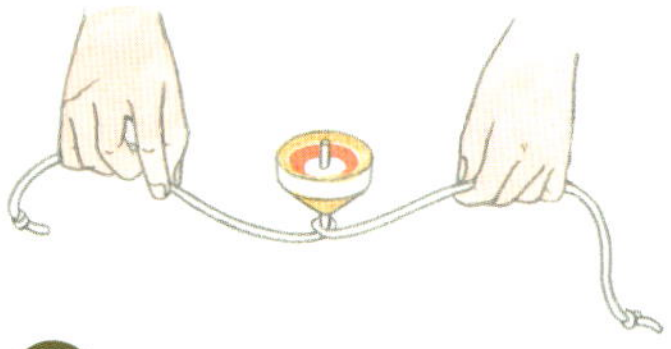

❶ コマを地面《じめん》になげ、心棒《しんぼう》にひもをかけます。

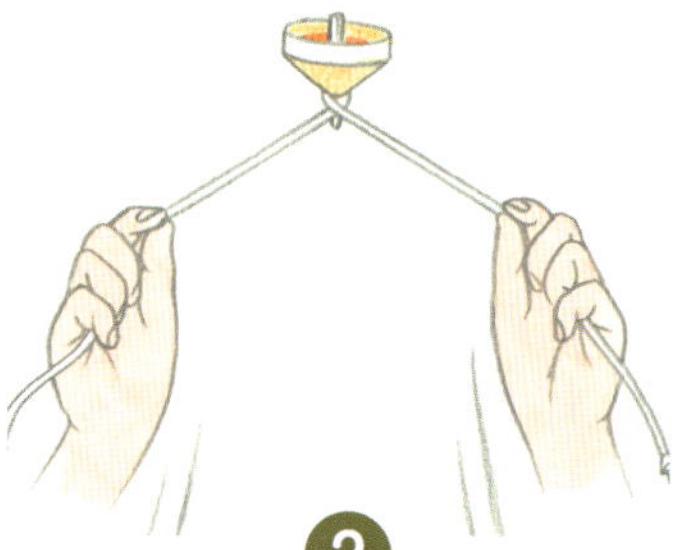

❷ はずみをつけて宙《ちゅう》にひきあげます。

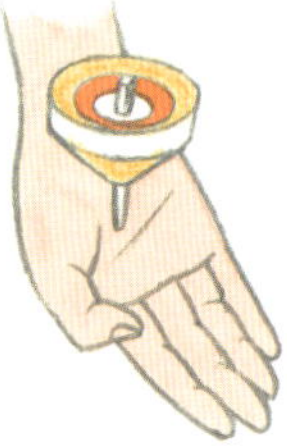

❸ 手《て》のひらで受《う》けます。

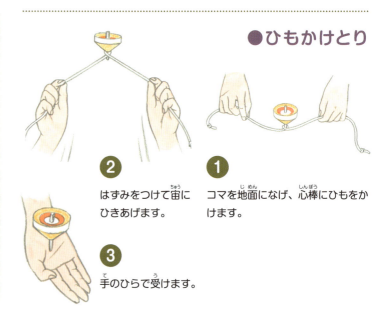

●つなわたり

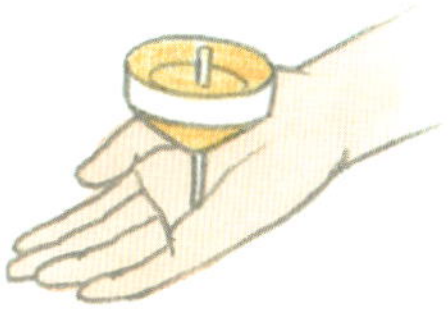

1

「手《て》のっけ」で、コマを手《て》のひらにのせます。

【コツ】コマのふちが手《て》にあたらないようにしましょう。

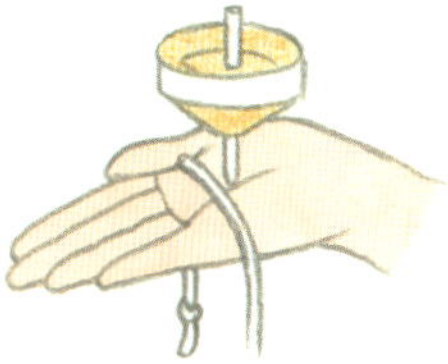

2

親指《おやゆび》と人差《ひとさ》し指《ゆび》のつけねに、ひもをはさみます。

3

肩《かた》よりも上《うえ》にあげ、たるまないようにピンとはります。

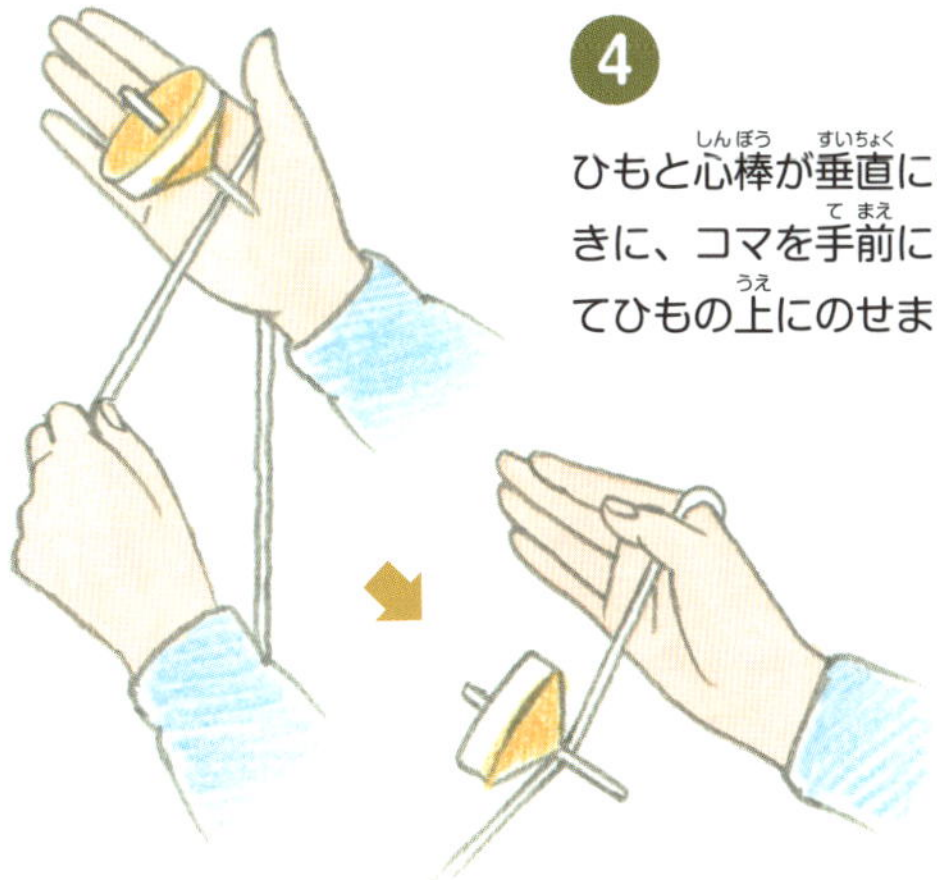

4

ひもと心棒《しんぼう》が垂直《すいちょく》になったときに、コマを手前《てまえ》にかたむけてひもの上《うえ》にのせます。

5

右上《みぎうえ》から左下《ひだりした》に、ひもをわたらせ、手《て》のひらで受《う》けます。

●空中《くうちゅう》まわし

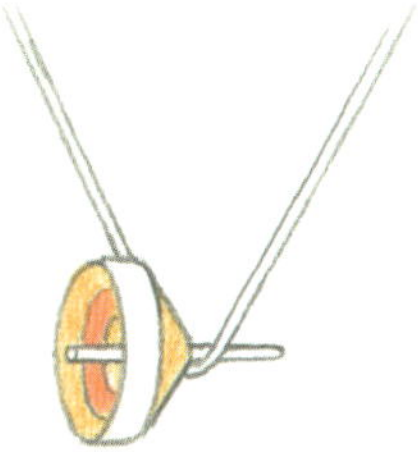

1

「つなわたり」の途中《とちゅう》で、ピンとはったひもをゆるめます。

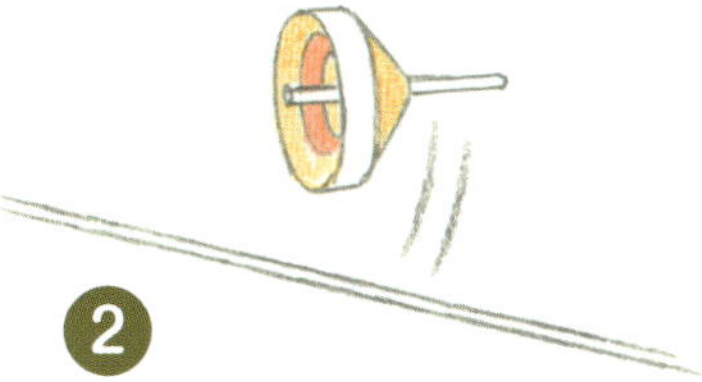

2

ひもをピンとはり、その反動《はんどう》でコマを真上《まうえ》にとばします。

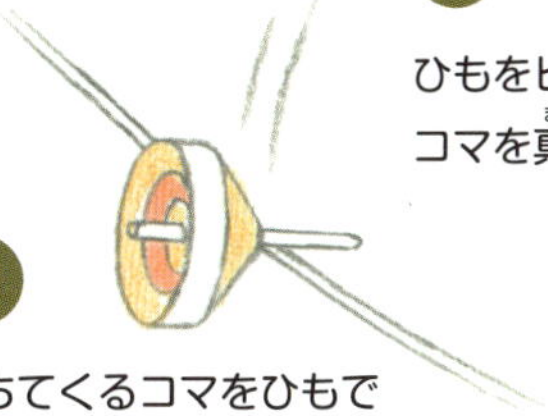

3

落《お》ちてくるコマをひもで受《う》けます。

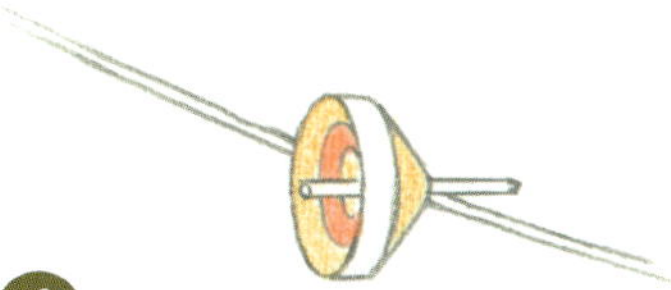

4

「つなわたり」を続《つづ》けます。

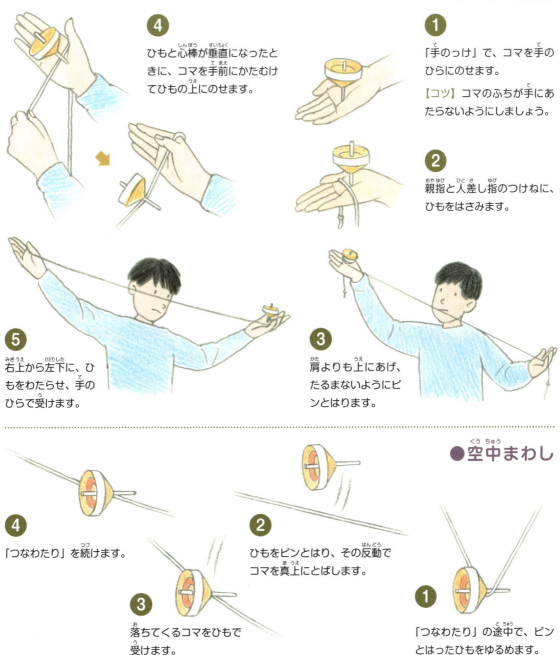

外《そと》あそび

ベーゴマ

江戸時代《えどじだい》は貝《かい》でできていた！

相《あい》手《て》のベーゴマをはじき出《だ》したり、動《うご》きをとめたりするあそびです。最後《さいご》までのこった子《こ》が勝《か》ちとなり、負《ま》けたベーゴマがとれます。コマよりもまわすのがむずかしいので、はじめは練習《れんしゅう》が必要《ひつよう》です。

あそびの歴史《れきし》

昔《むかし》のベーゴマ

ベーゴマは、江戸時代《えどじだい》の「無性独楽《むしょうごま》」という貝《かい》をひもやムチでたたいてまわすあそびがもととなっています。現在《げんざい》はなまりでできていますが、昔《むかし》はまき貝《がい》の頭《あたま》の部分《ぶぶん》を利用《りよう》して作《つく》られていました。負《ま》けるとベーゴマがとられるルールなので、多《おお》くの学校《がっこう》で禁止《きんし》されてしまいました。そして、ベーゴマもあまり作《つく》られなくなってしまったのです。

床《とこ》の用意《ようい》

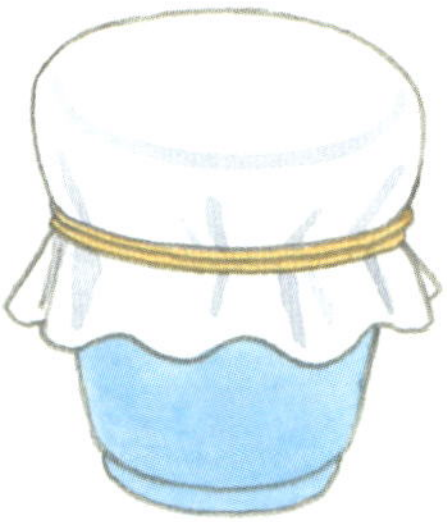

バケツに厚手《あつで》の布《ぬの》をかけて、ひもでしばり、中央《ちゅうおう》をおして、すこしへこませます。

持《も》ち方《かた》

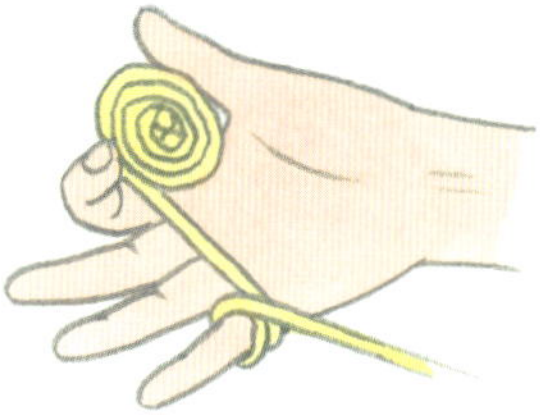

❶

ひものおわりを、小指《こゆび》にまきつけます。

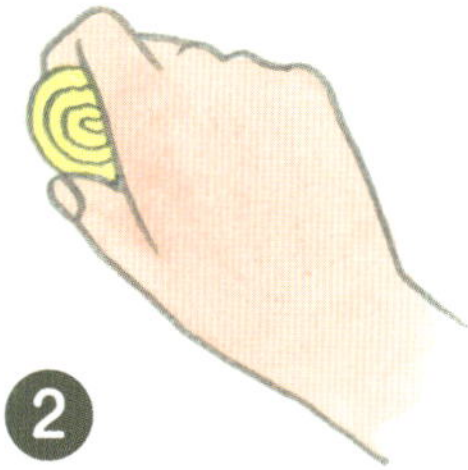

❷

親指《おやゆび》と人差《ひとさ》し指《ゆび》でコマの側《そく》面《めん》をにぎります。

まき方《かた》

【コツ】男《おとこ》まきよりも、結《むす》び目《め》のあいだをせまくします。

●女《おんな》まき

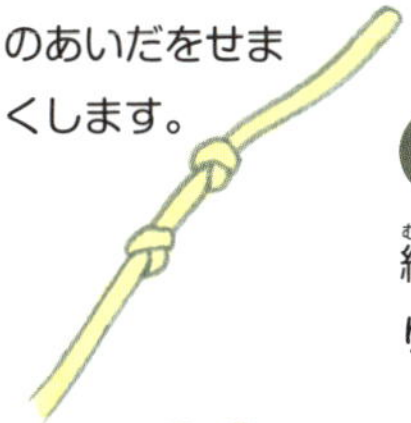

❶

結《むす》び目《め》をふたつ作《つく》ります。

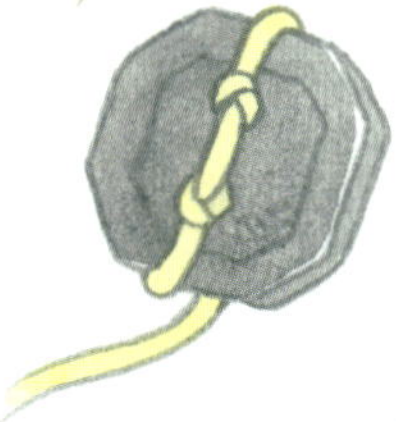

❷

ひもをたてにまきます。

❸

結《むす》び目《め》にひもをかけ、反時計《はんとけい》まわりにきつく2～3周《しゅう》まきます。

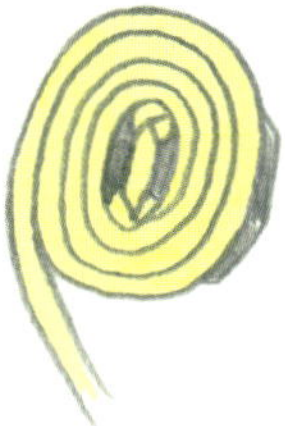

❹

のこりを軽《かる》くまきます。

●男《おとこ》まき

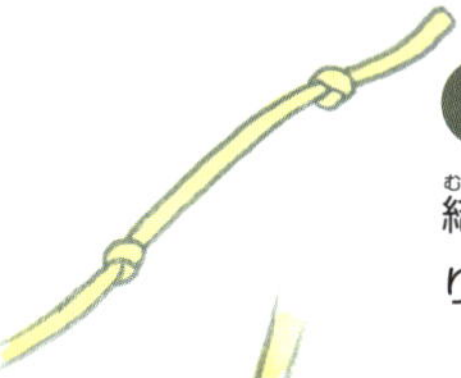

❶

結《むす》び目《め》をふたつ作《つく》ります。

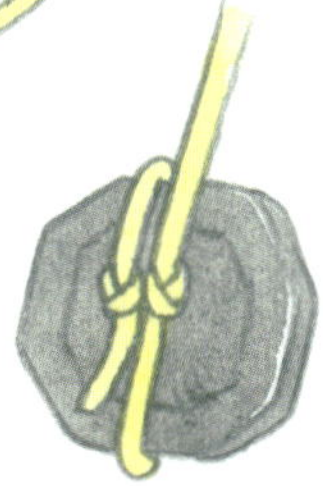

❷

結《むす》び目《め》がならぶように、たてにまきます。

❸

結《むす》び目《め》にひもをかけ、反時計《はんとけい》まわりにきつく2～3周《しゅう》まきます。

❹

のこりを軽《かる》くまきます。

[あそび方《かた》]

みんなでいっせいにベーゴマを床《とこ》になげます。ベーゴマを床《とこ》の外《そと》にはじき出《だ》すか、動《うご》きをとめた子《こ》が勝《か》ちです。

なげ方《かた》

こしを落《お》とし、ベーゴマを持《も》った手《て》をむねにひきつけます。手《て》を床《とこ》にむかって水平《すいへい》にのばし、ベーゴマを床《とこ》に置《お》くようにはなすと同時《どうじ》に、ひもをむねのほうにひきもどします。

外《そと》あそび

めんこ

昔《むかし》はなまりと紙《かみ》の2種《しゅ》類《るい》があった

地《じ》面《めん》にパーンと打《う》ちつけ、空気《くうき》の圧力《あつりょく》で相《あい》手《て》のめんこをひっくりかえしてとるあそびです。

昔《むかし》はマンガのキャラクター、スポーツ選手《せんしゅ》の絵《え》や写真《しゃしん》が入《はい》っためんこが人気《にんき》でした。好《す》きな柄《がら》のめんこをとるために、みんなが夢中《むちゅう》でした。

[めんこの種《しゅ》類《るい》]

●丸《まる》めん

●角《かく》めん

打《う》ち方《かた》

めんこを地面《じめん》にたたきつけます。

持《も》ち方《かた》

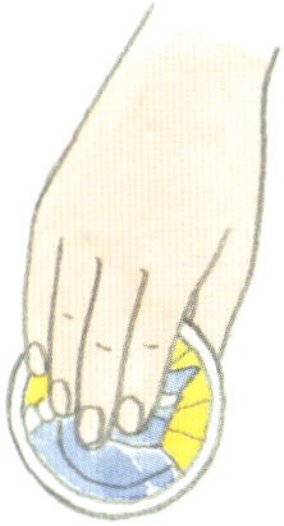

●おさえ持《も》ち

親指《おやゆび》以外《いがい》の指《ゆび》で、めんこの表《おもて》をおさえます。

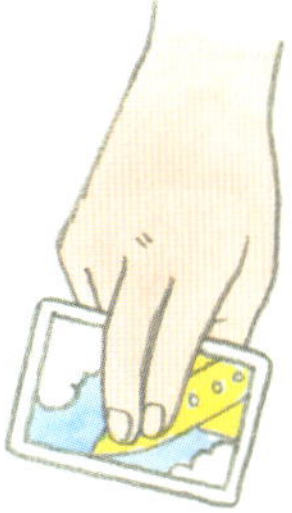

●つまみ

親指《おやゆび》と人差《ひとさ》し指《ゆび》、中指《なかゆび》でつまみます。

●はじ持《も》ち

グーの手《て》でめんこのはしを持《も》ちます。

●はさみ持《も》ち

人差《ひとさ》し指《ゆび》と中指《なかゆび》でめんこをはさみます。

[基本《きほん》のあそび方《かた》]

●おこし

1

みんなで数枚《すうまい》ずつめんこを出《だ》し、地面《じめん》に置《お》きます。

2

ひとりずつ順番《じゅんばん》にめんこを打《う》ちます。風圧《ふうあつ》で裏《うら》がえしになっためんこがとれます。

【失敗《しっぱい》したら】打《う》っためんこはそのままにして、順番《じゅんばん》を代《か》わります。

3

とられた子《こ》は、ほかのめんこを出《だ》して置《お》きます。とった子《こ》は続《つづ》けて次《つぎ》を打《う》ちます。

【ルール】時間《じかん》をみてゲームをおわらせます。地面《じめん》にのこっているめんこは、自分《じぶん》のもとにもどります。

[いろいろなあそび方《かた》]

●つみ

①
めんこを山《やま》のようにつみます。山《やま》の上《うえ》でめんこが裏《うら》がえしになると、山《やま》のめんこがすべてとれます。

【失敗《しっぱい》したら】打《う》っためんこはそのままにして、順番《じゅんばん》を代《か》わります。

②
裏《うら》がえしになっためんこが山《やま》からはなれたときは、裏《うら》がえしになっためんこだけがとれます。

【ルール】ゲームのおわりは「おこし」と同《おな》じです。

●さばおり

打《う》っためんこが相手《あいて》のめんこの下《した》にもぐりこむと、そのめんこがとれます。

【失敗《しっぱい》したら】打《う》っためんこはそのままにして、順番《じゅんばん》を代《か》わります。

【ルール】ゲームのおわりは「おこし」と同《おな》じです。

●出《だ》し

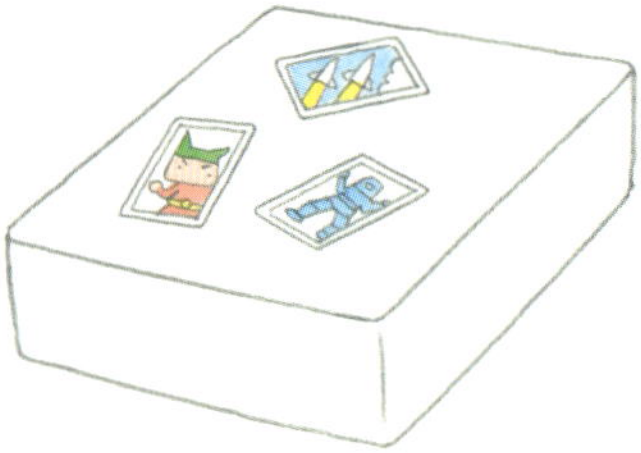

①
机《つくえ》や箱《はこ》の上《うえ》に、めんこを置《お》きます。

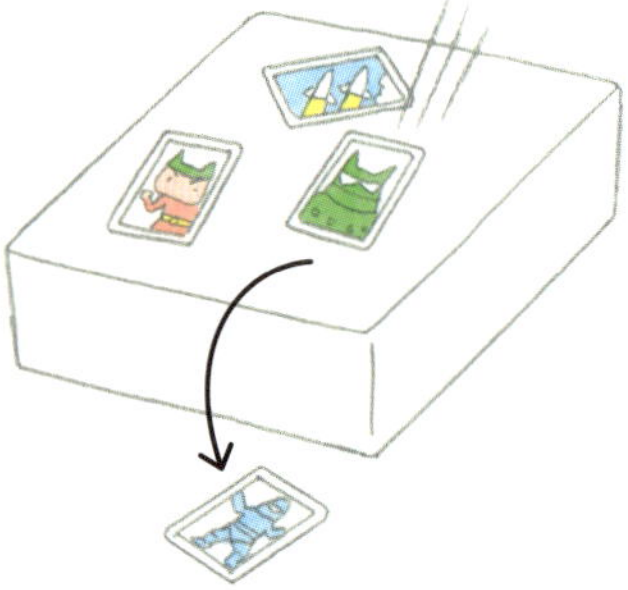

②
打《う》っためんこが相《あい》手《て》のめんこを落《お》とすと、そのめんこがとれます。

【失敗《しっぱい》したら】自分《じぶん》のめんこも落《お》ちてしまったら、めんこはとれません。順番《じゅんばん》を代《か》わります。

【ルール】ゲームのおわりは「おこし」と同《おな》じです。

●はたき

①
地面《じめん》に円《えん》をかき、めんこを置《お》きます。

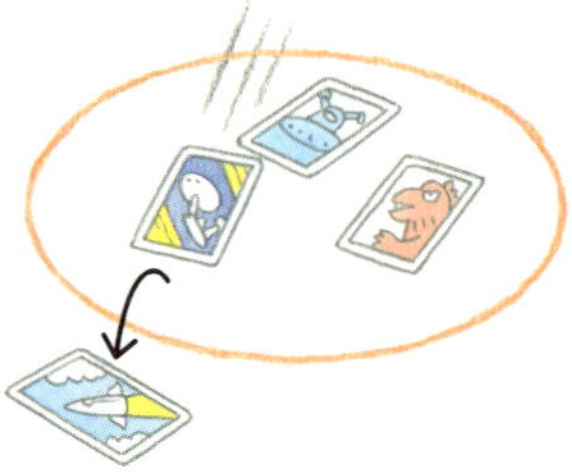

②
打《う》っためんこが相手《あいて》のめんこを円《えん》の外《そと》に出《だ》すと、そのめんこがとれます。

【失敗《しっぱい》したら】自分《じぶん》のめんこも外《そと》に出《で》てしまったら、めんこはとれません。順番《じゅんばん》を代《か》わります。

【ルール】ゲームのおわりは「おこし」と同《おな》じです。

●日本《にほん》

1

打《う》っためんこが地面《じめん》のめんことはなれないように、ひとりずつ交互《こうご》にめんこを打《う》ちならべます。

2

ひとり5枚《まい》ずつ打《う》ちならべたら、「おこし」のルールでめんこをとります。

3

めんこがはなれたときは、打《う》った子《こ》が手持《ても》ちのめんこを1枚出《まいだ》して、すき間《ま》をつなぎます。これを「つぎ」といいます。

【ルール】はじめに「つぎなし」ときめたときは、はなれて打《う》ってしまった子《こ》は負《ま》けとなります。

【ルール】ゲームのおわりは「おこし」と同《おな》じです。

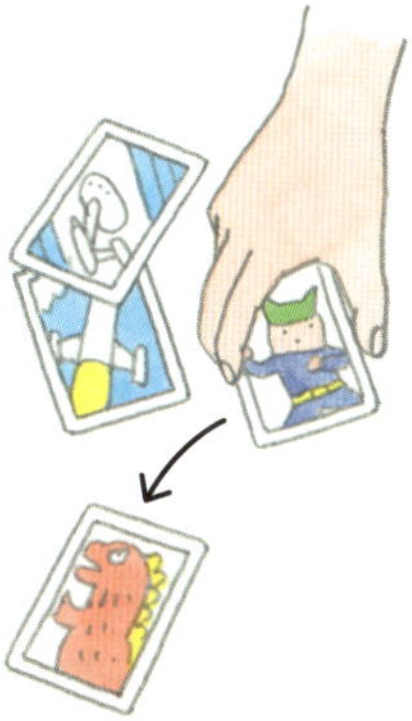

●すべり

1

台《だい》のはしにめんこを置《お》き、すみをすこしだけはみ出《だ》させます。

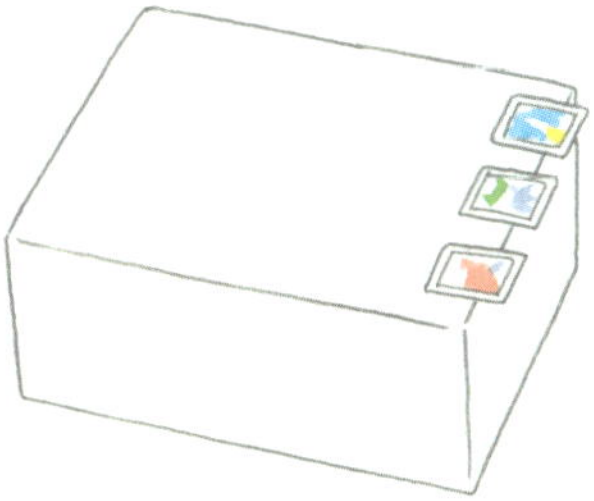

2

めんこのはしをたたいて、とばします。

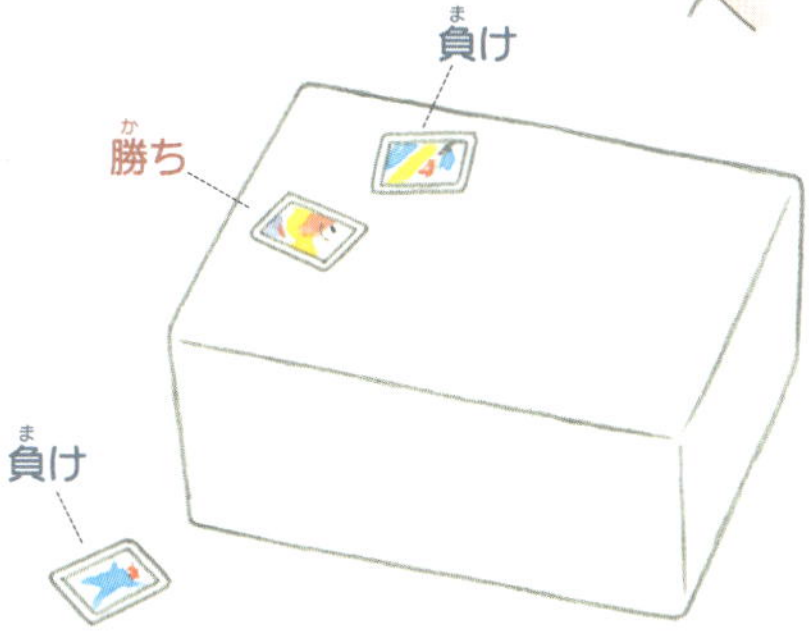

3

台《だい》から落《お》ちたら負《ま》け、一番遠《いちばんとお》くにとばした子《こ》が勝《か》ちです。

あそびの歴史《れきし》

昔《むかし》のめんこは2種類《しゅるい》あった！

昔《むかし》のめんこには、土《つち》やなまりでできた直径《ちょっけい》1cm《センチメートル》ほどのものもありました。みんなでおなじ枚数《まいすう》を出《だ》して地面《じめん》にまき、はじいてあそんでいました。紙《かみ》のめんこは、「ベッタ」や「ペッタン」ともよばれ、ルールは今《いま》と同《おな》じでした。明治時代《めいじじだい》にはどちらも「めんこ」といい、あそんでいました。しかし、なまりはなめると中毒《ちゅうどく》になることや、戦争《せんそう》でなまりが不足《ふそく》したことで、なまりのめんこはしだいに消《き》えていきました。

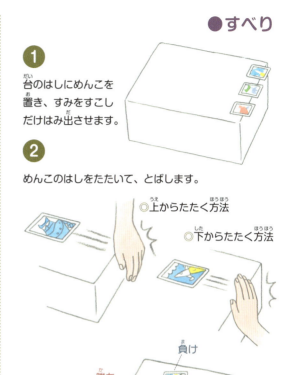

外《そと》あそび

昔《むかし》は木《き》のくいを使《つか》っていたあそび

くぎさし

地《じ》面《めん》にくぎをなげてさすあそびです。地面《じめん》が固《かた》いところや、小石《こいし》が多《おお》くころがっているところは、くぎがはねかえってきてしまうので、たいへん危険《きけん》です。くぎをなげたらささるくらいの、やわらかい地面《じめん》の上《うえ》であそびましょう。

用意《ようい》するもの

・くぎ（長《なが》さ10～15cm《センチメートル》ほど）

【コツ】頭《あたま》をつぶすとさしやすくなります。

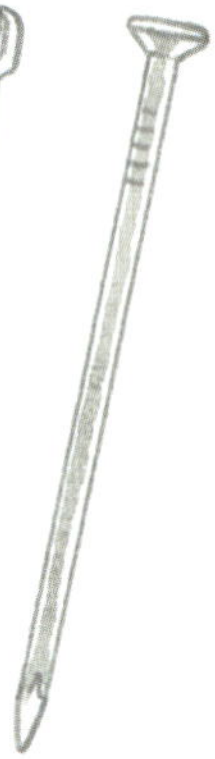

持《も》ち方《かた》

●地面《じめん》にさすとき

頭《あたま》のほうを持《も》ちます。

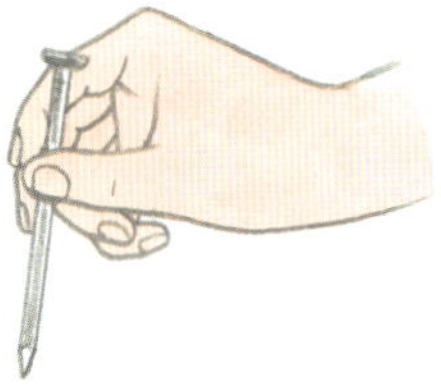

●相手《あいて》のくぎをはじくとき

下《した》のほうを持《も》ちます。

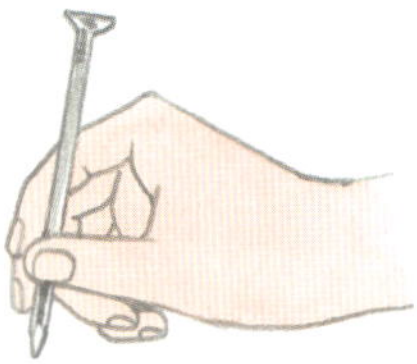

[いろいろなあそび方《かた》]

❶

点《てん》をふたつかき、その点《てん》を線《せん》で結《むす》びます。この点《てん》にくぎをさしておきます。

❷

順番《じゅんばん》にくぎをなげ、ささった点《てん》を線《せん》でつなぎ、時計《とけい》まわりに進《すす》みます。

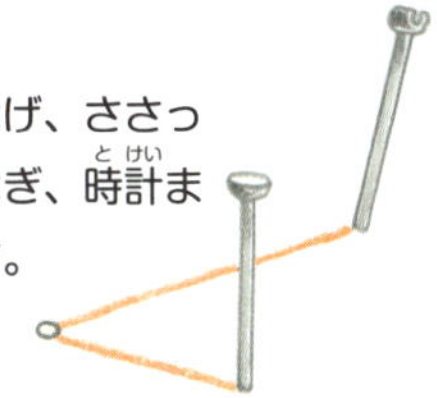

❸

相手《あいて》の線《せん》と重《かさ》なってはいけません。そのときは、前《まえ》の点《てん》にもどります。

❹

相手《あいて》のくぎをかこって、出《で》られなくした子《こ》が勝《か》ちです。

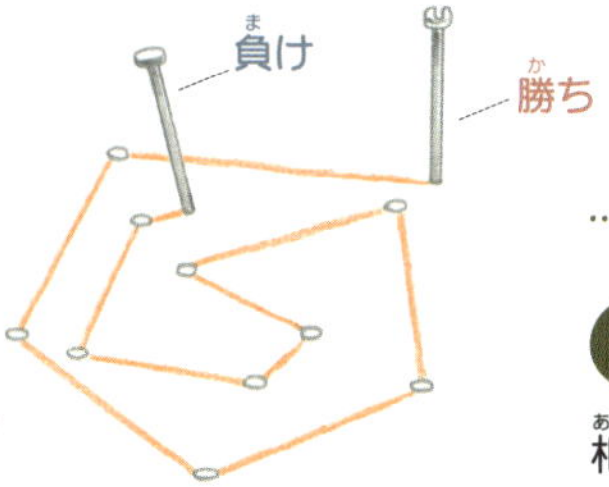

あそびの歴史《れきし》

もとは木《き》をさすあそび

くぎさしのもとは、「根《ね》っ木《き》」というあそびでした。これは稲《いね》をかりとったあとのしめった田《た》んぼや、霜《しも》がとけたあとのあき地《ち》でやる、季節《きせつ》のあそびでした。50～60cm《センチメートル》ほどの枝《えだ》や木材《もくざい》のはしをえんぴつのようにするどくけずり、木《き》のくいを何本《なんぼん》か作《つく》ってあそびます。ルールは今《いま》の「1本出《ぼんだ》し」とほぼ同《おな》じでした。江戸時代《えどじだい》の末期《まっき》以降《いこう》には、くぎを手《て》に入《い》れることができたので、くぎを使《つか》った「くぎ根《ね》っ木《き》」となりました。

●かこみ

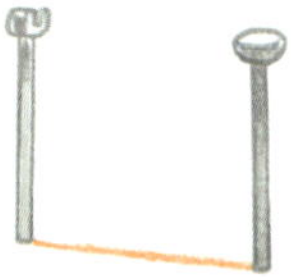

相手《あいて》のくぎをかこって出《で》られなくします。

【アレンジ】3人以上《にんいじょう》のときは、はじめの点《てん》を3つかきます。

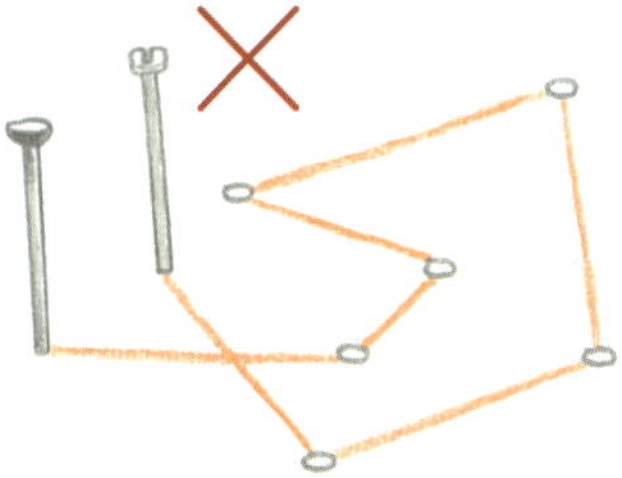

なげ方《かた》

地面《じめん》にくぎをなげつけてさします。

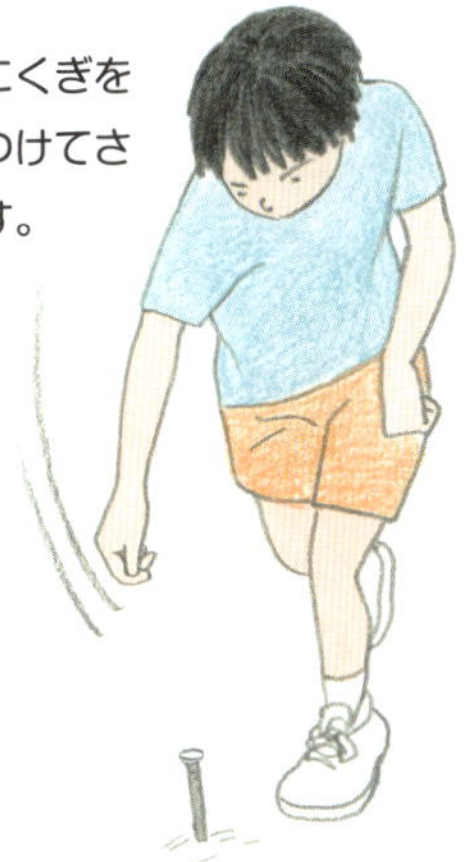

●1本出《ぼんだ》し

相手《あいて》のくぎをたおしてとるあそびです。

❶

小《ちい》さな円《えん》をかきます。じゃんけんで負《ま》けた子《こ》から、円《えん》の中《なか》にくぎをなげます。

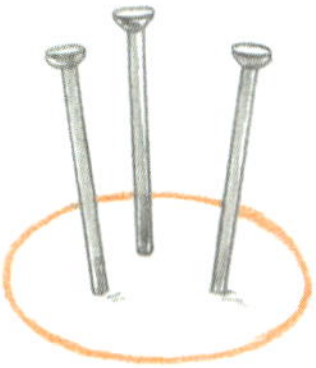

❷

相手《あいて》のくぎをたおして、自分《じぶん》のくぎが地面《じめん》にささると、相手《あいて》のくぎがとれます。

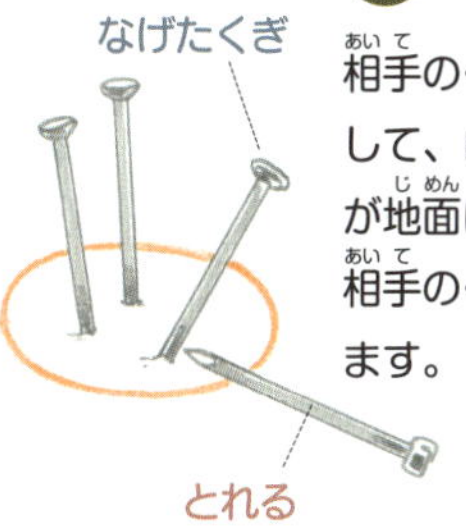

❸

相手《あいて》のくぎをたおしても、自分《じぶん》のくぎが地面《じめん》にささらないと、くぎはとれません。くぎをそのままにして、順番《じゅんばん》を代《か》わります。

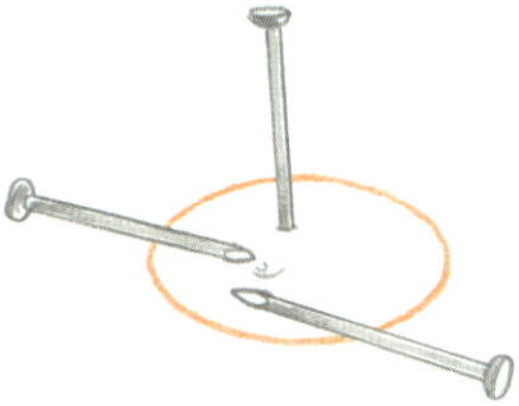

❹

たおれているくぎになげたくぎをあてるととれます。

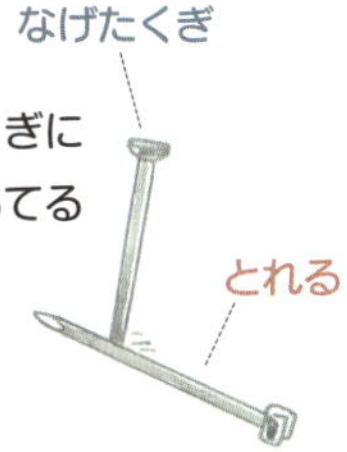

注意《ちゅうい》!

くぎをなげるときは、人《ひと》にささらないように十分注意《じゅうぶんちゅうい》してあそびましょう。

ビー玉《だま》

貴族《きぞく》のあそびだった「銭《ぜに》なげ」が起源《きげん》

地《じ》面《めん》にまいたビー玉《だま》に手持《ても》ちのビー玉《だま》をなげてあてたり、穴《あな》の中《なか》に落《お》としたりしてあそびます。あてたビー玉《だま》や、図《ず》形《けい》の中《なか》に入《い》れたビー玉《だま》をとることができるので、好《す》きな色《いろ》やもようをねらうときには、しんけんになってしまうあそびです。

あそびの起源《きげん》

昔《むかし》は小銭《こぜに》をなげるあそびだった

ビー玉《だま》のもとは、平安時代《へいあんじだい》に貴族《きぞく》のあいだでたのしまれていた「銭《ぜに》なげ」でした。中国《ちゅうごく》からつたわった銭《ぜに》を地面《じめん》に置《お》き、きめられた位置《いち》からほかの銭《ぜに》をなげて、あたればそれがとれるというルールでした。銭《ぜに》はたいへん貴重《きちょう》なものなので、大人《おとな》のあそびだったのです。

子《こ》どもたちにあそばれたのは、江戸時代《えどじだい》の中《なか》ごろからで、当時《とうじ》は「穴一《あないち》」というあそびでした。この名前《なまえ》の由来《ゆらい》は、穴《あな》の前《まえ》に一線《いっせん》をひいたからという説《せつ》と、「穴打《あなう》ち」がなまったからという説《せつ》があります。

また、あそびに銭《ぜに》を使《つか》うことが禁止《きんし》されていたので、ムクロジの実《み》や、ぜぜ貝《がい》（きしゃご）などを使《つか》っていました。

[いろいろななげ方《かた》]

●ブレーキ

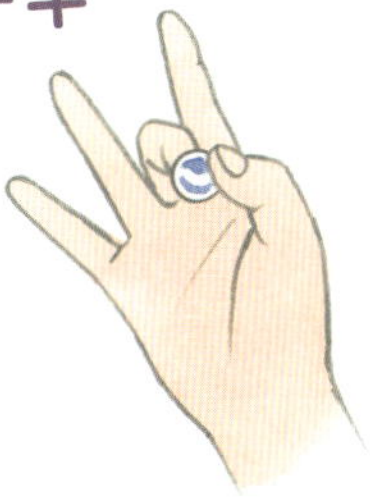

中指《なかゆび》ではじきます。逆回転《ぎゃくかいてん》がかかるので、途中《とちゅう》でもどってきます。

●はじき

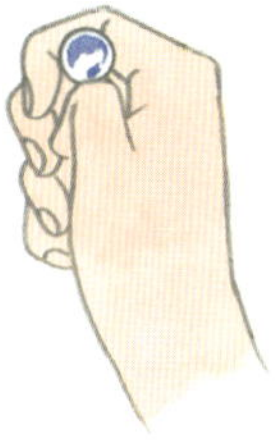

手《て》をにぎり、人差《ひとさ》し指《ゆび》と親指《おやゆび》でビー玉《だま》を固定《こてい》します。親指《おやゆび》ではじきます。

●ロングシュート

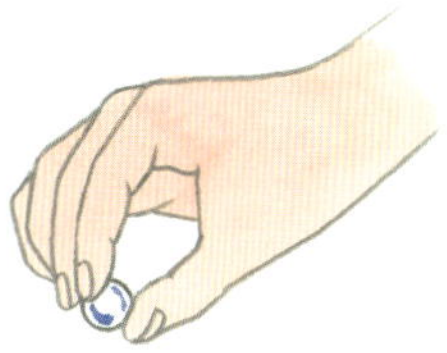

指先《ゆびさき》でビー玉《だま》をつまみ、なげます。ねらいをつけやすいなげ方《かた》です。

●接近戦《せっきんせん》

人差《ひとさ》し指《ゆび》を地面《じめん》につけ、親指《おやゆび》でビー玉《だま》をはじきます。近《ちか》くのビー玉《だま》をねらうときに使《つか》います。

●ロングドライブ

手《て》のひらにビー玉《だま》をのせ、そのまま放《ほう》ります。遠《とお》くへなげるときに使《つか》います。

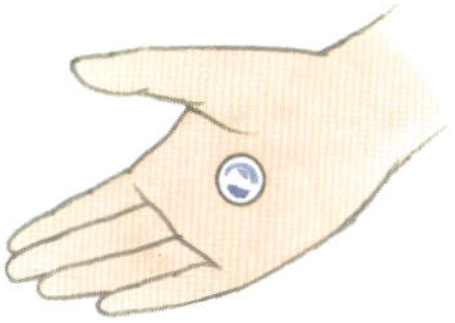

●線《せん》ぎめ

きめた線《せん》からビー玉《だま》をなげます。

1

地面《じめん》に3m《メートル》ほどあけて、2本《ほん》のしきり線《せん》をひきます。片方《かたほう》の線《せん》からひとりずつビー玉《だま》をなげます。

【ルール】相手《あいて》のビー玉《だま》をはじいてもOKです。

2

線《せん》に一番近《いちばんちか》い子《こ》が勝《か》ちです。

【ルール】線《せん》をこえた子《こ》は負《ま》けとなります。

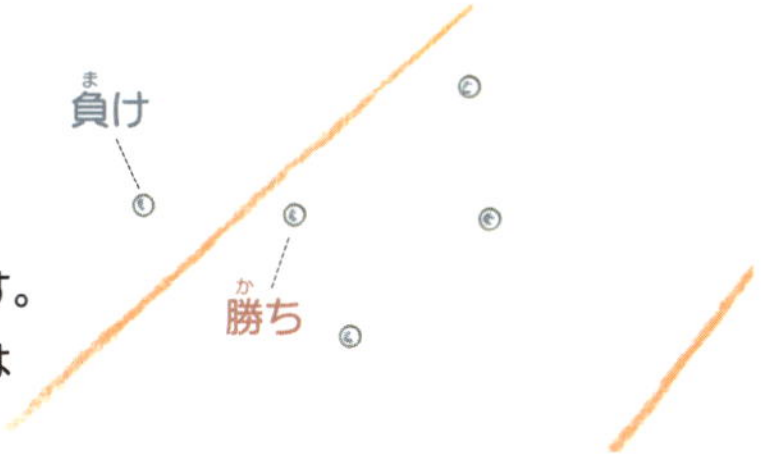

[いろいろなあそび方《かた》]

●目玉落《めだまお》とし

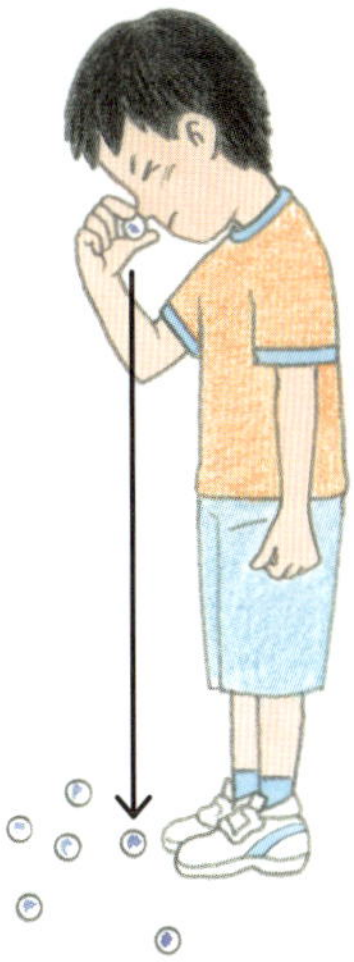

ひとりひとつずつビー玉《だま》を出《だ》し、地面《じめん》にまとめて置《お》きます。目《め》の高《たか》さからビー玉《だま》を落《お》とし、あたったビー玉《だま》がとれます。

【失敗《しっぱい》したら】そのままにして次《つぎ》の子《こ》と代《か》わります。

[はじくあそび方《かた》]

●島《しま》出《だ》し

島《しま》の中《なか》のビー玉《だま》を
あてて出《だ》します。

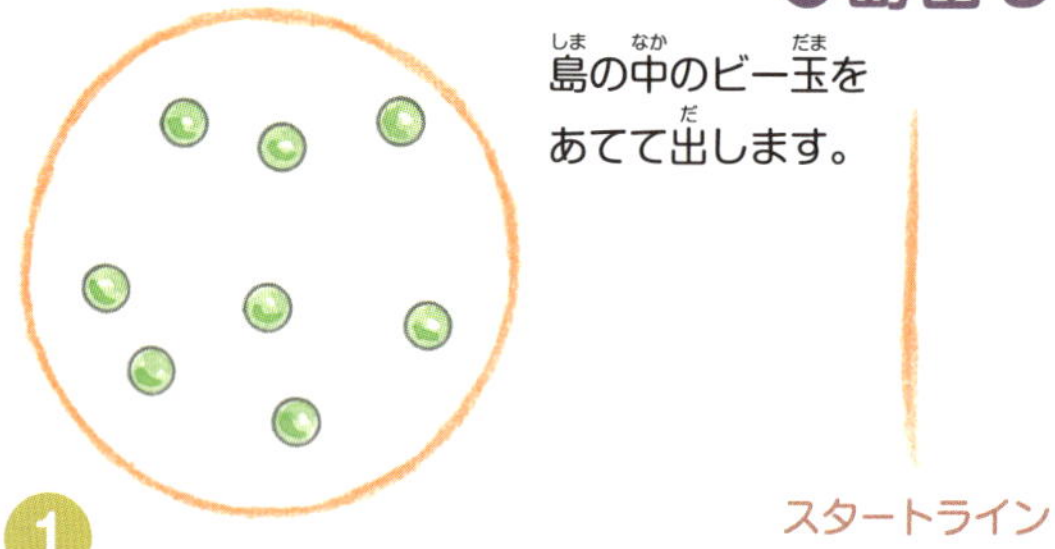

1

地面《じめん》に直径《ちょっけい》50cm《センチメートル》ほどの島《しま》をかきます。島《しま》から2～3m《メートル》ほどはなれたところに、スタートラインをひきます。ひとりずつビー玉《だま》をいくつか出《だ》し、島《しま》の中《なか》にまとめて置《お》きます。

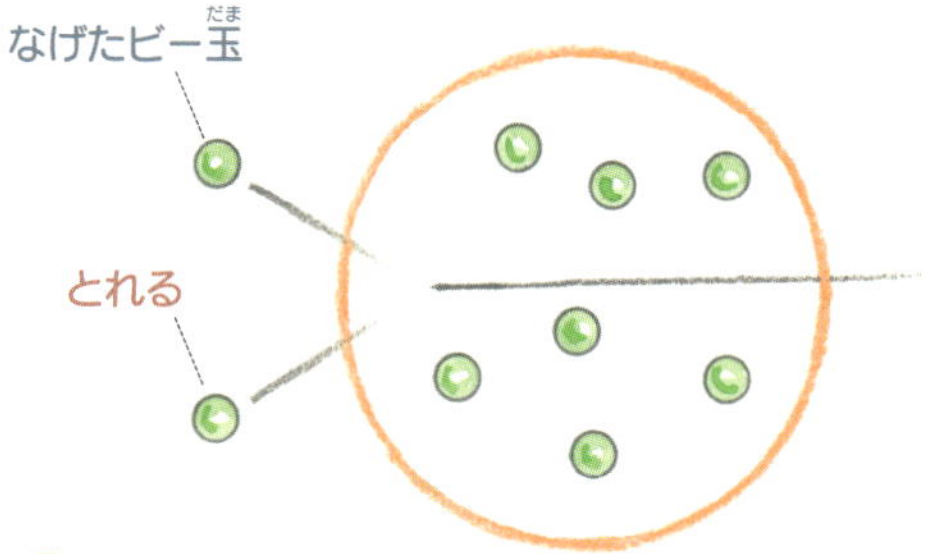

2

はじめの子《こ》が、スタートラインからビー玉《だま》をなげます。島《しま》の中《なか》のビー玉《だま》をはじき出《だ》して、自分《じぶん》のビー玉《だま》も島《しま》から出《で》れば、ビー玉《だま》がとれます。

【失敗《しっぱい》したら】なげたビー玉《だま》を島《しま》の中《なか》に置《お》き、順番《じゅんばん》を代《か》わります。

3

とられた子《こ》は、ほかのビー玉《だま》を島《しま》の中《なか》にひとつ置《お》きます。

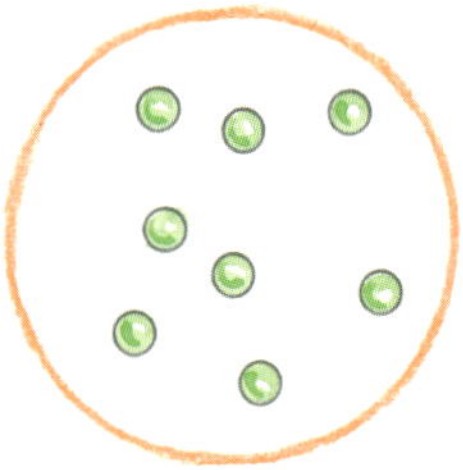

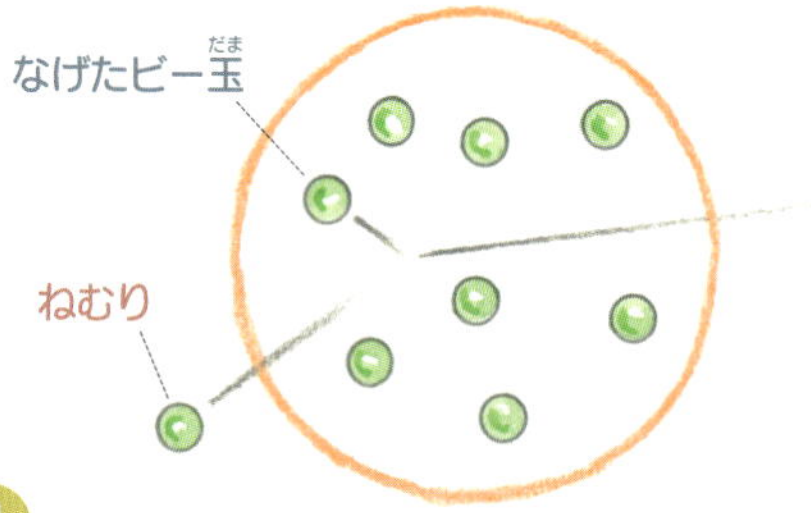

4

相手《あいて》のビー玉《だま》を島《しま》から出《だ》しても、自分《じぶん》のビー玉《だま》が島《しま》の外《そと》に出《で》ないとビー玉《だま》はとれません。これを「ねむり」といいます。ビー玉《だま》をそのままにして、順番《じゅんばん》を代《か》わります。

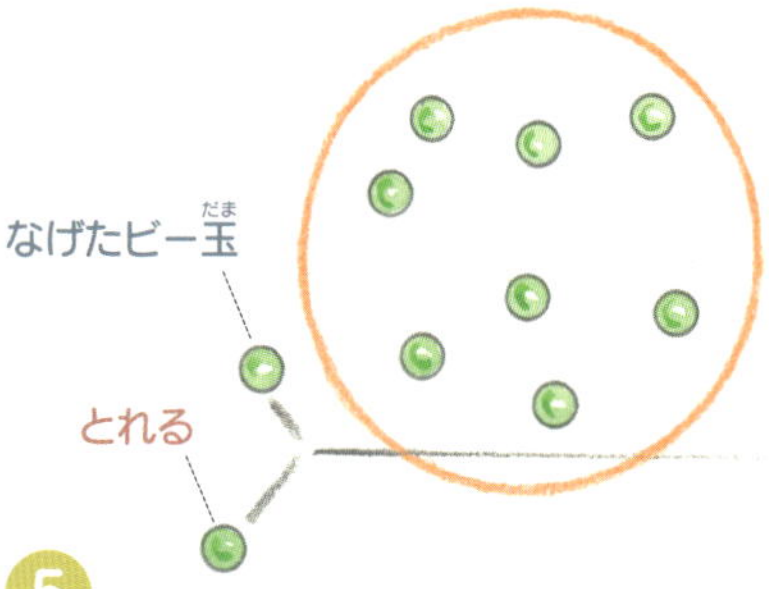

5

ねむりのビー玉《だま》は、あてるととることができます。

【ルール】手持《ても》ちのビー玉《だま》がなくなった子《こ》は負《ま》けです。

あそびのアレンジ

島《しま》を円《えん》や星《ほし》など、いろいろな形《かたち》にしてあそびましょう。

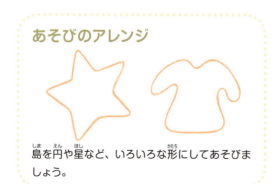

●ホール

穴《あな》に入《い》れるあそびです。

[なげて入《い》れるあそび方《かた》]

1. 地面《じめん》に数《すう》m《メートル》ほどあいだをあけて穴《あな》をほり、スタートラインをひきます。穴《あな》に順番《じゅんばん》をつけます。

2. ひとり1回《かい》ずつ順番《じゅんばん》にビー玉《だま》をなげ、穴《あな》にビー玉《だま》を入《い》れながら進《すす》みます。

3. はじめにゴールの穴《あな》に入《い》れた子《こ》が勝《か》ちです。

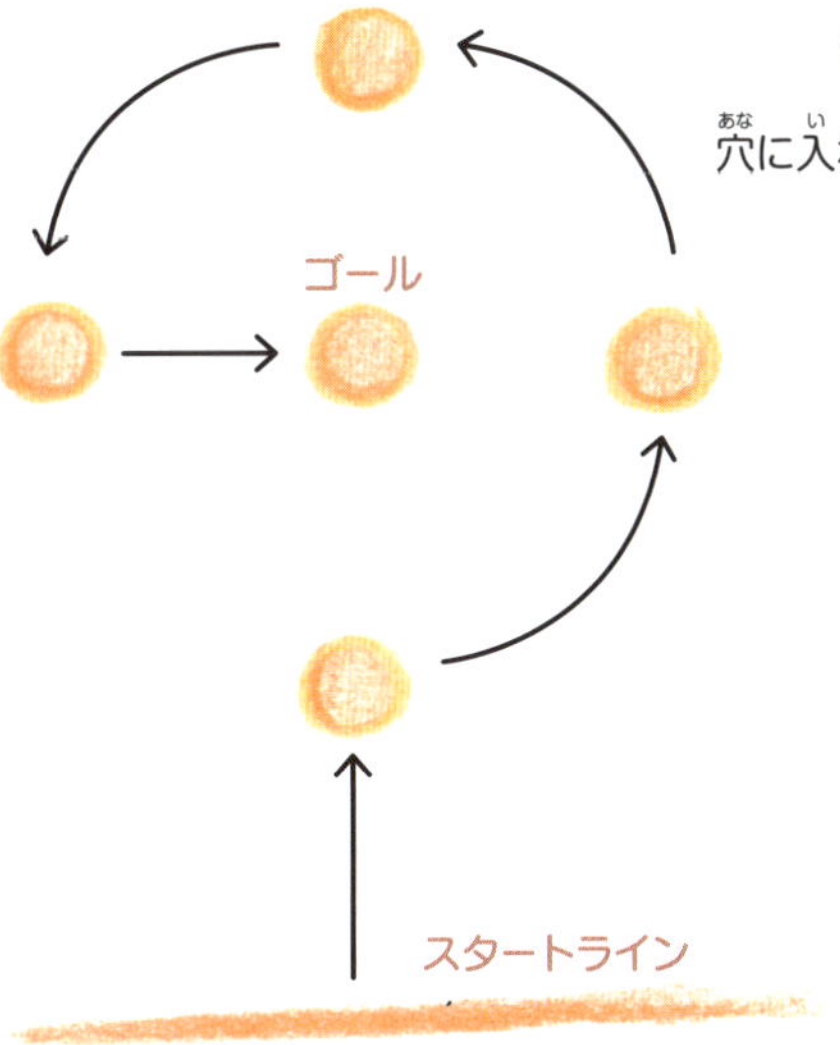

●穴一《あないち》

図形《ずけい》の中《なか》に入《い》れます。

1. 地面《じめん》に左《ひだり》の図形《ずけい》とスタートラインをかきます。

2. ひとりひとつずつビー玉《だま》を出《だ》し、なげる子《こ》がすべてまとめて持《も》ちます。スタートラインから、持《も》っているビー玉《だま》をひとつずつなげます。

3. すべてなげおわったら、《天《てん》》以外《いがい》にあるビー玉《だま》と、《A《エー》》と《B《ビー》》で出《だ》したビー玉《だま》をあつめ、順番《じゅんばん》を代《か》わります。

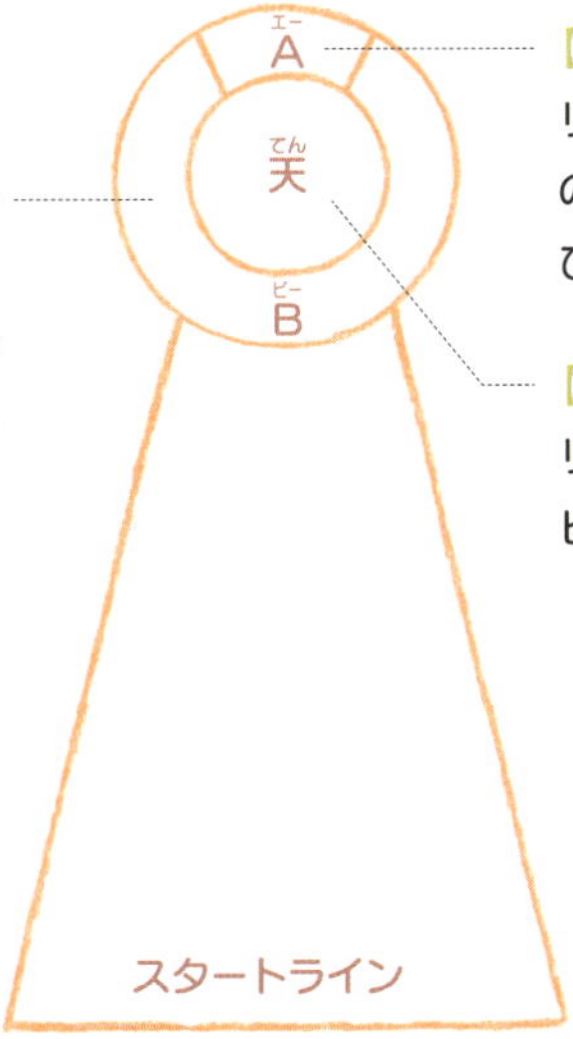

【ルール】《A《エー》》のエリアに入《はい》ると、自分《じぶん》の手持《ても》ちのビー玉《だま》をひとつ出《だ》します。

【ルール】《B《ビー》》のエリアに入《はい》ると、自分《じぶん》の手持《ても》ちのビー玉《だま》をふたつ出《だ》します。

【ルール】《天《てん》》のエリアに入《はい》ると、そのビー玉《だま》がとれます。

あそびの歴史《れきし》

古墳時代《こふんじだい》にもあったガラス

ビー玉《だま》はポルトガル語《ご》でガラスという意味《いみ》の「ビードロ」が変化《へんか》した名前《なまえ》です。ガラスの歴史《れきし》は古《ふる》く、古墳時代《こふんじだい》のまいぞう品《ひん》にもありました。16世紀《せいき》ごろにガラス製品《せいひん》の製法《せいほう》が日本《にほん》につたわり、ガラス玉《だま》は貴重《きちょう》なアクセサリーやオブジェとして使《つか》われました。そして明治時代《めいじじだい》にびん入《い》りのラムネが売《う》られ、栓《せん》として使《つか》っていたビー玉《だま》は「ラムネ玉《だま》」とよばれ、あそばれるようになりました。

竹《たけ》馬《うま》

平《へい》安《あん》時《じ》代《だい》には「高《たか》足《あし》」ともよばれていた

はじめは一番低《いちばんひく》いところに足台《あしだい》をつけて練習《れんしゅう》をしましょう。うまくなるにつれて足《あし》台《だい》の位置《いち》をすこしずつ上《うえ》につけ、高《たか》くしていきます。いつもとはちがうながめが見《み》えます。

用意《ようい》するもの

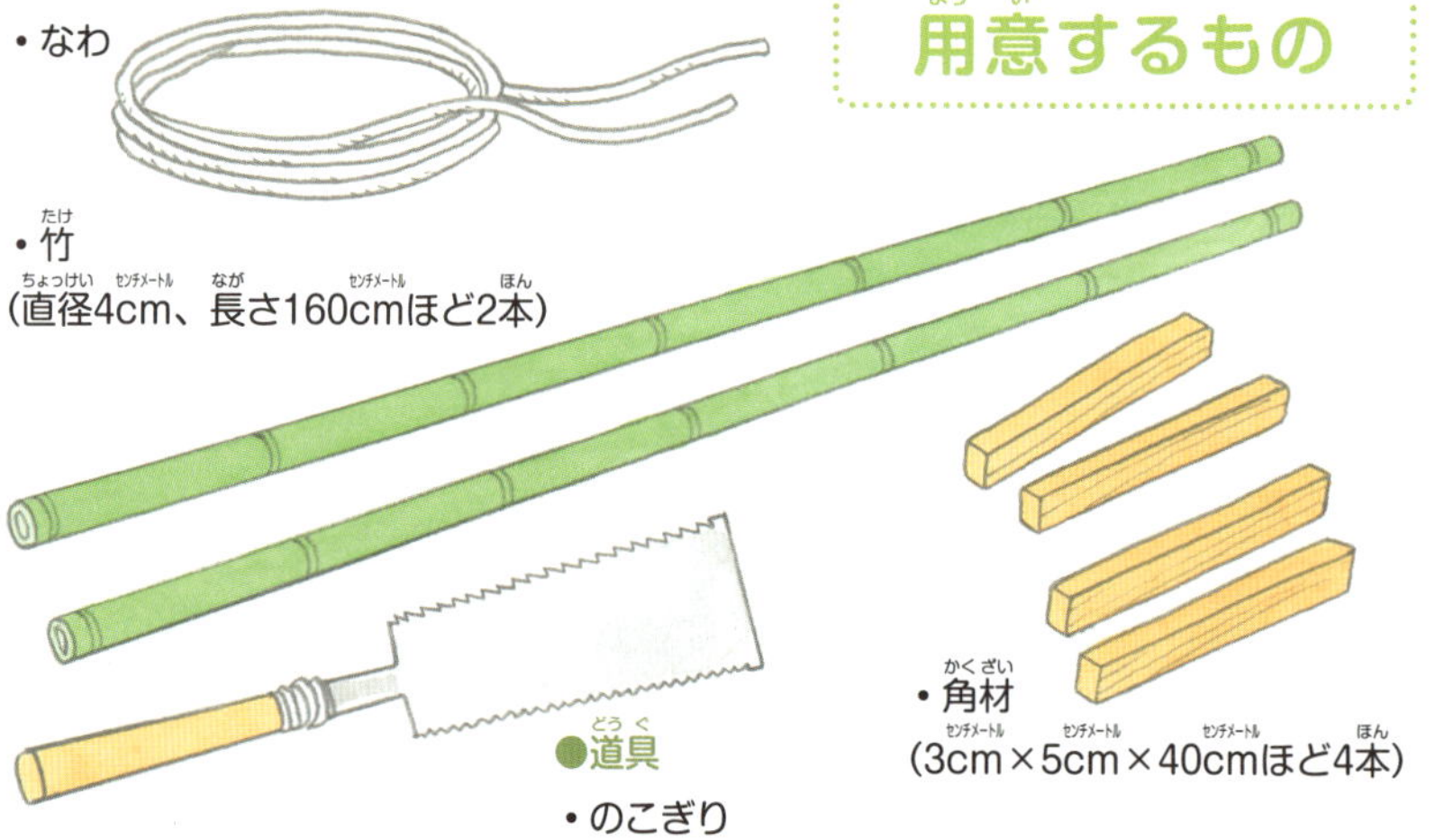

●材料《ざいりょう》

- なわ
- 竹《たけ》
(直径《ちょっけい》4cm《センチメートル》、長《なが》さ160cm《センチメートル》ほど2本《ほん》)
- 角材《かくざい》
(3cm《センチメートル》×5cm《センチメートル》×40cm《センチメートル》ほど4本《ほん》)

●道具《どうぐ》

- のこぎり

注意《ちゅうい》! 刃物《はもの》を使《つか》うときには、十分注意《じゅうぶんちゅうい》しましょう。

あそびの歴史《れきし》

昔《むかし》の竹馬《たけうま》

平安時代《へいあんじだい》の竹馬《たけうま》は、葉《は》っぱのついた竹《たけ》を使《つか》いました。馬《うま》にのるようにまたがり、両手《りょうて》で竹《たけ》の先《さき》をにぎるか、なわをつけてそれをにぎってあそんでいました。これは鎌倉時代《かまくらじだい》の男《おとこ》の子《こ》に人気《にんき》でした。

今《いま》の竹馬《たけうま》は、平安時《へいあんじ》代《だい》に「高足《たかあし》」や「サギ脚《あし》」とよばれていたもので、伝統芸能《でんとうげいのう》に使《つか》われた道具《どうぐ》のひとつと考《かんが》えられています。大正時代《たいしょうじだい》までは「高足《たかあし》」の名前《なまえ》も使《つか》われましたが、背《せ》の高《たか》い竹馬《たけうま》は、主《おも》に江戸時代中期《えどじだいちゅうき》から末期《まっき》にかけて流行《りゅうこう》しました。

作《つく》り方《かた》

1

2本《ほん》の竹《たけ》をならべて、足台《あしだい》をつける節《ふし》の高《たか》さをあわせて、のこぎりで切《き》ります。

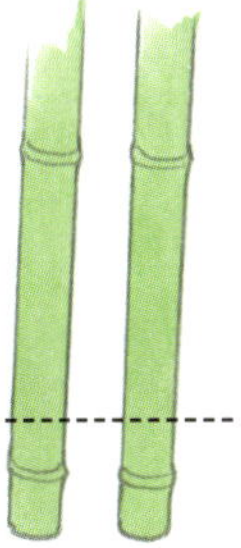

2

節《ふし》をはさんで足《あし》台《だい》の角材《かくざい》を2本《ほん》ならべ、なわできつくしばります。

3

足台《あしだい》を垂直《すいちょく》にまわします。

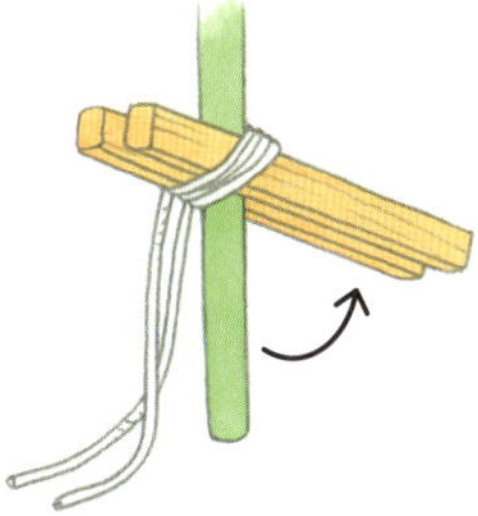

4

なわが十字《じゅうじ》になるようにくくって、きつくしばります。

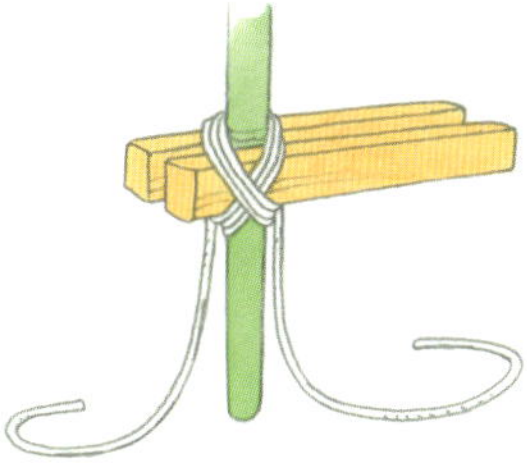

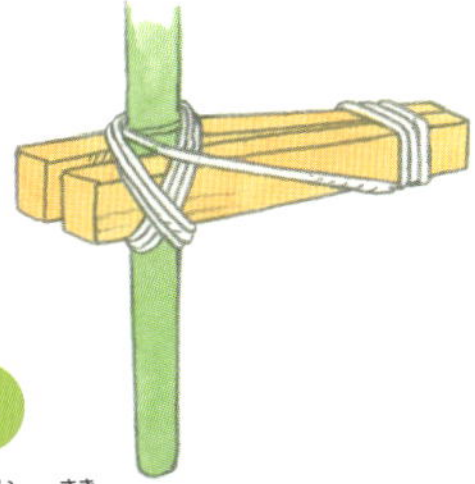

5

足台《あしだい》の先《さき》をきつくしばります。

[のり方《かた》]

1

上《うえ》から1/3ほどのところを持《も》ち、片足《かたあし》を足台《あしだい》にかけます。

2

両足《りょうあし》を足台《あしだい》にかけ、やや前《まえ》にかたむかせてバランスをとります。

[いろいろなあそび方《かた》]

●てっぽうかつぎ

1本《ほん》のさおを肩《かた》にかつぎ、ケンケンします。

●かつお節《ぶし》けずり

左右《さゆう》のさおを、交差《こうさ》させてカリカリと音《おと》を出《だ》します。

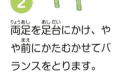

外《そと》あそび

かん馬《うま》

ほかの名前《なまえ》は「かんげた」や「あきかんポックリ」

歩《ある》くとパカパカと馬《うま》のひづめのような音《おと》がします。いつもは歩《ある》けない水《みず》たまりの中《なか》も歩《ある》けます。いろいろなところを歩《ある》いて、地面《じめん》の感触《かんしょく》や音《おと》をたのしみましょう。

[あそび方《かた》]

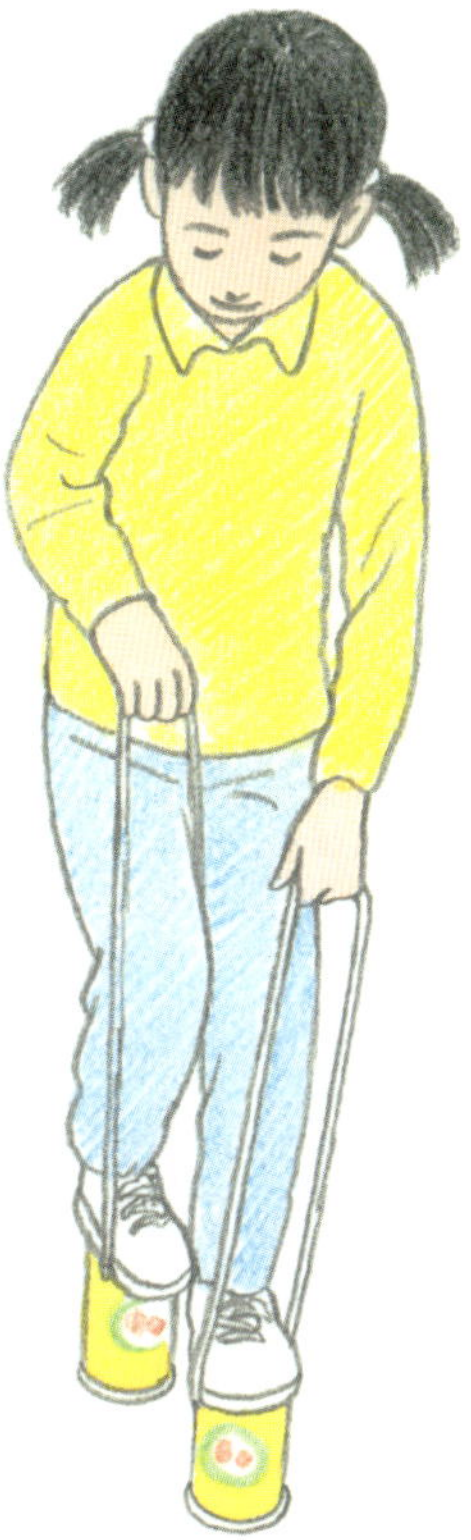

あげた足《あし》と同《おな》じほうのひもを上《うえ》にひっぱり、かんが足《あし》の裏《うら》にくっついている状態《じょうじょう》で、歩《ある》きます。

用意《ようい》するもの

●材料《ざいりょう》

・かん2個《こ》

【コツ】のってもへこまないスチール製《せい》のものをえらびましょう。

・ひも
(長《なが》さ1m《メートル》ほど2本《ほん》)

●道具《どうぐ》

・くぎ

・金《かな》づち

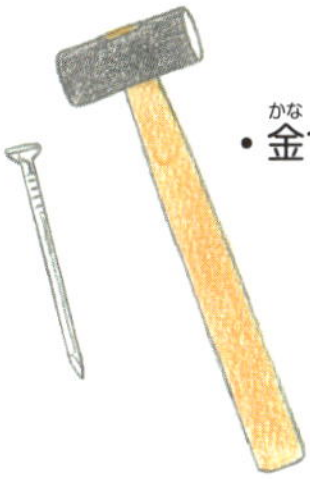

作《つく》り方《かた》

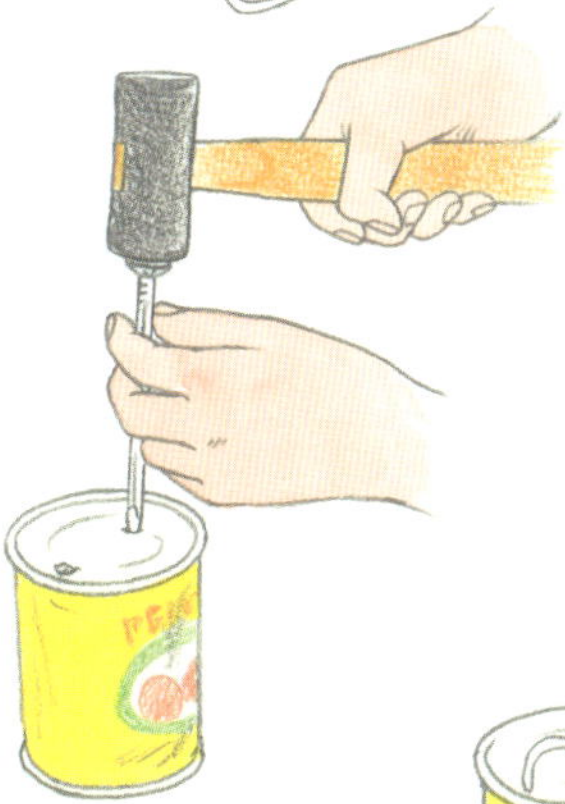

1

かんのふたをとり、きれいに洗《あら》います。くぎと金《かな》づちを使《つか》い、底《そこ》の2カ所《しょ》に穴《あな》をあけます。

2

穴《あな》にひもを通《とお》し、長《なが》さを調節《ちょうせつ》してはしを結《むす》びます。

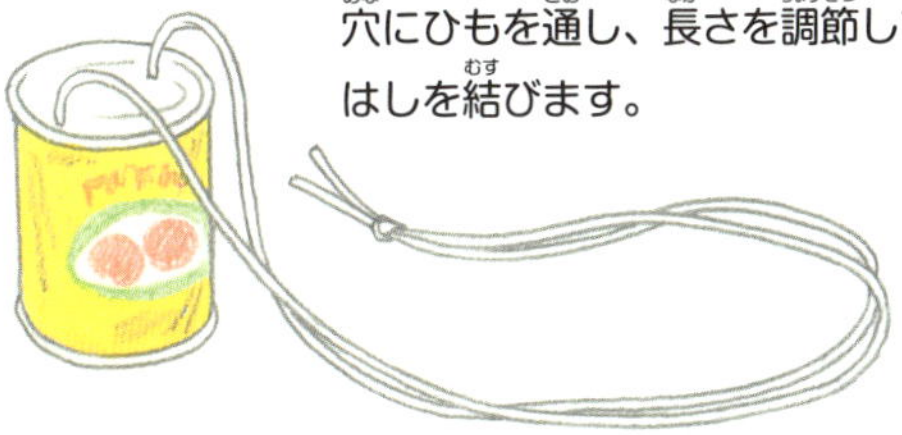

注意《ちゅうい》! くぎや金《かな》づちを使《つか》うときには、十分注意《じゅうぶんちゅうい》しましょう。

あそびの歴史《れきし》

かんづめ工場《こうじょう》が日本《にほん》にできるまで

かんづめは、1804年《ねん》にフランス人《じん》のニコラ・アペールが考《かんが》えたといわれています。フランス軍《ぐん》にとどけるための食《た》べものを、かんやびんに入《い》れて加工《かこう》しました。ブリキかんは、1810年《ねん》にイギリスで発明《はつめい》されました。1821年《ねん》にはアメリカに技術《ぎじゅつ》がつたわり、かんづめの製造《せいぞう》が本格化《ほんかくか》しました。日本《にほん》では1871年《ねん》に松田雅典《まつだまさのり》がフランス人《じん》に教《おそ》わって作《つく》った、イワシの油漬《あぶらづけ》かんづめがはじまりといわれています。その後《ご》、日本初《にほんはつ》のかんづめ工場《こうじょう》が北海道《ほっかいどう》にできたのは、1877年《ねん》のことです。

外《そと》あそび

竹《たけ》とんぼ

はじまりは江戸《えど》時代《じだい》？ それとも奈良《なら》時代《じだい》？

自《じ》分《ぶん》で作《つく》った竹《たけ》とんぼが空《そら》高《たか》くあがると、とてもうれしい気《き》持《も》ちになります。人《ひと》にあたらないように十分《じゅうぶん》注意《ちゅうい》して、広《ひろ》いところであそびましょう。

あそびの歴史《れきし》

奈良時代《ならじだい》のプロペラが見《み》つかった？

竹《たけ》とんぼは、江戸時代《えどじだい》にエレキテルの製作《せいさく》で有名《ゆうめい》な発《はつ》明家《めいか》の平賀源内《ひらがげんない》が、オランダ人《じん》からプロペラのしくみを教《おそ》わり、それを工夫《くふう》して作《つく》ったという説《せつ》があります。

しかし、奈良県《ならけん》の佐紀町《さきまち》平城京跡《へいじょうきょうあと》から、竹《たけ》とんぼににた形《かたち》の木《き》のプロペラが発見《はっけん》されました。これは奈良時代《ならじだい》のものだったので、奈《な》良時代《らじだい》には「木《き》とんぼ」であそばれていたのではないかとも考《かんが》えられています。

用意《ようい》するもの

●材料《ざいりょう》

・竹《たけ》（羽《はね》：14cm《センチメートル》×7mm《ミリメートル》、心《しん》棒《ぼう》：20cm《センチメートル》×2cm《センチメートル》）

●道具《どうぐ》

・小刀《こがたな》

・きり

・のこぎり

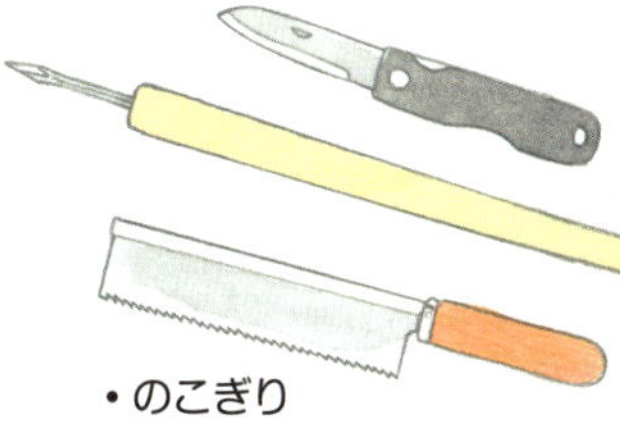

注意《ちゅうい》!

カッターナイフは刃《は》が折《お》れるので使《つか》えません。

作《つく》り方《かた》

1 羽《はね》の中心《ちゅうしん》に、きりで穴《あな》をあけます。

2 羽《はね》の表側《おもてがわ》を小刀《こがたな》でけずります。

3 羽《はね》の裏側《うらがわ》をけずります。

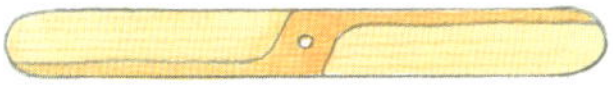

4 羽《はね》の角《かど》をななめにけずり、角《かど》をとります。

5 心棒《しんぼう》の角《かど》をけずってまるくします。

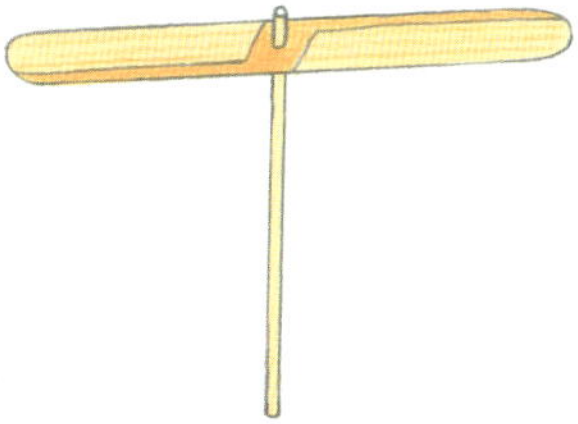

6 羽《はね》を心棒《しんぼう》にさしこみます。羽《はね》がぐらぐらしないようにきつくさしこみます。

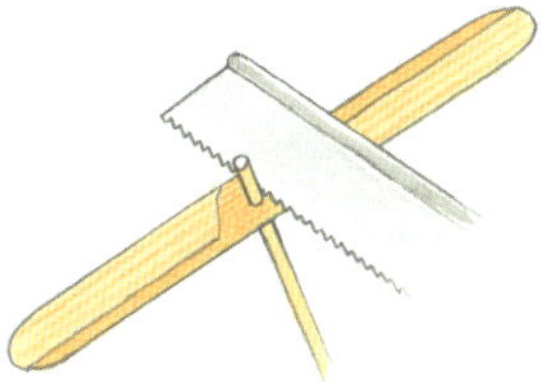

7 大《おお》きくつき出《で》た部分《ぶぶん》は、のこぎりで切《き》ります。

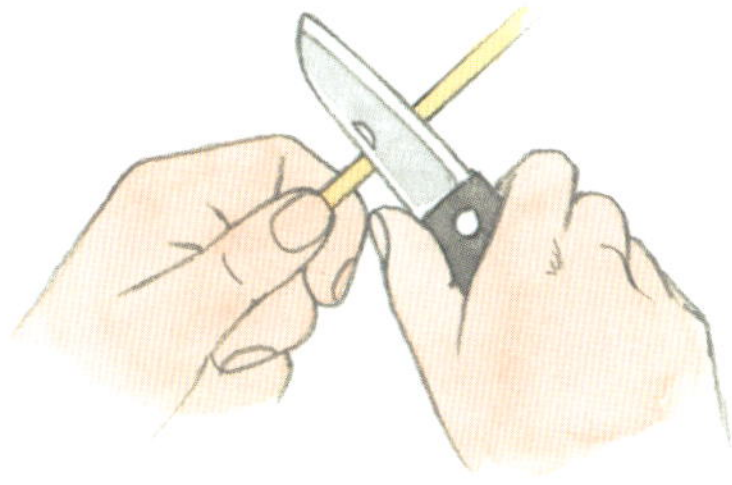

注意《ちゅうい》!

刃物《はもの》を使《つか》うときには、刃《は》を人《ひと》や自分《じぶん》にむけないように、十分注意《じゅうぶんちゅうい》して使《つか》いましょう。また、竹《たけ》とんぼをとばすときは、広《ひろ》い場所《ばしょ》を選《えら》んで人《ひと》にあたらないように注意《ちゅうい》してあそびましょう。

[あそび方《かた》]

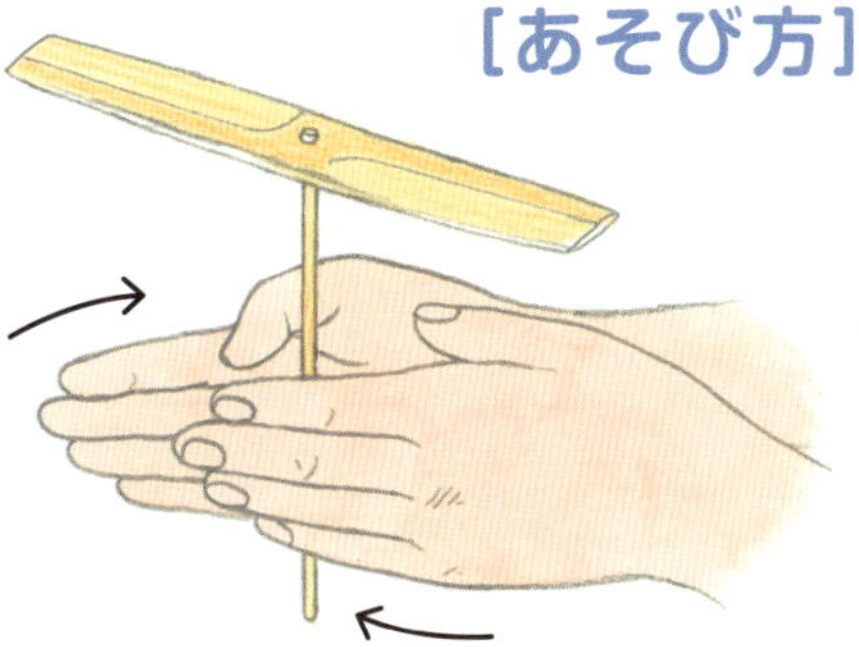

心棒《しんぼう》を手《て》のひらにはさみます。力《ちから》をこめて前後《ぜんご》に素早《すばや》くこすり、竹《たけ》とんぼを空《そら》にあげるように手《て》をあげます。

外《そと》あそび

羽《は》根《ね》つき

華《はな》やかな羽《は》子《ご》板《いた》は女《おんな》の子《こ》が生《う》まれた家《いえ》への贈《おく》りもの

羽《は》根《ね》を打《う》ったときの、カーンカーンという音《おと》は、お正月《しょうがつ》ならではのものです。なぜお正《しょう》月《がつ》なのか、その理由《りゆう》はわかっていません。きっと、羽《は》根《ね》つきには「その年《とし》を無事《ぶじ》にすごせますように」という願《ねが》いがこめられているのでしょう。

あそびの歴史《れきし》

羽根《はね》つきと日本文化《にほんぶんか》

　羽根《はね》つきはお正月《しょうがつ》のあそびで、室町時《むろまちじ》代《だい》から道具《どうぐ》を贈《おく》る習慣《しゅうかん》がありました。昔《むかし》は羽子板《はごいた》を「胡鬼板《こぎいた》」、羽根《はね》を「羽子《はご》」や「胡鬼子《こぎのこ》」といいました。

　今《いま》のように羽子板《はごいた》とよばれるようになったのは、江《え》戸時代《どじだい》の中《なか》ごろです。そのころから羽子板《はごいた》に華《はな》やかな絵《え》がかかれ、女《おんな》の子《こ》が生《う》まれた家《いえ》に贈《おく》りものにする習《しゅう》慣《かん》ができました。その後《ご》、立体的《りったいてき》なかざりのついた羽《は》子板《ごいた》が作《つく》られるようになりました。

用意《ようい》するもの

[いろいろなあそび方《かた》]

●貸《か》しっこ

ひとりで何回《なんかい》羽根《はね》を打《う》ち続《つづ》けられるかを数《かぞ》えます。

●罰《ばつ》ゲーム

打《う》つのに失敗《しっぱい》して羽根《はね》を地面《じめん》に落《お》とした子《こ》は、顔《かお》にスミをぬられます。

●追羽子《おいはご》

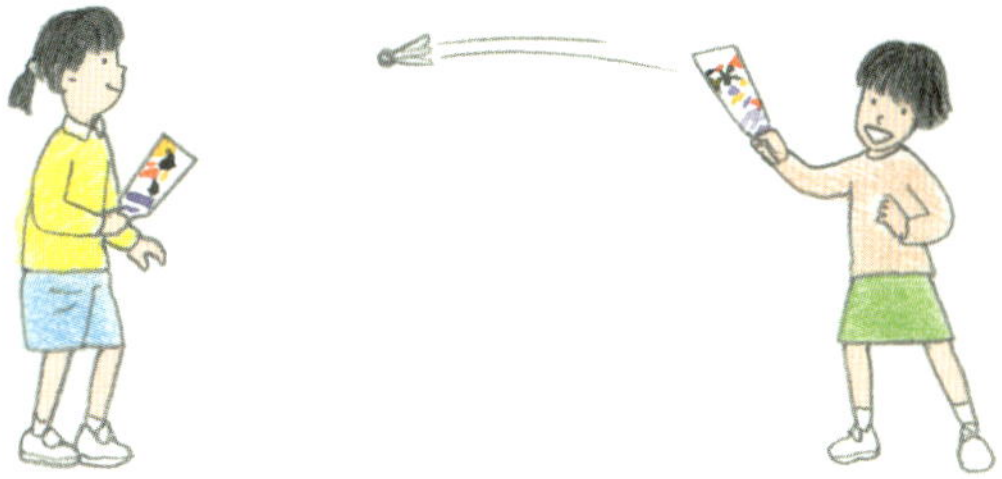

2～3m《メートル》ほどはなれたところから打《う》ちあいます。ラリーを続《つづ》けます。羽根《はね》を落《お》とした子《こ》が負《ま》けです。

あそびのアレンジ

みんなであそぶときには輪《わ》になって、順番《じゅんばん》に打《う》ちます。

外《そと》あそび

日《に》本《ほん》のお正《しょう》月《がつ》の風《ふう》物《ぶつ》詩《し》のひとつ

たこあげ

昔《むかし》は子《こ》どもから大人《おとな》まで多《おお》くの人《ひと》がたのしんでいました。

暮《く》れから3月《がつ》くらいまで、冬《ふゆ》の強《つよ》い風《かぜ》がふきます。上昇《じょうしょう》気《き》流《りゅう》といって、空《くう》気《き》が下《した》から上《うえ》にあがるので、たこもあがりやすいのです。

紙《かみ》よりもビニールのほうが風《かぜ》を受《う》けるので、かんたんにとばせます。

4

たこ糸《いと》を十字《じゅうじ》に結《むす》んで竹《たけ》ひごにつけます。

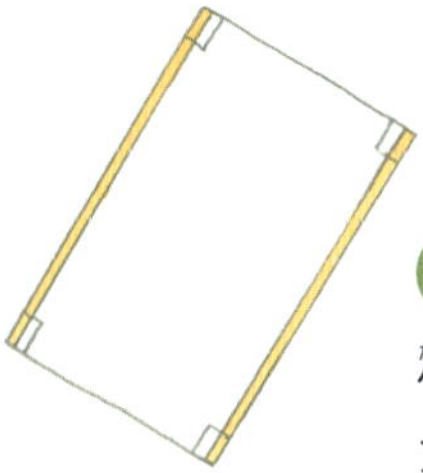

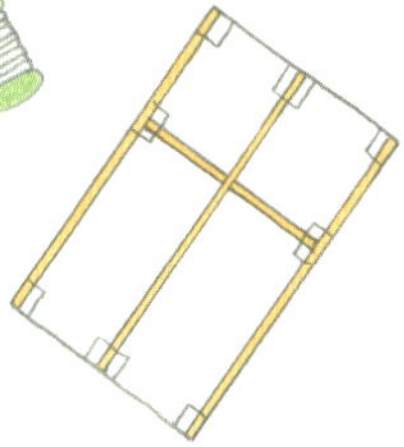

作《つく》り方《かた》

1

竹《たけ》ひごを紙《かみ》の左右《さゆう》にセロハンテープでつけます。

2

のこりの竹《たけ》ひごを十字《じゅうじ》に置《お》き、上下《じょうげ》と左右《さゆう》にセロハンテープでつけます。

3

たこの足《あし》を、のりでつけます。

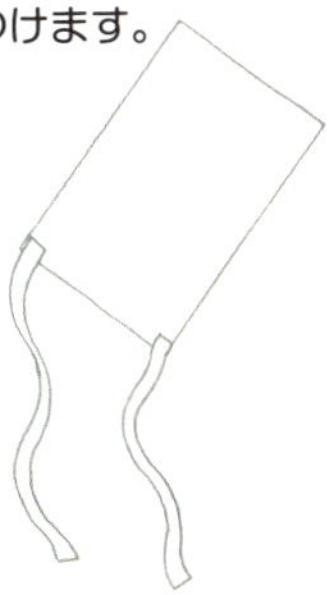

用意《ようい》するもの

●材料《ざいりょう》

- 紙《かみ》もしくは和紙《わし》、ビニール（たこの面《めん》：30cm《センチメートル》×50cm《センチメートル》ほど1枚《まい》、たこの足《あし》：70cm《センチメートル》×5cm《センチメートル》ほど2枚《まい》）
- 竹《たけ》ひご（50cm《センチメートル》ほど3本《ほん》、30cm《センチメートル》ほど1本《ほん》）

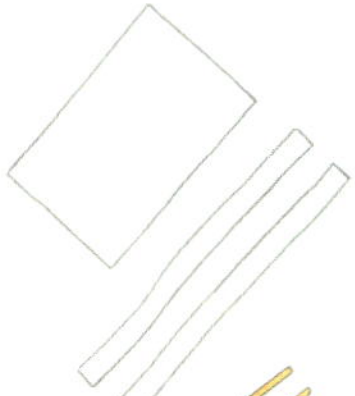

●道具《どうぐ》

- セロハンテープ

- のり

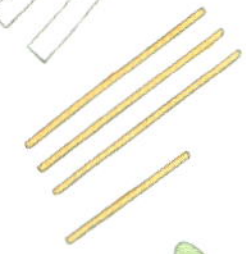

- たこ糸《いと》

あそびの風《ふう》土《と》

「たこ」だけど「いか」？

1755年《ねん》に出《で》た方言辞典《ほうげんじてん》の『諸国方言物類称呼《しょこくほうげんぶつるいしょうこ》』には、当時《とうじ》「たこ」といったのは、おもに関東《かんとう》と東海道《とうかいどう》、土佐《とさ》（今《いま》の高知県《こうちけん》）、唐津《からつ》（佐賀県《さがけん》）とかかれています。

東北《とうほく》では「でんぐばた」、近畿《きんき》と北陸《ほくりく》では「いか」や「いかご」、九州《きゅうしゅう》では「たつ」や「ふうりう」、長崎県《ながさきけん》と伊勢《いせ》（今《いま》の三重県《みえけん》）では「はた」とよばれていました。そのころの政治《せいじ》や経済《けいざい》の中心《ちゅうしん》は近畿《きんき》でしたので、共通《きょうつう》のよび名《な》は「いか」でした。その後《ご》、政治《せいじ》の中心《ちゅうしん》が江戸《えど》にうつり、「たこ」が共通《きょうつう》になったといわれています。

［あそび方《かた》］

1

風《かぜ》のふいてくるほうをむいて立《た》ちます。ひとりはたこ糸《いと》を持《も》ち、もうひとりはたこを持《も》ちます。たこ糸《いと》はたるんだ状態《じょうたい》にします。

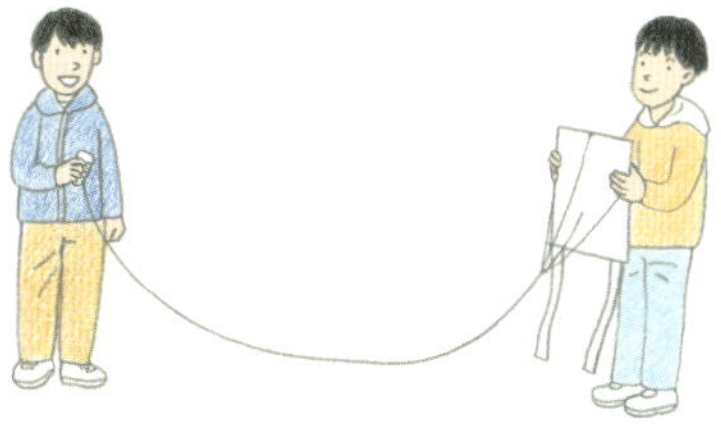

2

たこ糸《いと》を持《も》っている子《こ》が走《はし》り、糸《いと》がはる直前《ちょくぜん》にたこを持《も》っている子《こ》がはなします。たこが高《たか》くあがるまで走《はし》ります。高《たか》くあがったら走《はし》るのをやめ、たこを見《み》て操作《そうさ》します。

注意《ちゅうい》!

電線《でんせん》などのじゃまなものがないところであそびましょう。

外《そと》あそび

輪《わ》まわし

江《え》戸《ど》時《じ》代《だい》にも大《だい》流《りゅう》行《こう》したあそび

とても単《たん》純《じゅん》でかんたんなように見《み》えますが、やってみると意《い》外《がい》とむずかしいのです。すこし練《れん》習《しゅう》すればできるようになります。

できるだけ広《ひろ》い場《ば》所《しょ》や、まっすぐな道《みち》であそびましょう。

[あそび方《かた》]

輪《わ》を棒《ぼう》でおして、ころがしながら進《すす》みます。

あそびのコツ

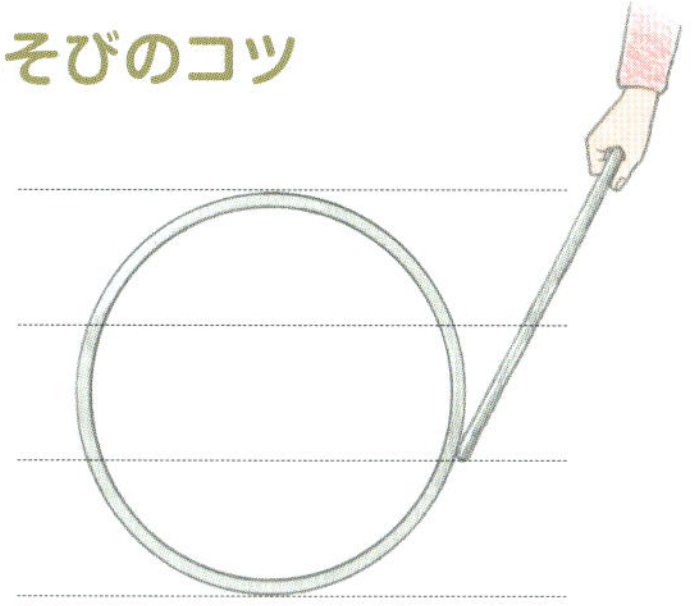

輪《わ》の下《した》から1/3のところに棒《ぼう》をあてます。

用意《ようい》するもの

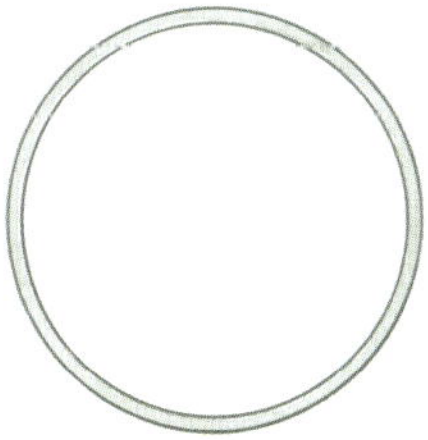

・輪《わ》

【コツ】使《つか》わなくなったおけのたがや、自転車《じてんしゃ》の車輪《しゃりん》のスポークをはずしたリムを使《つか》います。

リム
車輪《しゃりん》のチューブやタイヤをとめる部品《ぶひん》です。

スポーク
リムを内側《うちがわ》からささえる部品《ぶひん》です。

たが
おけの外側《そとがわ》をとめている部品《ぶひん》です。

・木《き》の枝《えだ》や棒《ぼう》

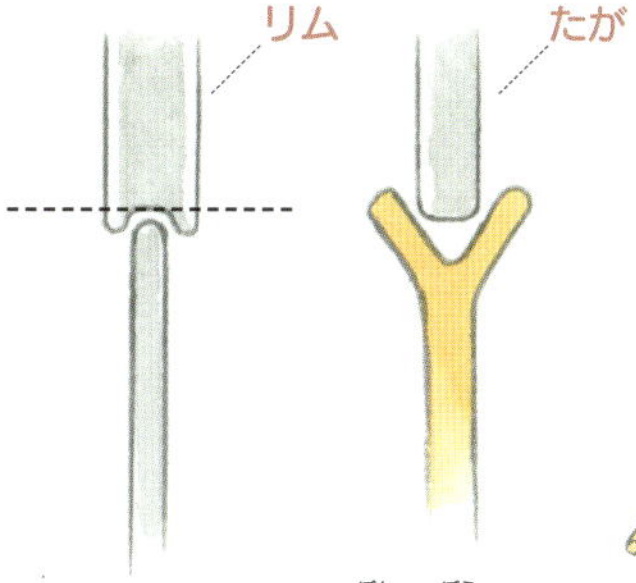

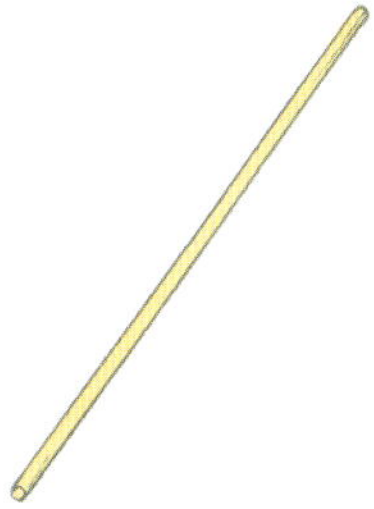

【コツ】リムのときは1本《ぽん》の棒《ぼう》で、たがのときは先《さき》がふたつに分《わ》かれている棒《ぼう》を使《つか》います。

あそびの歴史《れきし》

江戸時代《えどじだい》の輪《わ》まわし

輪《わ》まわしは、江戸時代《えどじだい》は「たがまわし」といわれていました。「たが」はおけやたるをとめる外側《そとがわ》の部品《ぶひん》のことです。周期的《しゅうきてき》に流行《りゅうこう》していたあそびのひとつで、流行《りゅうこう》する年《とし》は豊作《ほうさく》になるという説《せつ》もありました。

江戸時代《えどじだい》のおわりごろには「輪《わ》まわし」とよばれるようになりました。鉄《てつ》の輪《わ》と棒《ぼう》が別《べつ》になっているもののほかに、棒《ぼう》の先《さき》をまるくして、まわす輪《わ》にひっかけたものの2種類《しゅるい》がありました。昭和《しょうわ》時代《じだい》のはじめごろから自転車《じてんしゃ》のリムを使《つか》うようになり、とくに男《おとこ》の子《こ》に人気《にんき》がありました。

水《みず》切《き》り

「1丁《ちょう》切《き》った」「2丁《ちょう》切《き》った」と数《かぞ》えてあそぼう

小《お》川《がわ》などに平《ひら》たい小石《こいし》をなげて、水面《すいめん》をジャンプさせるあそびです。こしを落《お》として、地面《じめん》と平行《へいこう》になるようにうでをふってなげると、石《いし》は水面《すいめん》をジャンプしながら円盤《えんばん》のようにとんでいきます。親指《おやゆび》と人《ひと》差《さ》し指《ゆび》で石《いし》をにぎり、人《ひと》差《さ》し指《ゆび》に力《ちから》を入《い》れて、石《いし》を回転《かいてん》させるようになげるのがコツです。

[なげ方《かた》]

1

うでと地面《じめん》が水平《すいへい》になるように
ふりかぶります。

2

サイドスローのようになげます。

【コツ】手首《てくび》のスナップを
きかせ、石《いし》を回転《かいてん》させます。

用意《ようい》するもの

・平《ひら》たい小石《こいし》

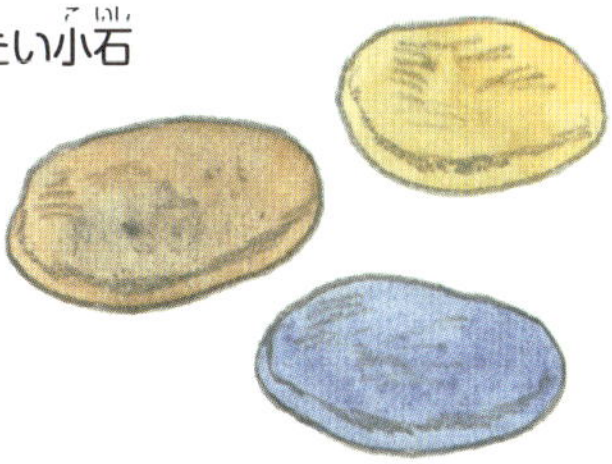

【コツ】あまり大《おお》きすぎる石《いし》はとびません。平《ひら》たい小石《こいし》を選《えら》びましょう。

持《も》ち方《かた》

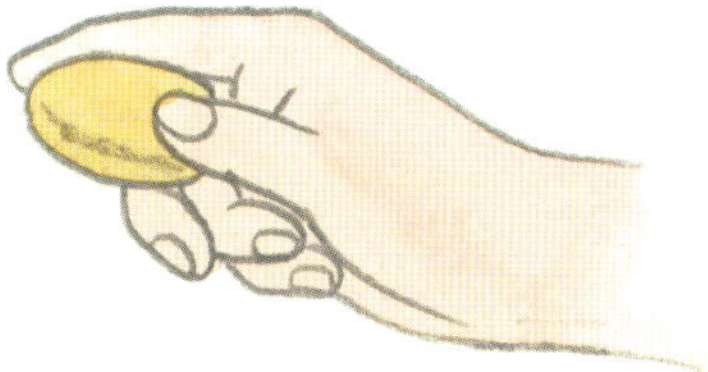

親指《おやゆび》と人差《ひとさ》し指《ゆび》で石《いし》をにぎります。

あそびの豆知識《まめちしき》

中国《ちゅうごく》の教科書《きょうかしょ》にものっていた水切《みずき》りあそび

水切《みずき》りは「打瓦《ちょうま》」とよばれ、古《ふる》くからあそばれていました。小石《こいし》だけでなく、貝《かい》がらやかわらのかけらなども使《つか》っていました。石《いし》が水面《すいめん》をジャンプするたびに、「1丁切《ちょうき》った」「2丁切《ちょうき》った」と数《かぞ》え、とんだ回数《かいすう》を競《きそ》うものです。このあそびは、中国《ちゅうごく》の唐時代《とうじだい》の8世紀《せいき》にまとめられた『蒙求《もうぎゅう》』にものっています。これは子《こ》ども用《よう》の教科書《きょうかしょ》で、歴史上《れきしじょう》の人物《じんぶつ》や偉人《いじん》のエピソードや教訓《きょうくん》などが短編物語《たんぺんものがたり》としてかかれています。

江戸時代《えどじだい》の文化《ぶんか》やあそびをまとめた『嬉遊笑覧《きゆうしょうらん》』をかいた喜多村信節《きたむらのぶよ》は、『瓦礫雑考《がれきざっこう》』という本《ほん》に「水面《すいめん》にむかって横《よこ》むきになげると、水《みず》の上《うえ》をぬうように出没《しゅつぼつ》してとぶ」と記録《きろく》しています。

またこの本《ほん》には、「印地《いんじ》」というあそびものっています。川原《かわら》などで2組《くみ》に分《わ》かれて、おたがいに小石《こいし》をなげあって勝敗《しょうはい》を競《きそ》いました。鎌倉時代《かまくらじだい》に流行《りゅうこう》していましたが、多《おお》くのけが人《にん》や死亡者《しぼうしゃ》が出《で》たので、禁止《きんし》になったこともありました。江戸時代《えどじだい》の末期《まっき》には端午《たんご》の節句《せっく》にやる、男《おとこ》の子《こ》たちのあそびであったそうです。

草花《くさばな》あそび

笹舟《ささぶね》

初夏《しょか》からたのしむ季節《きせつ》の草花《くさばな》あそび

サ

サヤショウブ、アシの葉《は》で草舟《くさふね》ができます。一緒《いっしょ》につんだ花《はな》や葉《は》っぱをのせて、川《かわ》にうかべて流《なが》してみましょう。それぞれ自分《じぶん》の舟《ふね》に目印《めじるし》をつければ、みんなで競争《きょうそう》もできます。

作《つく》り方《かた》

●ショウブの親子舟《おやこぶね》

ショウブ（菖蒲《しょうぶ》）：
[季節《きせつ》] 春《はる》〜夏《なつ》
[場所《ばしょ》] 水辺《みずべ》など

1

ショウブの葉《は》を30cm《センチメートル》ほどの長《なが》さに切《き》ります。

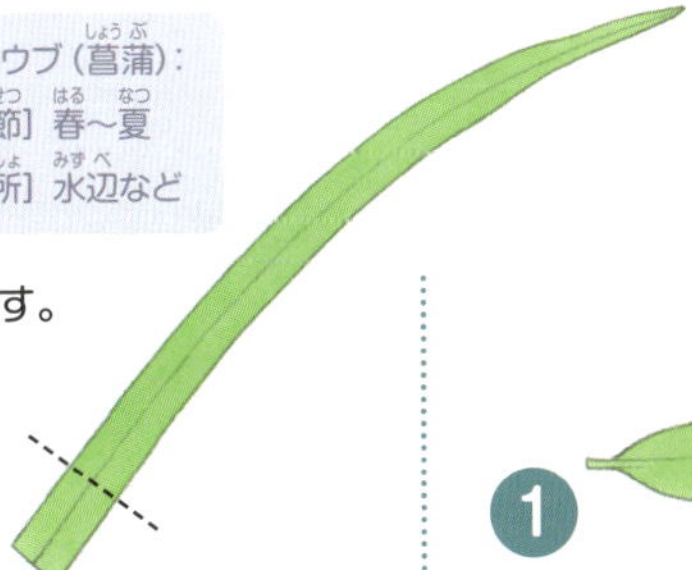

2

切《き》ったほうを折《お》り、3つにさきます。

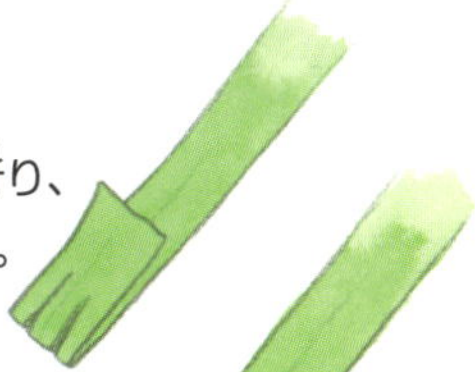

3

両側《りょうがわ》をさしこみます。

4

反対側《はんたいがわ》を折《お》り、3つにさきます。

5

③〜④をくりかえします。

6

できあがり。

あそびの歴史《れきし》

端午《たんご》の節句《せっく》のあそび

ショウブの葉《は》は、においが強《つよ》く、形《かたち》が刀《かたな》ににているので、おはらいにも使《つか》われています。5月《がつ》5日《いつか》の端午《たんご》の節句《せっく》には、おふろの湯船《ゆぶね》にショウブをうかべた「しょうぶ湯《ゆ》」に入《はい》ったり、ショウブやハスをたばねて家《いえ》の門《もん》や軒《のき》先《さき》にさしたりします。これは中国《ちゅうごく》からつたわり、平《へい》安時代《あんじだい》には日本《にほん》でも行《おこな》うようになりました。

また江戸時代《えどじだい》は、ショウブの葉《は》をみつあみにした「しょうぶ刀《がたな》」を地面《じめん》にたたきつけて、その大《おお》きさを競《きそ》う「しょうぶ打《う》ち」というあそびもありました。

●ササの舟《ふね》

ササ（笹《ささ》）：
[季節《きせつ》] 1年中《ねんじゅう》
[場所《ばしょ》] 水辺《みずべ》、林《はやし》、里山《さとやま》など

1

ササの葉《は》の両側《りょうがわ》を折《お》ります。

2

折《お》った両側《りょうがわ》を、3つにさきます。

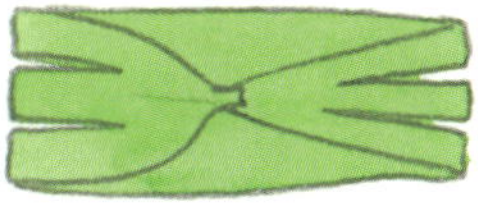

3

さいた両側《りょうがわ》をさしこみ、できあがり。

●アシの帆《ほ》かけ舟《ぶね》

アシ（葦《あし》）：
[季節《きせつ》] 秋《あき》
[場所《ばしょ》] 川原《かわら》、池《いけ》、沼《ぬま》などの水辺《みずべ》

1

アシの葉《は》の片側《かたがわ》を折《お》ります。

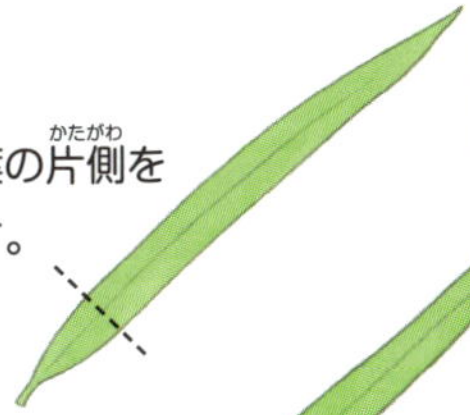

2

3つにさきます。

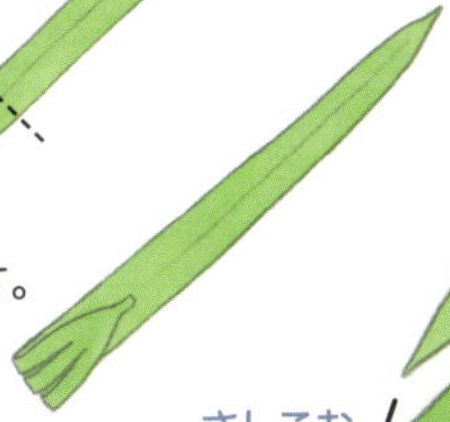

3

両側《りょうがわ》をさしこみ、葉《は》の先《さき》を反対側《はんたいがわ》にさしこみます。

4

できあがり。

草花《くさばな》あそび

草《くさ》ずもう

草花《くさばな》あそびは奈良時代《ならじだい》にもあった！

同《おな》じ草《くさ》や花《はな》をつんで、くきをからませて両側《りょうがわ》からひっぱりあいます。切《き》れたり、花《はな》が落《お》ちたりしてしまった子《こ》が負《ま》けです。太《ふと》いものが勝《か》つとはかぎらないのが、おもしろいところです。

[いろいろな草花《くさばな》でのあそび方《かた》]

●マツの葉《は》

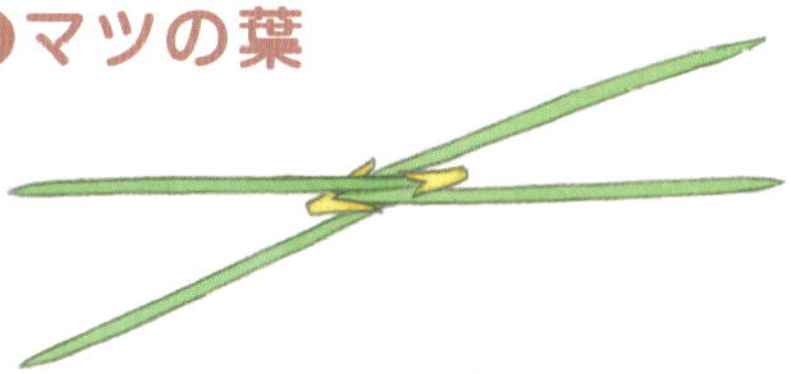

マツ（松《まつ》）：
[季節《きせつ》] 1年中《ねんじゅう》
[場所《ばしょ》] 公園《こうえん》、道《みち》ばたなど

2本《ほん》のマツの葉《は》をからませてひっぱりあいます。相手《あいて》の葉《は》を切《き》った子《こ》が勝《か》ちです。

●オオバコ

オオバコのくきをからませて、ひっぱりあいます。相手《あいて》のくきを切《き》った子《こ》が勝《か》ちです。

オオバコ（大葉子《おおばこ》）：
[花期《かき》] 4～10月《がつ》
[場所《ばしょ》] 公園《こうえん》、道《みち》ばたなど

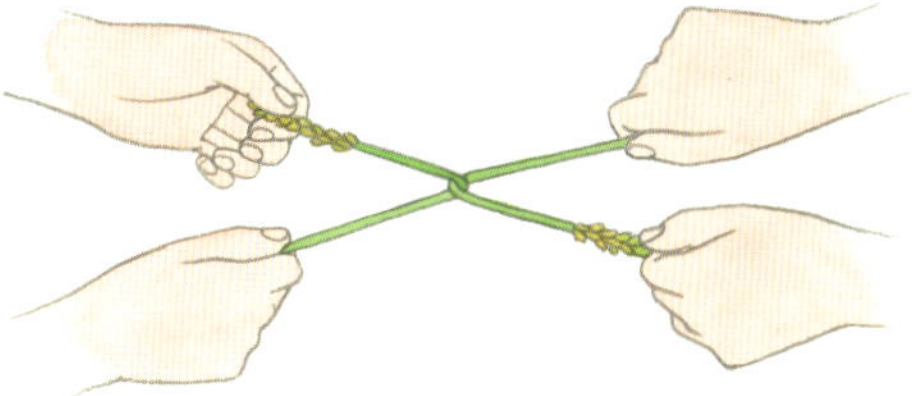

●木《き》の枝《えだ》

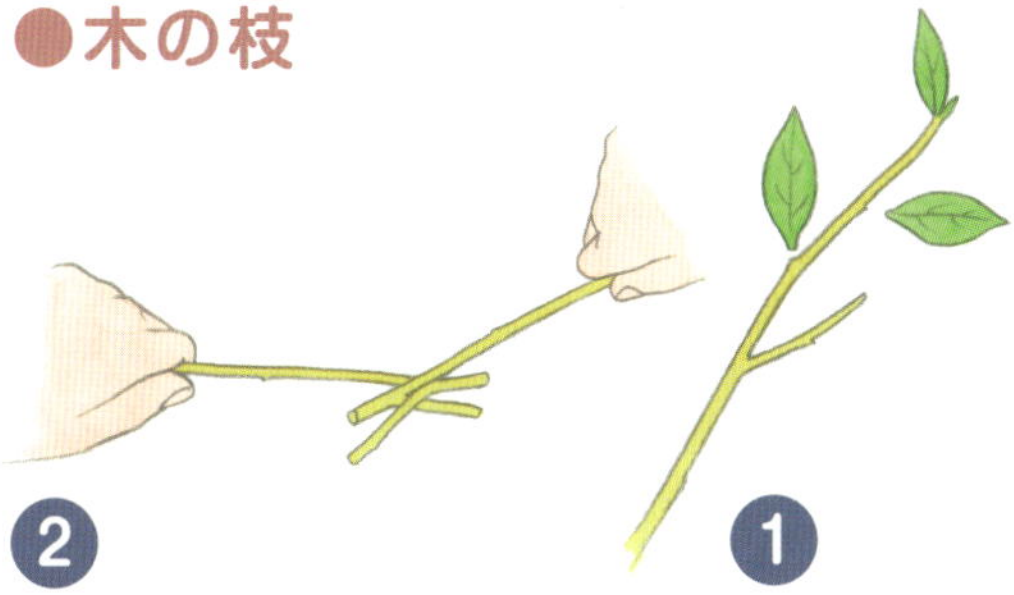

❷ 枝《えだ》をからませて、ひっぱりあいます。相手《あいて》の枝《えだ》を折《お》った子《こ》が勝《か》ちです。

❶ 木《き》の枝《えだ》を折《お》ります。

●スミレ

スミレの花《はな》をからませて、ひっぱりあいます。相手《あいて》の花《はな》を落《お》とした子《こ》が勝《か》ちです。

スミレ（菫《すみれ》）：
[花期《かき》] 3～4月《がつ》
[場所《ばしょ》] 里山《さとやま》、野原《のはら》、公園《こうえん》、道《みち》ばたなど

●ススキ

ススキ（芒《すすき》、薄《すすき》）：
[季節《きせつ》] 1年中《ねんじゅう》 [場所《ばしょ》] 山《やま》、野原《のはら》など

❶ ススキの葉《は》を切《き》ります。

❷ ススキの葉《は》をひっかけて、ひっぱりあいます。相手《あいて》の葉《は》を切《き》った子《こ》が勝《か》ちです。

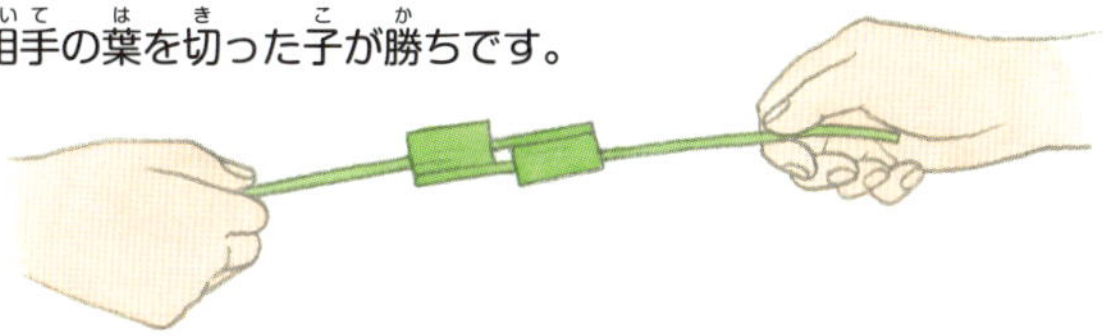

あそびの歴史《れきし》　昔《むかし》の草花《くさばな》あそび

草花《くさばな》あそびのなかで、記録《きろく》にのこっている一番古《いちばんふる》いものは、奈良《なら》時代《じだい》にはじまったとされる「草《くさ》あわせ」でした。「花《はな》あわせ」や「闘草《とうそう》」ともよばれます。それぞれがつんだ草花《くさばな》を持《も》ってあつまり、どれがめずらしくて貴重《きちょう》な草花《くさばな》かを競《きそ》うあそびでした。負《ま》けた人《ひと》は、勝《か》った人《ひと》に自分《じぶん》の着《き》ている衣《ころも》をぬいで贈《おく》るということもされていました。平安時代《へいあんじだい》の物語《ものがたり》の『今昔《こんじゃく》物語集《ものがたりしゅう》』や『栄花物語《えいがものがたり》』にも、そのようすがかかれています。

草花《くさばな》あそび

風車《かざぐるま》

風《かぜ》を受《う》けて葉《は》っぱや花《はな》びらがくるくるまわる

葉《は》が大《おお》きなホオノキの風車《かざぐるま》は、いきおいよく走《はし》ると風《かぜ》を受《う》けてまわります。

クチナシやレンゲのほかにも、花《はな》びらがひらいている小《ちい》さな花《はな》でも作《つく》れます。くるくるまわると、花《はな》のいい香《かお》りがします。

ヒイラギ（柊《ひいらぎ》）:
[季節《きせつ》] 1年中《ねんじゅう》
[場所《ばしょ》] 山《やま》、公園《こうえん》など

作《つく》り方《かた》

●ヒイラギ

ヒイラギの葉《は》を1枚《まい》とります。指《ゆび》でかるく支《ささ》えて、息《いき》をふきかけます。

注意《ちゅうい》!

ヒイラギの葉《は》のふちには、たくさんのとげがあります。葉《は》をとるときや、あそぶときは、けがをしないように十分注意《じゅうぶんちゅうい》しましょう。

●レンゲソウ

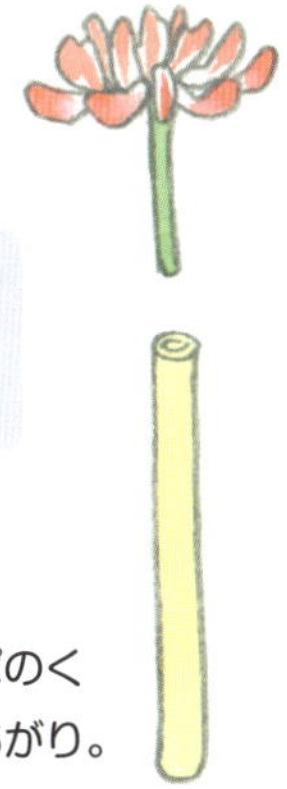

レンゲソウ（蓮華草《れんげそう》）:
［花期《かき》］3～6月《がつ》
［場所《ばしょ》］水田《すいでん》、あぜ道《みち》など

1

レンゲの花《はな》をタンポポのくきにさしこみ、できあがり。

2

もう1本《ぼん》のタンポポのくきで、息《いき》をふきかけます。

●クチナシ

クチナシ（梔子《くちなし》、口無《くちなし》）:
［花期《かき》］6～7月《がつ》
［場所《ばしょ》］山《やま》、公園《こうえん》など

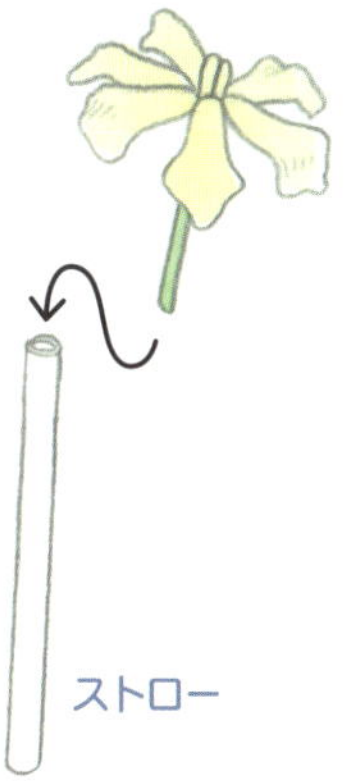

クチナシの花《はな》を、くきをすこしのこして切《き》ります。ストローにくきをさしこみ、できあがり。

【アレンジ】ほかの小《ちい》さな花《はな》でも作《つく》ってみましょう。

●ホオノキ

ホオノキ（朴《ほお》の木《き》）:
［季節《きせつ》］春《はる》～夏《なつ》　［場所《ばしょ》］山《やま》、公園《こうえん》など

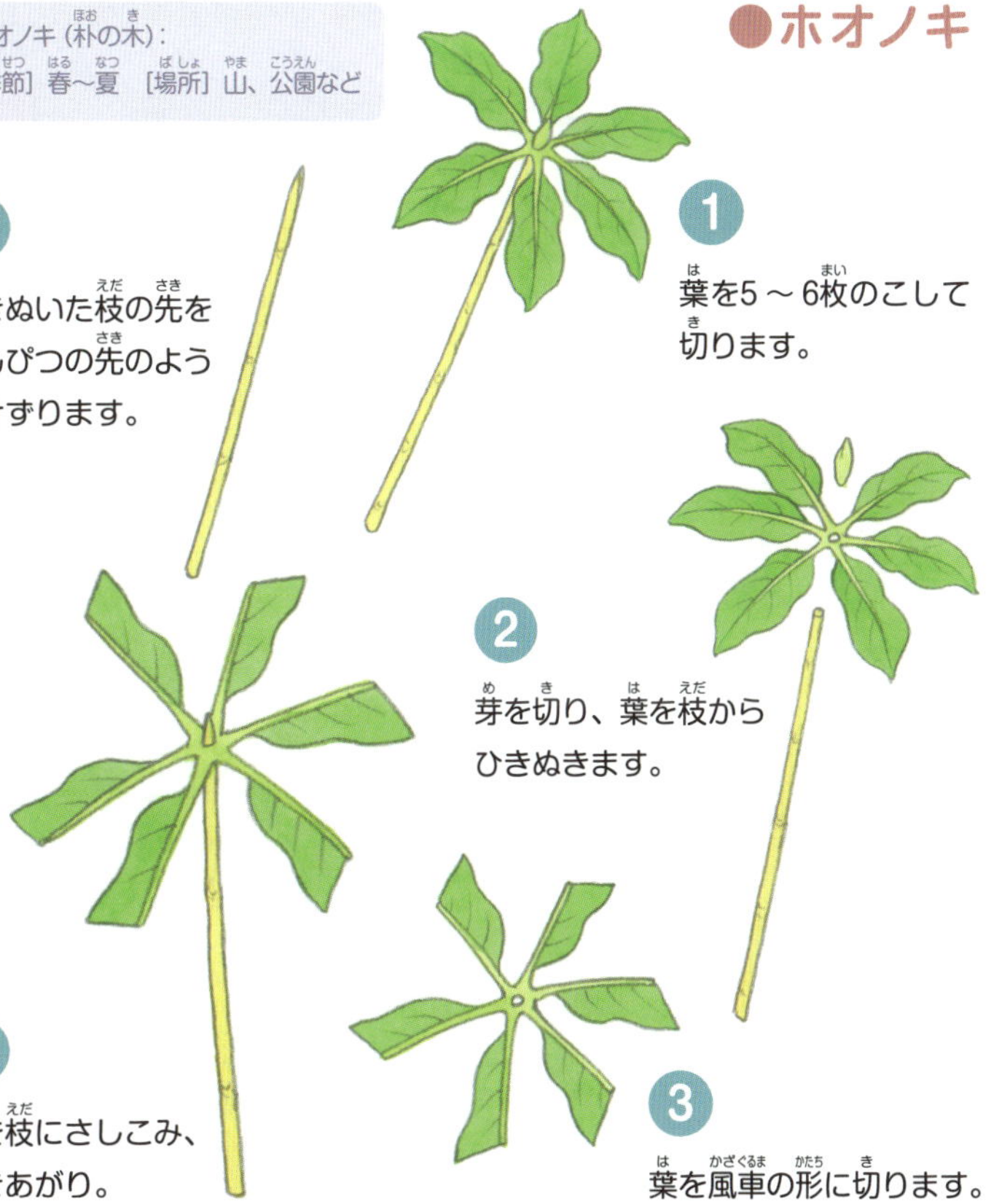

1

葉《は》を5～6枚《まい》のこして切《き》ります。

2

芽《め》を切《き》り、葉《は》を枝《えだ》からひきぬきます。

3

葉《は》を風車《かざぐるま》の形《かたち》に切《き》ります。

4

ひきぬいた枝《えだ》の先《さき》をえんぴつの先《さき》のようにけずります。

5

葉《は》を枝《えだ》にさしこみ、できあがり。

あそびの豆《まめ》知《ち》識《しき》　物語《ものがたり》の中《なか》の草花《くさばな》つみ

　日本《にほん》にのこっている最古《さいこ》の歴史書《れきししょ》『古事記《こじき》』には、子《こ》どもが草花《くさばな》をつみにいくようすがかかれています。また、最古《さいこ》の和歌集《わかしゅう》『万葉《まんよう》集《しゅう》』には、植物《しょくぶつ》をテーマにした歌《うた》が多《おお》くあり、このころからセリなどをつんでいました。この時代《じだい》の草花《くさばな》つみは主《おも》に食《た》べるためのもので、つんだものは食卓《しょくたく》にならんでいました。
　また、平安時代《へいあんじだい》の長編物《ちょうへんもの》語《がたり》『源氏物語《げんじものがたり》』では、かごを持《も》って草《くさ》むらの草花《くさばな》をつみ歩《ある》くようすがかかれています。さらに、歌物語《うたものがたり》の『平中物語《へいちゅうものがたり》』にも、花《はな》つみあそびのことがありますが、観賞用《かんしょうよう》としても花《はな》がつまれていたようです。

草花《くさばな》あそび

草《くさ》笛《ぶえ》

夏《なつ》でも冬《ふゆ》でも、いつでもできる草花《くさばな》あそび

草《くさ》のくき1本《ぽん》や、葉《は》っぱ1枚《まい》でかんたんに笛《ふえ》が作《つく》れます。それぞれおもしろい音《おと》がなりますので、いろいろな笛《ふえ》を作《つく》ってあそびましょう。

[いろいろなあそび方《かた》]

●ツバキの笛《ふえ》

ヤブツバキ（藪椿《やぶつばき》）:
[季節《きせつ》] 1年中《ねんじゅう》 [場所《ばしょ》] 野山《のやま》、公園《こうえん》など

1 葉《は》の先《さき》を切《き》ります。

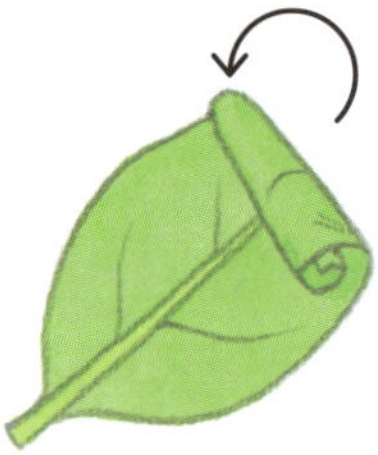

2 ななめにまきます。

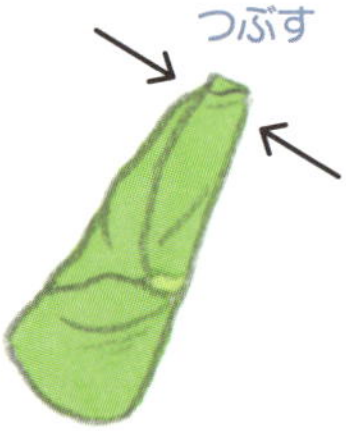

3 細《ほそ》いほうを指《ゆび》でつぶします。

4 つぶしたほうからふきます。

●ササの笛《ふえ》

ササ (笹《ささ》):
[季節《きせつ》] 1年中《ねんじゅう》 [場所《ばしょ》] 水辺《みずべ》など

❶

葉《は》の固《かた》い筋《すじ》をとって半分《はんぶん》にします。

❷

片側《かたがわ》からまきます。まきおわるところで、もう半分《はんぶん》をつぎたします。

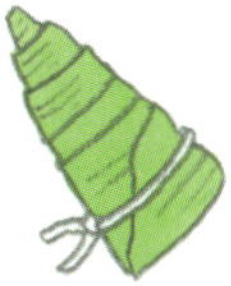

❸

とった筋《すじ》で結《むす》びます。

❹

まきはじめのほうからふきます。

●ショウブの笛《ふえ》

ショウブ (菖蒲《しょうぶ》):
[季節《きせつ》] 春《はる》〜夏《なつ》
[場所《ばしょ》] 川《かわ》、水辺《みずべ》など

❶

葉《は》が重《かさ》なりあったところを切《き》ります。

❷

先《さき》を指《ゆび》でおさえてふきます。

●アサガオのラッパ

アサガオ (朝顔《あさがお》):
[花期《かき》] 7〜9月《がつ》
[場所《ばしょ》] 野山《のやま》、公園《こうえん》など

❶

一度《いちど》さいてしぼんだ花《はな》のがくをとります。

❷

がくをとったところからふくと、ポンと音《おと》をたててわれます。

●タンポポの笛《ふえ》

タンポポ (蒲公英《たんぽぽ》):
[花期《かき》] 2〜11月《がつ》
[場所《ばしょ》] 公園《こうえん》、道《みち》ばたなど

❶

花《はな》をとり、片方《かたほう》をつぶします。

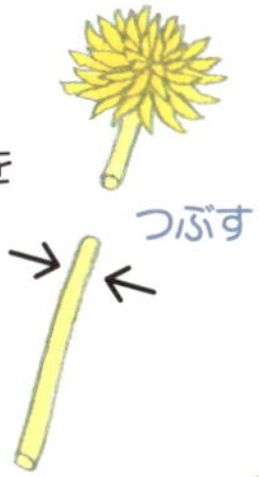

❷

つぶしたほうからふきます。

●カラスノエンドウの笛《ふえ》

カラスノエンドウ (烏野豌豆《からすのえんどう》):
[季節《きせつ》] 春《はる》 [場所《ばしょ》] 道《みち》ばたなど

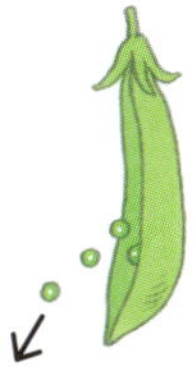

❶

さやをさいて、中《なか》の実《み》をとり出《だ》します。

❷

がくのあるほうを切《き》ります。

❸

切《き》ったところと反対《はんたい》のほうからふきます。

草花《くさばな》ミニ図鑑《ずかん》

カラスノエンドウ

名前《なまえ》の由来《ゆらい》は、「カラスが食《た》べる野生《やせい》のエンドウマメ」からきており、実《み》が熟《じゅく》すとカラスのように黒《くろ》くなるからともいいます。

カラスノエンドウはどこにでもからまるように生《は》えるので、いろいろなところにあります。また、葉《は》やくきにはアブラムシがくっつくので、それを食《た》べるためにテントウムシがあつまります。

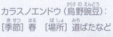

草花《くさばな》あそび

花《はな》輪《わ》

一緒《いっしょ》に四《よ》つ葉《ば》のクローバーを見《み》つけたらラッキー☆

野《の》原《はら》や公園《こうえん》などに、花《はな》がたくさんさいている時期《じき》は、かんむりや首《くび》かざりなどを作《つ》ってあそびましょう。首《くび》かざりより小《ちい》さいサイズにすると、ブレスレットや指輪《ゆびわ》になります。

シロツメクサ（白詰草《しろつめくさ》）:
[花期《かき》] 4～8月《がつ》 [場所《ばしょ》] 野原《のはら》、公園《こうえん》など

[いろいろなあそび方《かた》]

●シロツメクサの花輪《はなわ》

1 1本《ぽん》のシロツメクサに、1本《ぽん》ずつくきをからめてあみます。いろいろなあみ方《かた》を自由《じゆう》にくみあわせましょう。

◎あみ方《かた》① 花《はな》を一列《いちれつ》にならべます。

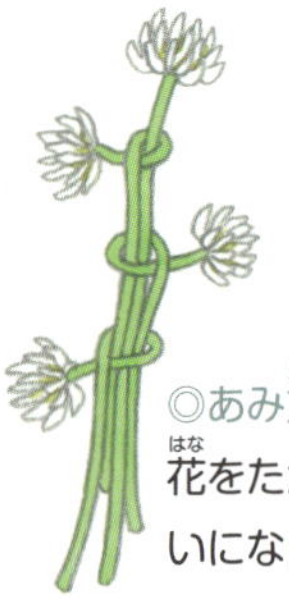

◎あみ方《かた》② 花《はな》をたがいちがいにならべます。

◎あみ方《かた》③ 花《はな》と葉《は》をまぜます。

2 輪《わ》にしたらできあがり。

●シロツメクサの首《くび》かざり

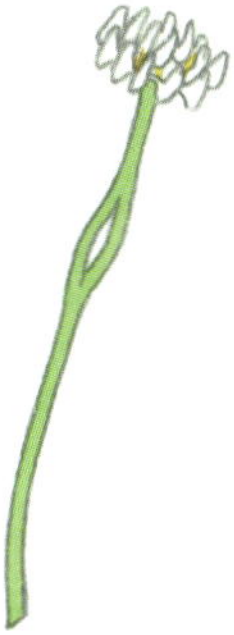

❶ くきをつめでさきます。

❷ さいた穴《あな》に、もう1本《ぽん》のくきをさしてつなげます。

❸ 輪《わ》にしたらできあがり。

●シロツメクサのかんむり

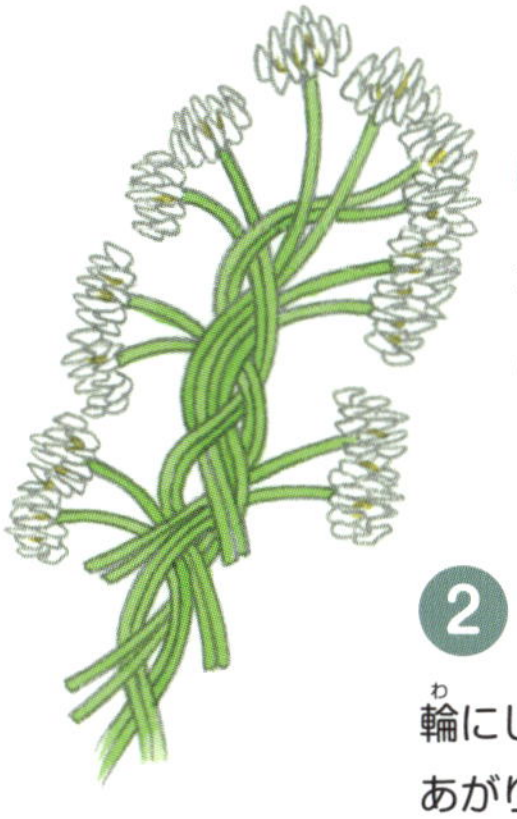

❶ 花《はな》を何本《なんぼん》かまとめ、みつあみのようにあみます。

❷ 輪《わ》にしたらできあがり。

●シロツメクサの指輪《ゆびわ》

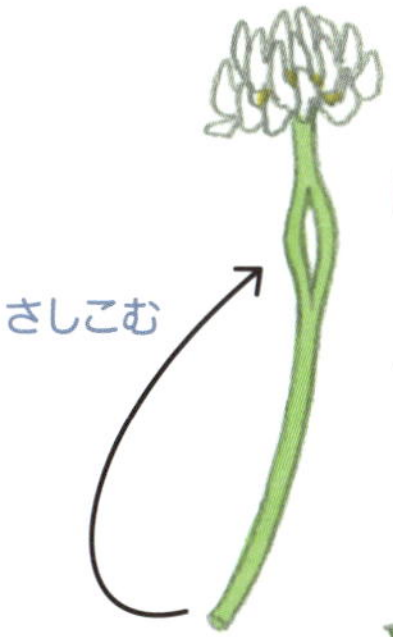

❶ くきをつめでさき、その穴《あな》にくきの先《さき》をさしこみます。

❷ 指《ゆび》にはめて、太《ふと》さを調節《ちょうせつ》したらできあがり。

草花《くさばな》ミニ図《ず》鑑《かん》

シロツメクサ

江戸時代《えどじだい》にオランダからガラス製品《せいひん》をはこぶときに、衝撃《しょうげき》をやわらげるためのクッションとしてこの花《はな》を乾燥《かんそう》させてつめたことから、シロツメクサという名前《なまえ》がつきました。

また、葉《は》は「クローバー」とよばれています。ふつうは3枚葉《まいば》ですが、4枚《まい》のものもあります。見《み》つかる確率《かくりつ》は1万分《まんぶん》の1ともいわれており、「四《よ》つ葉《ば》のクローバー」といって、幸《しあわ》せのシンボルとされています。ほかにも五《いつ》つ葉《ば》、六《む》つ葉《ば》が見《み》つかることもあります。

●ツバキの花輪《はなわ》

ヤブツバキ（藪椿《やぶつばき》）:
[花期《かき》] 11～4月《がつ》
[高《たか》さ] 5～6m《メートル》

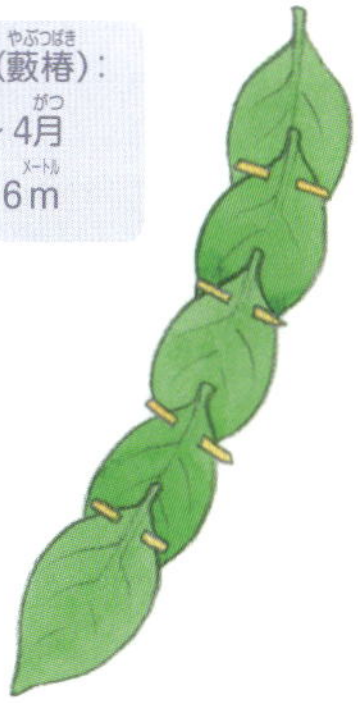

❶ ツバキの葉《は》を重《かさ》ね、マツの葉《は》や小枝《こえだ》でつなぎます。

❷ 輪《わ》ができたら、ツバキの花《はな》をさしこんでできあがり。

草花《くさばな》あそび

江戸《えど》時代《じだい》から作《つく》られていた！

おし花《ばな》

できたおし花《ばな》は、しおりにしたり、写真《しゃしん》と一緒《いっしょ》にアルバムにしまったり、手紙《てがみ》にはったりできます。外《そと》でつんだ花《はな》や、プレゼントされた花《はな》などは、おし花《ばな》にしてのこしておきましょう。

おし花《はな》の歴史《れきし》

日本《にほん》で最初《さいしょ》の「おし葉帖《ばちょう》」を作《つく》ったのは、江戸時代《えどじだい》の長編小説《ちょうへんしょうせつ》、『南総里見八犬伝《なんそうさとみはっけんでん》』で有名《ゆうめい》な曲亭馬琴《きょくていばきん》（滝沢馬琴《たきざわばきん》）といわれています。また、植物標本《しょくぶつひょうほん》の作《つく》り方《かた》の基礎《きそ》を作《つく》ったのは、植物学者《しょくぶつがくしゃ》の伊藤圭介《いとうけいすけ》です。24歳《さい》のころにドイツの医者《いしゃ》・博物学者《はくぶつがくしゃ》のシーボルトに博物学《はくぶつがく》を学《まな》び、1829年《ねん》に『泰西本草名疏《たいせいほんぞうめいそ》』をのこしました。のちに日本《にほん》で最初《さいしょ》の理学博士《りがくはくし》となった人物《じんぶつ》です。

用意《ようい》するもの

●道具《どうぐ》
- 新聞紙《しんぶんし》
- ティッシュペーパー
- 厚《あつ》い本《ほん》などのおもし

作《つく》り方《かた》

1 新聞紙《しんぶんし》の上《うえ》にティッシュペーパーを置《お》き、花《はな》をきれいにのせます。

2 花《はな》の上《うえ》にティッシュペーパーをのせます。

3 花《はな》が内側《うちがわ》にくるように、新聞紙《しんぶんし》をふたつに折《お》りたたみます。

4 花《はな》をはさんだ新聞紙《しんぶんし》を、厚《あつ》い本《ほん》などのおもしをのせておさえます。

5 2週間《しゅうかん》ほどでできあがり。

あそびのコツ

電話帳《でんわちょう》のページに、ティッシュペーパーをはさんでも作《つく》れます。

草花《くさばな》あそび

ホオズキは夏《なつ》の風物詩《ふうぶつし》のひとつ

ホオズキならし

ホオズキは、夏祭《なつまつ》りや縁日《えんにち》などでも売《う》られています。オレンジ色《いろ》のふくろの中《なか》には、同《おな》じ色《いろ》の実《み》が入《はい》っています。その実《み》の中《なか》の種《たね》を出《だ》し、ふうせんのように空気《くうき》を入《い》れてふくらませます。口《くち》の中《なか》で軽《かる》くおしつぶすと、「ギュギュ」と音《おと》がなります。

草花《くさばな》ミニ図鑑《ずかん》

ホオズキ

ホオズキは漢字《かんじ》で「鬼灯《ほおずき》」や「酸漿《ほおずき》」とかきます。東《ひがし》アジアが原産《げんさん》で、古《ふる》くから観賞用《かんしょうよう》として家庭《かてい》の庭《にわ》で育《そだ》てられていました。人里《ひとざと》のちかくで野生化《やせいか》しているものもあります。

高《たか》さは50 ～ 80cm《センチメートル》あり、5 ～ 8月《がつ》に白《しろ》い花《はな》がさきます。その後《ご》、ふくろのようながくにつつまれた、オレンジ色《いろ》のプチトマトのような実《み》がなります。

また、毎年《まいとし》7月《がつ》9 ～ 10日《か》に東京都《とうきょうと》の浅草寺《せんそうじ》では「ほおずき市《いち》」がひらかれています。この日《ひ》のどちらかにお参《まい》りをすると、46,000日《にち》（約《やく》126年《ねん》）分《ぶん》のご利益《りやく》があるといわれています。

[あそび方《かた》]

❶

空気《くうき》を入《い》れたホオズキを、下《した》くちびるにのせます。ホオズキの穴《あな》を、下《した》くちびるの裏側《うらがわ》にあたるようにします。

❷

上《うえ》の前歯《まえば》で、ホオズキをおすようにしてつぶしてふくと、下《した》くちびるとホオズキの穴《あな》がふるえて「ギュギュ」と音《おと》がなります。

[いろいろなあそび方《かた》]

●ホオズキのふうせん

ふーっとふいて、ふうせんのようにうかせます。

●ホオズキの舟《ふね》

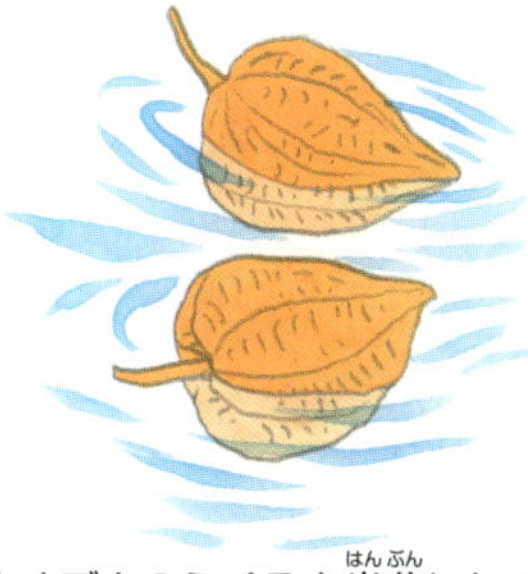

ホオズキのふくろを半分《はんぶん》にして、水《みず》にうかべます。

●ホオズキ人形《にんぎょう》

ホオズキのふくろをむきます。ふくろの部分《ぶぶん》を着物《きもの》のようにあわせて、紙《かみ》でつくった帯《おび》をまきます。

【アレンジ】千代紙《ちよがみ》や折《お》り紙《がみ》で着物《きもの》を着《き》せてもかわいく作《つく》れます。

作《つく》り方《かた》

❶

まわりのがくをむきます。実《み》をつけたままで軽《かる》くおしながら、やわらかくなるまでもみます。

❷

がくをひねりながらとって、中《なか》の種《たね》を一緒《いっしょ》に出《だ》します。

❸

つまようじでつついて、中《なか》の種《たね》をすべて出《だ》します。

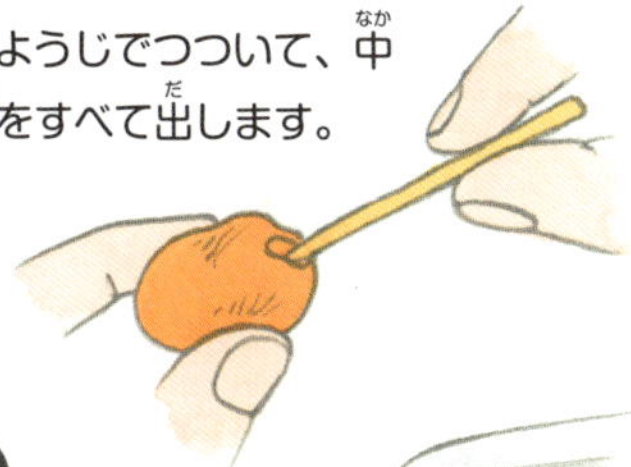

❹

水《みず》できれいに洗《あら》います。

注意《ちゅうい》!

実《み》には毒《どく》があるので、食《た》べないように注意《ちゅうい》しましょう。水《みず》できれいに洗《あら》えば、問題《もんだい》はありません。

草花《くさばな》あそび

日本人《にほんじん》にとってとても身近《みぢか》な草《くさ》

ススキのミミズク

ススキは日《ひ》あたりのよい川辺《かわべ》や山《やま》、野《の》原《はら》など、さまざまなところに生《は》えています。夏《なつ》から秋《あき》にかけて、くきの先《さき》にふわふわとした花穂《はなほ》をつけます。

10本《ぽん》ほどで、かわいいミミズクができます。ススキを見《み》つけたら作《つく》ってみましょう。

ススキ（芒《すすき》）:
[季節《きせつ》] 夏《なつ》～秋《あき》
[場所《ばしょ》] 川辺《かわべ》、野原《のはら》、道《みち》ばたなど

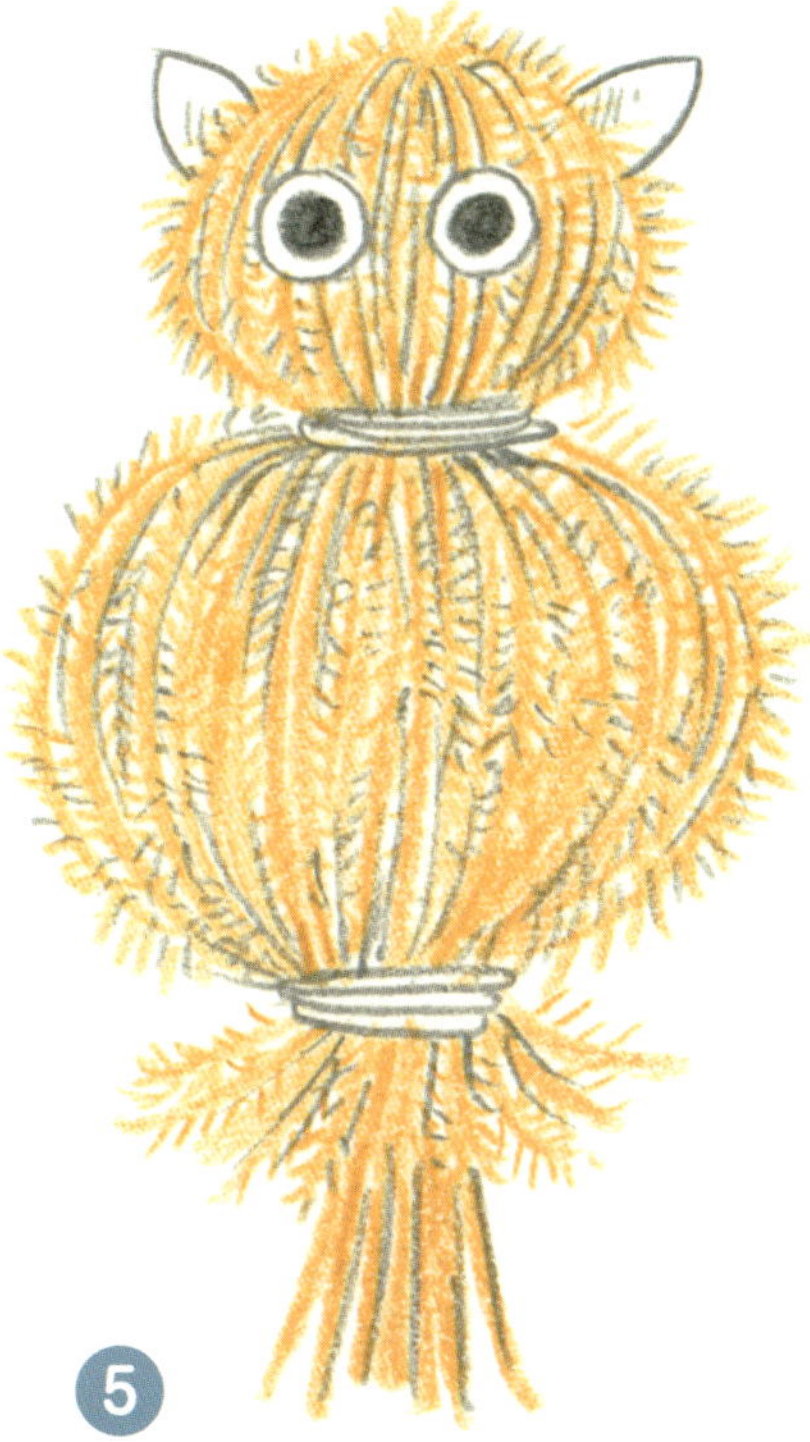

用意《ようい》するもの

●材料《ざいりょう》
- スススキ（10本《ぽん》ほど）

●道具《どうぐ》
- はさみ

作《つく》り方《かた》

1 スススキを2～3本《ぼん》まとめます。穂《ほ》を折《お》りまげて糸《いと》でしばり、頭《あたま》を作《つく》ります。

2 頭《あたま》のまわりを5～6本《ぼん》のスススキでかこみ、糸《いと》でしばります。

3 1本分《ぽんぶん》ほどの穂《ほ》をくきにそって折《お》りまげ、先《さき》を糸《いと》でしばります。

4 のこりの穂《ほ》を、すき間《ま》をあけて折《お》りまげ、糸《いと》でしばります。

5 紙《かみ》で目《め》や耳《みみ》などを作《つく》ってつけて、できあがり。

【コツ】2～3日《にち》すると、穂《ほ》がかれてきてふんわりとふくらみます。

あそびの豆知識《まめちしき》

スススキの屋根《やね》

スススキは古《ふる》くから干《ほ》し草《くさ》として家畜《かちく》のえさや、かやぶき屋根《やね》の材料《ざいりょう》に使《つか》われました。かやぶき屋根《やね》は、スススキやアシなどの草《くさ》を屋根《やね》にひいたものです。東京《とうきょう》で家《いえ》の屋根《やね》がかわらになったのは江戸時代末期《えどじだいまっき》で、その前《まえ》は板《いた》ぶき、さらにその前《まえ》がかやぶきでした。

また、三重県《みえけん》にある伊勢神宮《いせじんぐう》の豊受大神宮《とようけだいじんぐう》（外宮《げくう》）と皇大神宮《こうたいじんぐう》（内宮《ないくう》）の正宮《しょうぐう》（神社《じんじゃ》の中心《ちゅうしん》の建物《たてもの》）などはかやぶき屋根《やね》です。

草花《くさばな》あそび

道《みち》ばたや公園《こうえん》、山《やま》で拾《ひろ》って作《つく》ろう

ドングリ細《ざい》工《く》

秋《あき》になったら山《やま》や道《みち》に落《お》ちているドングリを拾《ひろ》って作《つく》りましょう。材《ざい》料《りょう》に、つまようじや竹《たけ》ひごがあると便利《べんり》です。

ドングリは固《かた》く、とげのようになっているものがあります。きりや道具《どうぐ》を使《つか》うときも十分注意《じゅうぶんちゅうい》してあそびましょう。

ドングリ（団栗《どんぐり》）：
[季節《きせつ》] 秋《あき》
[場所《ばしょ》] 山《やま》、公園《こうえん》、道《みち》ばたなど
※ドングリはブナ科《か》の木《き》の実《み》のこと

●コマ

❶

ドングリの頭《あたま》に、きりで穴《あな》をあけ、穴《あな》につまようじをさします。

❷

つまようじを折《お》り、できあがり。

作《つく》り方《かた》

●やじろべえ

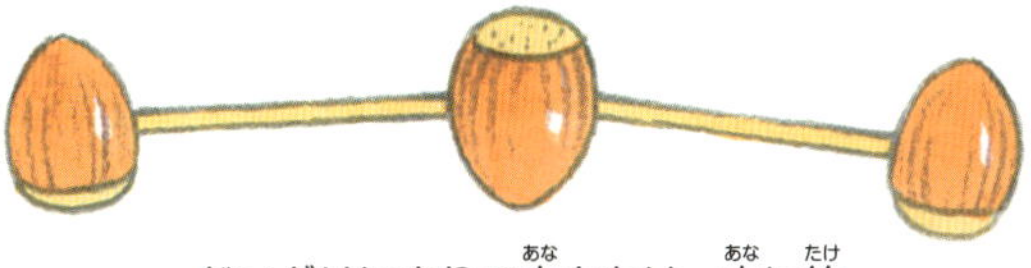

ドングリにきりで穴《あな》をあけ、穴《あな》に竹《たけ》ひごを通《とお》してできあがり。

用意《ようい》するもの

●道具《どうぐ》

- きり　など

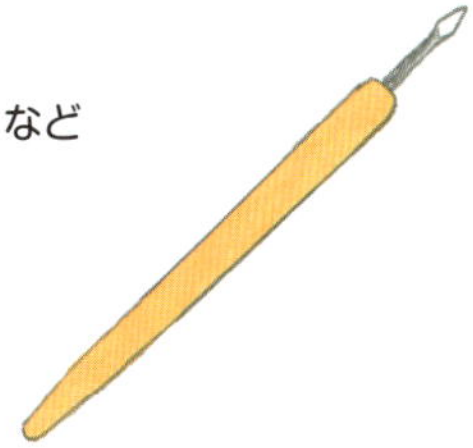

注意《ちゅうい》!

きりを使《つか》うときには、けがをしないように十分注意《じゅうぶんちゅうい》しましょう。むずかしいときは、大人《おとな》の人《ひと》にやってもらいましょう。

●人形《にんぎょう》

❶

ドングリの頭《あたま》に、きりで穴《あな》をあけ、穴《あな》に竹《たけ》ひごをさします。

❷

葉《は》をふたつ折《お》りにして、そでになる部分《ぶぶん》を切《き》ります。

❸

胴《どう》になる部分《ぶぶん》を折《お》りかえします。

❹

小枝《こえだ》やつまようじでとめて、できあがり。

草花《くさばな》ミニ図《ず》鑑《かん》

ドングリ

日本《にほん》にはドングリのなる木《き》が20種類《しゅるい》ほどあります。どの仲間《なかま》をドングリとするかはいろいろな説《せつ》がありますが、コナラ、アベマキ、アカガシ、カシワ、クヌギ、ブナ、クリなどがあります。葉《は》やぼうしの形《かたち》がちがいますので、見《み》くらべてみましょう。

また、ドングリはリスやネズミ、クマ、サルなどが食《た》べます。ノネズミはドングリを土《つち》の中《なか》にうめる習性《しゅうせい》があり、食《た》べられずにのこったものは芽《め》を出《だ》します。

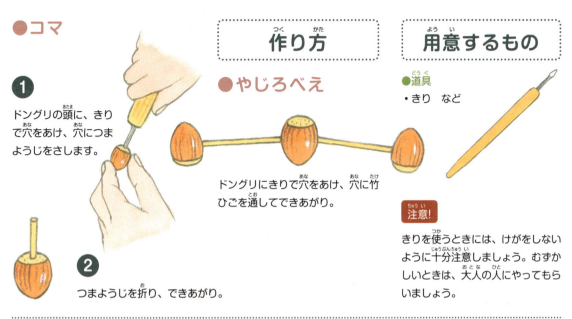

室内《しつない》あそび

顔《かお》じゃんけん

平安《へいあん》時代《じだい》にもじゃんけんがあった！

じゃんけんは、「グー・チョキ・パー」のほかにも、いろいろな形《かたち》があります。顔《かお》や足《あし》などを使《つか》ってやってみましょう。

あそびの歴史《れきし》

もとは数《かず》あてあそび

「じゃんけん」のもとは、中国《ちゅうごく》の「拳《けん》」という説《せつ》があります。これは紀元前《きげんぜん》1027年《ねん》～紀元《きげん》前《ぜん》771年《ねん》の西周《せいしゅう》という時代《じだい》の、手《て》を使《つか》った数《かず》あてあそびでした。これが日本《にほん》につたわったという記録《きろく》はのこされていませんが、平安時代《へいあんじだい》に「虫拳《むしけん》（むしじゃんけん）」が広《ひろ》がったといわれています。

また、パーはチョキに負《ま》け、グーはパーに負《ま》け、チョキはグーに負《ま》けるという関係《かんけい》を、「3すくみ」といいます。「すくむ」とは、相手《あいて》をこわく思《おも》って足《あし》が動《うご》かなくなってしまうことです。おたがいが苦手《にがて》なので、一番強《いちばんつよ》いものがいません。この「すくみ」を使《つか》ったいろいろな拳《けん》が、さまざまな国《くに》や時代《じだい》で行《おこな》われています。

[あそび方《かた》]

●顔《かお》じゃんけん

口《くち》をあけます。

舌《した》を出《だ》します。

口《くち》をとじます。

[いろいろなじゃんけん]

●虫《むし》じゃんけん

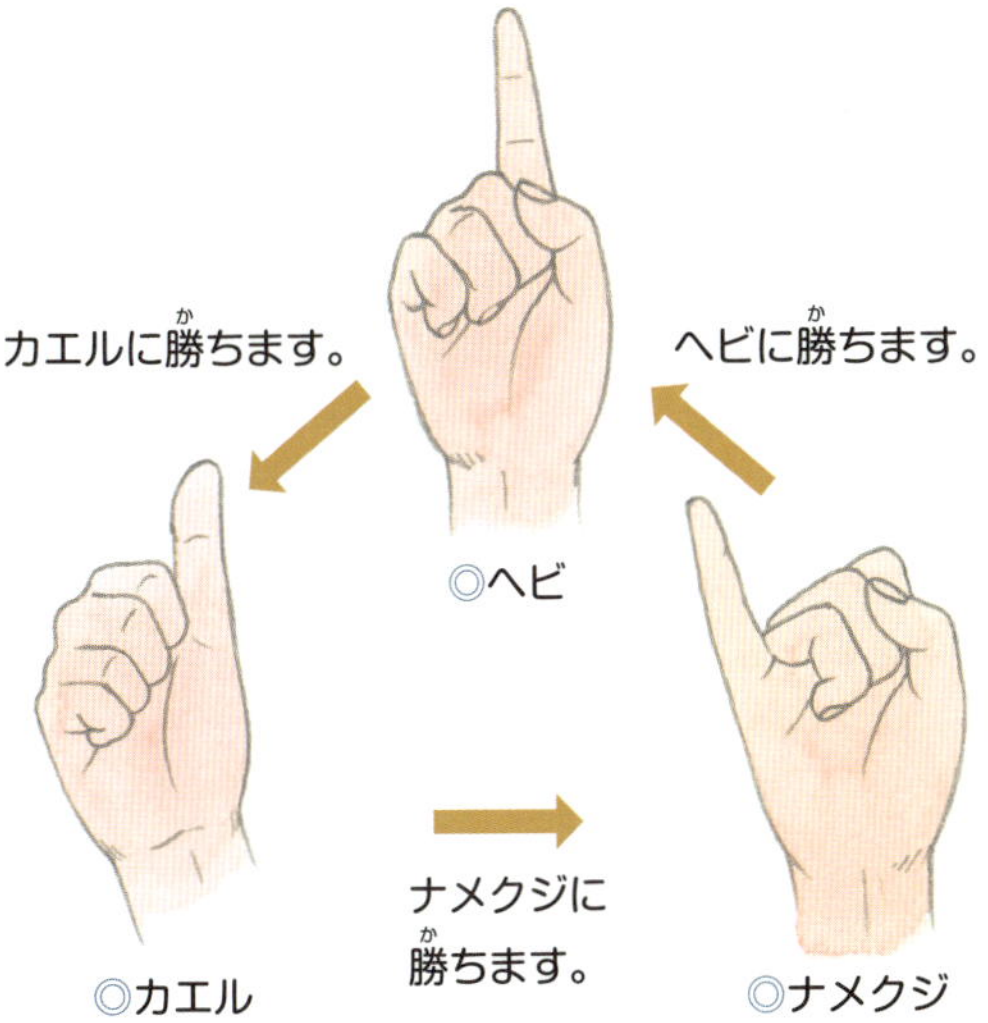

●足《あし》じゃんけん

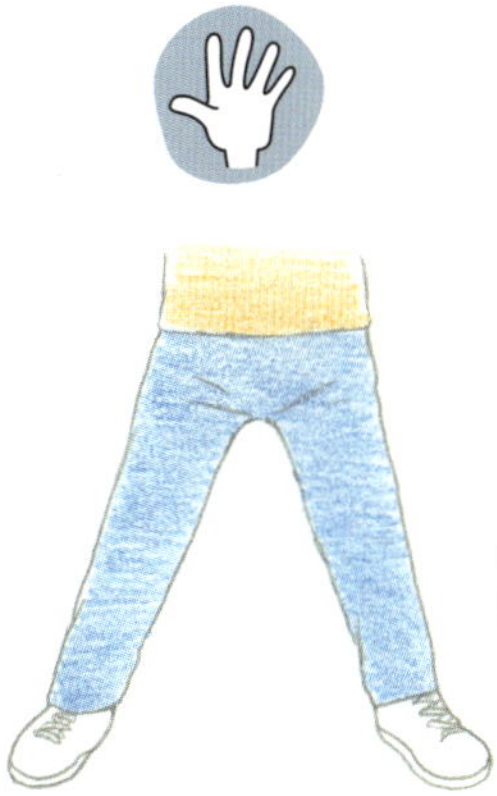

足《あし》を広《ひろ》げます。

足《あし》を前後《ぜんご》に出《だ》します。

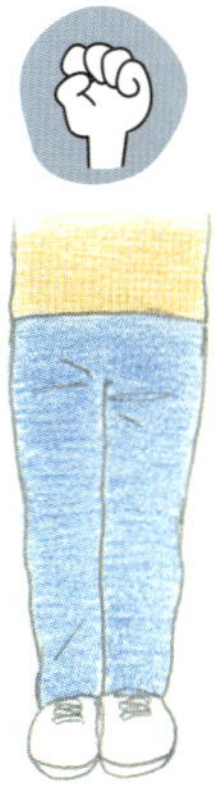

足《あし》をとじてそろえます。

室内《しつない》あそび

もとは大人《おとな》がたのしむ京都《きょうと》のお座敷《ざしき》あそび あっちむいてほい

じゃんけんに勝《か》った子《こ》が「あっちむいてほい」といいながら、相手《あいて》の子《こ》がどちらをむくか予想《よそう》して指《ゆび》をさします。予想《よそう》があたったら勝《か》ち。あたらなかったら、またじゃんけんをします。

じゃんけんをくりかえすごとにスピードがあがってくるので、とてもドキドキするあそびです。

[あそび方《かた》]

1

相手《あいて》の子《こ》とむきあって
じゃんけんをします。

2

じゃんけんに勝《か》った子《こ》が負《ま》けた子《こ》を指《ゆび》さし、「あっちむいて」といいます。

3

「ほい」で、上下左右《じょうげさゆう》のどちらをむくか予想《よそう》した方向《ほうこう》を指《ゆび》さします。

4

予想《よそう》があたらなかったら、またじゃんけんをくりかえします。

5

予想《よそう》があたった子《こ》が勝《か》ちです。

いろいろなルール

3回《かい》勝《か》った子《こ》があがりとなるルールもあります。

あそびの歴史《れきし》

テレビ番組《ばんぐみ》で人気《にんき》が出《で》たあそび

　このじゃんけんあそびは、京都《きょうと》の祇園《ぎおん》であそばれていた「お座敷《ざしき》あそび」で、ふるくからつたわる、芸者《げいしゃ》さんとたのしむあそびのひとつでした。1950年《ねん》ごろまではほとんど知《し》られていませんでしたが、テレビ番組《ばんぐみ》でこのあそびが使《つか》われ、全国《ぜんこく》に広《ひろ》まったといわれています。地域《ちいき》によってちがいはありますが、だいたい同《おな》じようなかけ声《こえ》であそびます。

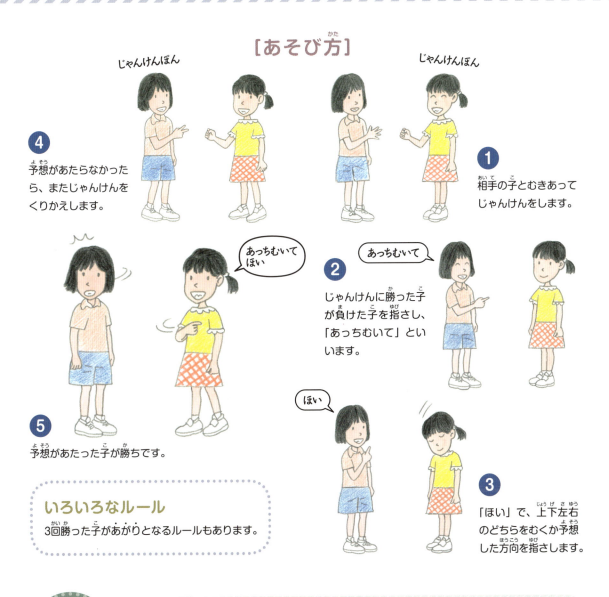

室内《しつない》あそび

手《て》あそび―おちゃらか

いつまでも続《つづ》けられる、おわりのないじゃんけんあそび

歌《うた》にあわせたじゃんけんあそびです。勝《か》ち負《ま》けよりも、友《とも》だちと手《て》をあわせるたのしさがあります。歌《うた》にはおわりがないので、どちらかがあきるまでずっと続《つづ》けられます。

　休《やす》み時間《じかん》や、ちょっと時間《じかん》のあいたときなどにあそびましょう。

[あそび方《かた》]

1

ふたりでむきあって両手《りょうて》をつなぎ、「せっせっせーの」で、手を3回《かい》上下《じょうげ》させます。

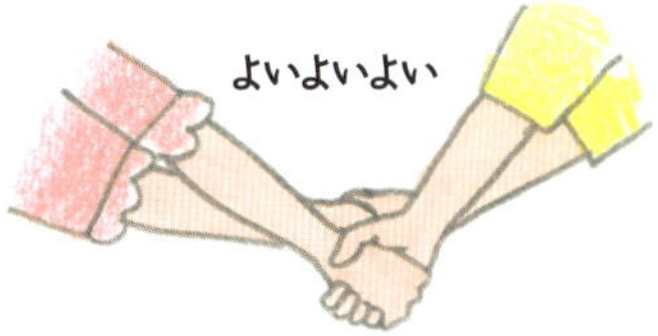

2

「よいよいよい」で、どちらかの手《て》を上《うえ》に交差《こうさ》させて、その手《て》を3回《かい》上下《じょうげ》させます。

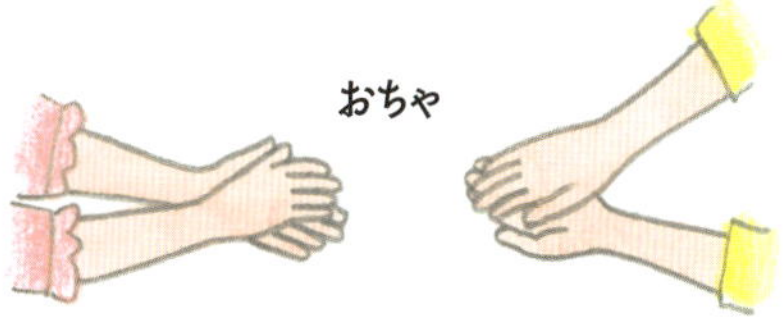

3

「おちゃ」で自分《じぶん》の左《ひだり》の手《て》のひらの上《うえ》に右手《みぎて》をのせます。

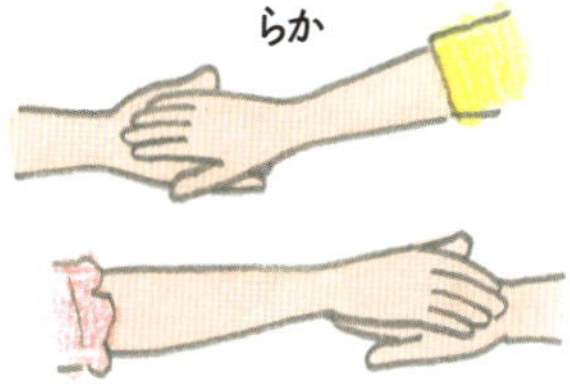

4

「らか」で相手《あいて》の左《ひだり》の手《て》のひらに、自分《じぶん》の右手《みぎて》をのせます。

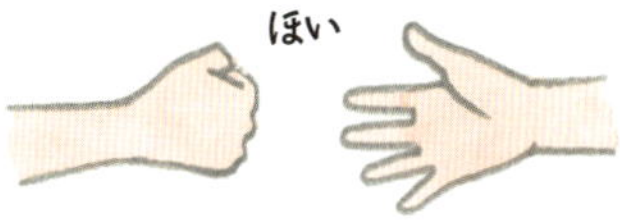

5

「おちゃらかおちゃらか」で、③〜④の動《うご》きをくりかえし、「ほい」でじゃんけんをします。

6

「おちゃらか」とふたりでいい、勝《か》った子《こ》は「勝《か》ったよ」といい、両手《りょうて》をあげてばんざいをします。負《ま》けた子《こ》は「負《ま》けたよ」といい、両手《りょうて》をさげます。

7

あいこのときは、ふたりで「あいこで」といい、手《て》をこしにあてます。

8

「おちゃらかほい」と歌《うた》いながら、じゃんけんをくりかえします。

♪「おちゃらか」♪

おちゃらかおちゃらか　おちゃらかほい
おちゃらか勝《か》った（負《ま》けた）よ　おちゃらかほい
おちゃらかあいこで　おちゃらかほい

あそびの歴史《れきし》

昔《むかし》の手《て》あわせあそび

江戸時代《えどじだい》には「てんてっとん」という、ふたりでやる手《て》あわせあそびがありました。歌《うた》にあわせて、相手《あいて》の子《こ》の手《て》や肩《かた》にさわります。

てんてっとん　てとすとんと
持《も》ちこむ色桜《いろざくら》　色桜《いろざくら》
助《すけ》さん小間物売《こまものう》りゃんすか
わっちもこのごろしくじって
紙《かみ》くずひろいになりました

歌詞《かし》の種類《しゅるい》は、ほかにもいくつかあったようです。

室内《しつない》あそび

手《て》あそびー茶《ちゃ》つみ

山《やま》でお茶《ちゃ》をつむようすを歌《うた》った手《て》あそび

ふたりで歌《うた》う手《て》あそびです。歩《ある》いたり走《はし》ったりしないので、かんたんにできる、とても手軽《てがる》なあそびのひとつです。

[あそび方《かた》]

1 両手《りょうて》をつなぎ、「せっせっせーの」で手《て》を3回上下《かいじょうげ》させます。

2 「よいよいよい」で、どちらかの手《て》を上《うえ》に交差《こうさ》させて、その手《て》を3回上下《かいじょうげ》させます。

3 歌《うた》の前《まえ》の1拍《ぱく》で、手拍子《てびょうし》を1回《かい》打《う》ちます。

4 「な」で、お互《たが》いの右手《みぎて》をあわせます。

茶《ちゃ》つみ

[歌《うた》の豆知識《まめちしき》]「茶《ちゃ》つみ」は、1912年《ねん》の小学校《しょうがっこう》の音楽《おんがく》の教科書《きょうかしょ》にものっていました。

あそびの豆知識《まめちしき》

八十八夜《はちじゅうはちや》はいつのこと？

歌詞《かし》の中《なか》にある「八十八夜《はちじゅうはちや》」は、立春《りっしゅん》（毎年《まいとし》2月《がつ》5日《いつか》ごろ）から数《かぞ》えて88日目《にちめ》で、5月2日《がつふつか》ごろのことで、夏《なつ》のはじめに緑茶《りょくちゃ》の葉《は》っぱをつむ季節《きせつ》にあたります。「茶《ちゃ》つみ」は、山《やま》でお茶《ちゃ》の葉《は》っぱをつむようすを歌《うた》にしたものです。

「あかねだすき」とは、着物《きもの》のそでをまとめておくために使《つか》う、あかね色《いろ》のたすき（布《ぬの》のひも）のこと。そして「すげのかさ」は、スゲという植物《しょくぶつ》をあんで作《つく》った、かぶりもののことです。

5

「つ」で、手拍子《てびょうし》を1回打《かいう》ちます。

6

「も」で、左手《ひだりて》をあわせます。

【動《うご》き】「夏《なつ》も近《ちか》づく八十八夜《はちじゅうはちや》」で④～⑥の動《うご》きをくりかえします。

7

歌詞《かし》と歌詞《かし》のあいだで、相手《あいて》と両《りょう》手《て》をトントンと2回《かい》あわせます。

8

歌《うた》にあわせて、④～⑦の動《うご》きをくりかえします。

ずいずいずっころばし

だれにあたるかな？ もとは鬼《おに》をきめるための歌《うた》あそび

親《おや》指《ゆび》と人差《ひとさ》し指《ゆび》で輪《わ》を作《つく》って、みんなで輪《わ》になって両手《りょうて》を出《だ》します。ひとりの子《こ》が歌《うた》いながら、順番《じゅんばん》に人差《ひとさ》し指《ゆび》でさしていきます。歌《うた》の最後《さいご》にあたった子《こ》が負《ま》けで、次《つぎ》に指《ゆび》をさす順番《じゅんばん》になります。

ずいずいずっころばし

ず いず いずっころば し ご まみ そずい ちゃつぼ にお われ て とっぴんしゃん ぬ け
た ーらどんど こ しょ たわら のね ず み が こ めくって ちゅう
ちゅうちゅうちゅう おっとさんがよ んで も おっかさんがよ んで も い きっ こな ー ー
し よ いど のま わり で おちゃわ んか いた の だ ーあれ

[歌《うた》の豆知識《まめちしき》] 歌詞《かし》の「とっぴんしゃん」は、戸《と》をピシャリと閉《し》めるようすを歌《うた》っています。

[あそび方《かた》]

1

みんなで輪《わ》になります。親指《おやゆび》と人差《ひとさ》し指《ゆび》で輪《わ》を作《つく》り、両手《りょうて》を出《だ》します。

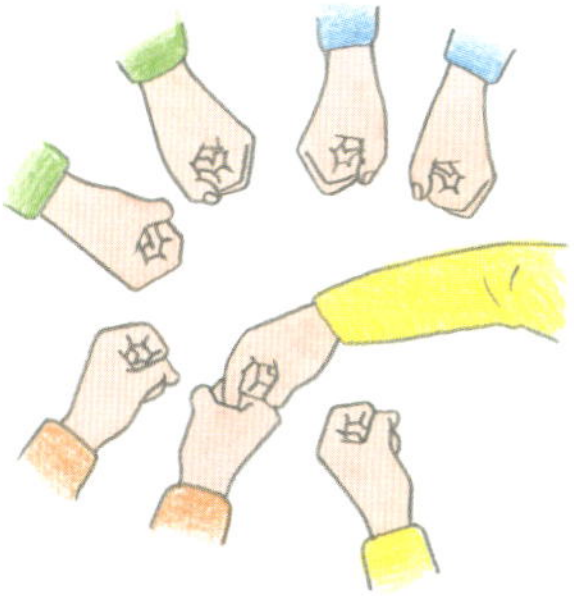

2

ひとりの子《こ》が歌《うた》にあわせて、輪《わ》に人差《ひとさ》し指《ゆび》をさしていきます。歌《うた》の最後《さいご》のところでとまった子《こ》が負《ま》けです。負《ま》けの子《こ》が次《つぎ》に指《ゆび》をさす番《ばん》となります。

あそびの豆知識《まめちしき》

鬼《おに》をきめるためのあそびだった！

ずいずいずっころばしは、鬼《おに》ごっこの鬼《おに》をきめるためにも使《つか》われていたので、「鬼《おに》さだめ」ともよばれていました。両手《りょうて》を出《だ》すのではなく、はきものを片足《かたあし》ずつあつめて、それを指《ゆび》さして鬼《おに》をきめる方法《ほうほう》もありました。ほかにも、一番年上《いちばんとしうえ》の子《こ》が、わらべ歌《うた》などを歌《うた》いながら順番《じゅんばん》にあそぶ子《こ》を指《ゆび》さし、歌《うた》の最後《さいご》にさされた子《こ》が鬼《おに》となるきめ方《かた》もあります。

昔《むかし》はあそぶ時間《じかん》が長《なが》かったので、鬼《おに》ぎめも時間《じかん》をかけていました。今《いま》は鬼《おに》をきめるためにじゃんけんをしますが、これははやく勝《か》ち負《ま》けがきまるので、とても便利《べんり》な方法《ほうほう》なのです。

室内《しつない》あそび

しりとり

江戸時代《えどじだい》のころは、リズムがいい言葉《ことば》あそびだった

おしりの文字《もじ》をとって言葉《ことば》をつなげていくので、「しりとり」といいます。いろいろなルールがありますので、みんなできめながらあそびましょう。

いろいろなルール

- 一度《いちど》使《つか》った言葉《ことば》は使《つか》えません。
- 「の」でつなげている言葉《ことば》は使《つか》えません。

例：×ぶたのしっぽ　×桜《さくら》の木《き》

例《れい》：ギター　アイスクリーム

例《れい》：ギター　たんす

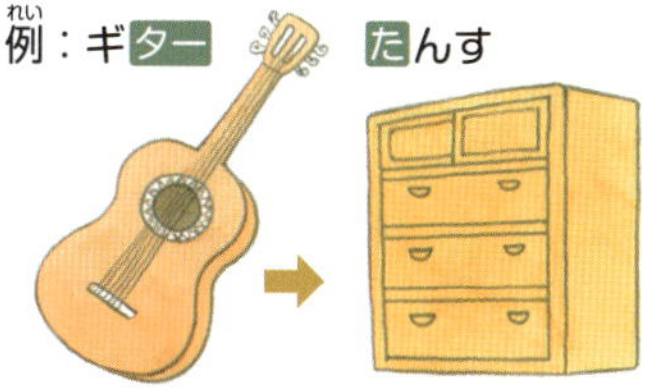

- 「ギター」など「ー」がおしりのときは、「ギタア」として、次《つぎ》の子《こ》は「あ」からはじめます。
【ルール】または「ー」を無視《むし》して、ひとつ前《まえ》の「た」ではじめます。

例《れい》：おちゃ　やじるし

例《れい》：おちゃ　チャイム

- 「おちゃ」など「ゃ」がおしりのときは、「や」からはじめます。
【ルール】または「ちゃ」ではじめます。

[あそび方《かた》]

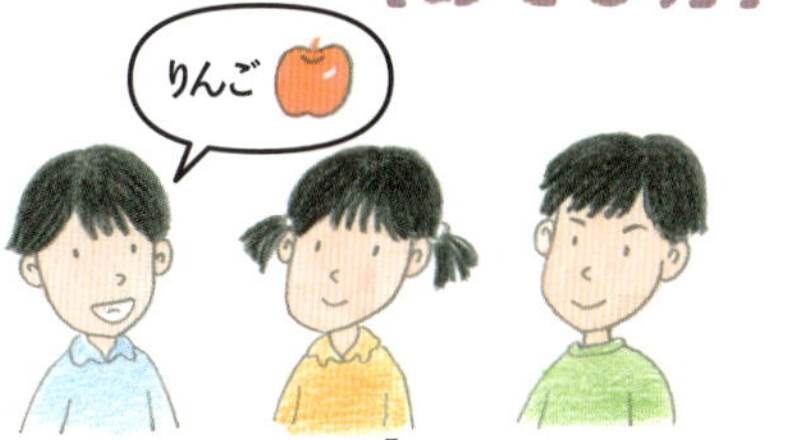

1 順番《じゅんばん》をきめます。はじめの子《こ》は、しりとりの「り」が頭《あたま》につく言葉《ことば》をいいます。

2 次《つぎ》の子《こ》は、はじめの子《こ》がいった言葉《ことば》のおしりの文《も》字《じ》が、頭《あたま》につく言葉《ことば》をいいます。

3 言葉《ことば》をつなげていきます。

4 言葉《ことば》のおしりに「ん」がついた子《こ》が負《ま》けです。

あそびの歴史《れきし》

江戸時代《えどじだい》のしりとりはリズムが大切《たいせつ》だった

江戸時代《えどじだい》に流行《りゅうこう》したしりとりは、前《まえ》の言葉《ことば》の文字《もじ》をいくつかとって、次《つぎ》の言葉《ことば》を調子《ちょうし》よくつないでいく言葉《ことば》あそびでした。錦絵《にしきえ》にもなって売《う》られていました。

牡丹《ぼたん》に唐獅子《からしし》、竹《たけ》に虎《とら》。虎《とら》をふまえて和藤内《わとうない》。内藤《ないとう》さんはくだり藤《ふじ》。富士見西行《ふじみさいぎょう》うしろ向《む》き。

言葉《ことば》はさらに続《つづ》きますが、中《なか》には動物《どうぶつ》や人名《じんめい》などが出《で》てきます。「唐獅子《からしし》」は、華《はな》やかにえがかれた獅子《しし》のことで、「和藤内《わとうない》」は「国性爺合戦《こくせんやかっせん》」という人形浄瑠璃《にんぎょうじょうるり》（人形劇《にんぎょうげき》）の主人公《しゅじんこう》の名前《なまえ》です。

室内《しつない》あそび

うでずもう

武蔵坊弁慶《むさしぼうべんけい》はうでずもうが強《つよ》かった！

机《つくえ》のような台《だい》があれば、どこでもできます。人数《にんずう》が多《おお》いときには、トーナメント表《ひょう》を作《つく》ってあそびましょう。

また、力《ちから》の強《つよ》い子《こ》とやるときには、相手《あいて》の子《こ》の手首《てくび》をにぎるというハンデもあります。

［あそび方《かた》］

1

机《つくえ》をはさんで相手《あいて》の子《こ》とむかい、ひじを立《た》てて手《て》をくみあいます。

【ルール】くんでいる手《て》とは反対《はんたい》の手《て》で、机《つくえ》のはしをにぎってもかまいません。

2

合図《あいず》で力《ちから》を入《い》れて相手《あいて》のうでをおさえつけ、右側《みぎがわ》にたおします。

3

相手《あいて》の手《て》のこうを机《つくえ》につけた子《こ》が勝《か》ちです。

うでずもうのルール

ひじが机《つくえ》からはみ出《で》たり、ういてしまったりした子《こ》は負《ま》けです。

あそびの豆《まめ》知《ち》識《しき》

武蔵坊弁慶《むさしぼうべんけい》とうでずもう

源義経《みなもとのよしつね》が主人公《しゅじんこう》の軍記物語《ぐんきものがたり》『義経記《ぎけいき》』の、「弁慶生《べんけいう》まるる事《こと》」の章《しょう》には、「うでおし（うでずもう）、首《くび》ひき、すまふ（すもう）などぞこのみける」とあります。武蔵坊弁慶《むさしぼうべんけい》はおさないころ、比叡山《ひえいざん》にある延暦寺《えんりゃくじ》の西塔《さいとう》にあずけられました。勉強《べんきょう》ができて力《ちから》も強《つよ》く、子《こ》どもたちをあつめては力《ちから》くらべをしていたことがかかれています。

「首《くび》ひき」は、輪《わ》にした着物《きもの》の帯《おび》を、おたがいの首《くび》にかけて、首《くび》の力《ちから》でひきあう力《ちから》くらべです。弁慶《べんけい》の時代《じだい》にも、いろいろな力《ちから》くらべがあったことがわかります。

室内《しつない》あそび

指《ゆび》ずもう

親指《おやゆび》の力《ちから》とテクニックを競《きそ》うあそび

指《ゆび》ずもうは、力《ちから》だけではなく技《わざ》でも勝負《しょうぶ》ができる手《て》あそびです。相手《あいて》がおさえこみやすいようにわざと親指《おやゆび》をひくくし、相手《あいて》がおさえこもうと動《うご》いた瞬間《しゅんかん》にかわしておさえこむなど、フェイントも有効《ゆうこう》です。

あそびの風土《ふうど》

「親指《おやゆび》」の方言《ほうげん》

親指《おやゆび》は5本《ほん》の指《ゆび》の中《なか》でもっとも太《ふと》いので、大《おお》きなもの、強《つよ》いものというイメージで名《な》づけられました。全国《ぜんこく》で「親指《おやゆび》」とよばれていますが、北海道《ほっかいどう》や東北地方《とうほくちほう》では、「おど指《ゆび》」や「おで指《ゆび》」ともいいます。おどやおでは、「父親《ちちおや》」の方言《ほうげん》で、お父《とう》さん指《ゆび》ということになります。青森県《あおもりけん》では「男指《おとこゆび》」ともいいます。また、佐賀県《さがけん》や長崎県《ながさきけん》、沖縄県《おきなわけん》などでは、「大指《おおゆび》」が語源《ごげん》の「うー指《ゆび》」「ふー指《ゆび》」ともよばれています。

[あそび方《かた》]

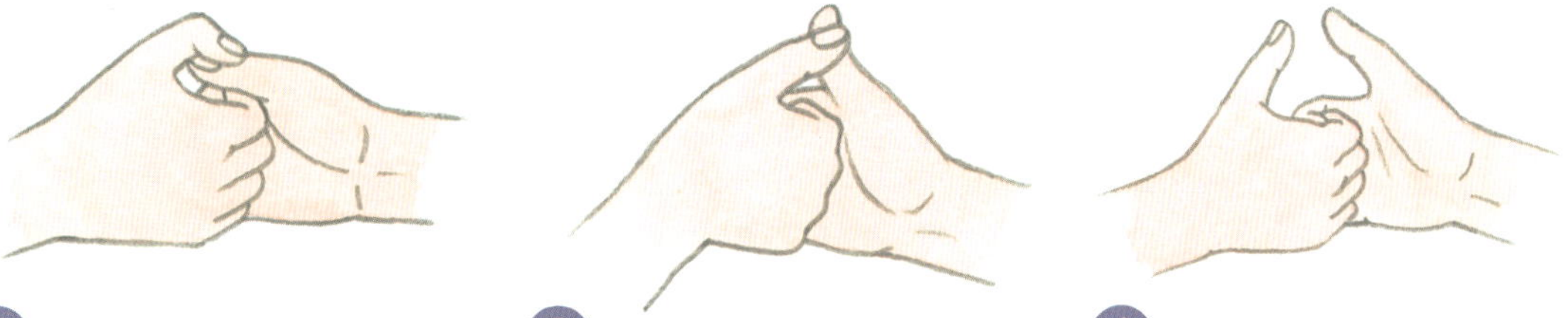

1 相手《あいて》の子《こ》と親指《おやゆび》以外《いがい》の指《ゆび》をくみあいます。

2 合図《あいず》で、相手《あいて》の親指《おやゆび》をおさえこみます。

3 親指《おやゆび》をおさえこみ、10まで数《かぞ》えた子《こ》が勝《か》ちです。

[いろいろなすもう]

●座《すわ》りずもう

1 体育座《たいいくずわ》りで相手《あいて》の子《こ》とむきあいます。合図《あいず》で、相手《あいて》をたおします。

2 相手《あいて》の体《からだ》をたおした子《こ》が勝《か》ちです。

【ルール】おしりをうかせてしまった子《こ》も負《ま》けです。

●足《あし》ずもう

1 体育座《たいいくずわ》りで片足《かたあし》をかかえこみ、相手《あいて》の子《こ》とむきあいます。合図《あいず》で、あいている足《あし》で相手《あいて》をたおします。

2 相手《あいて》をたおした子《こ》が勝《か》ちです。

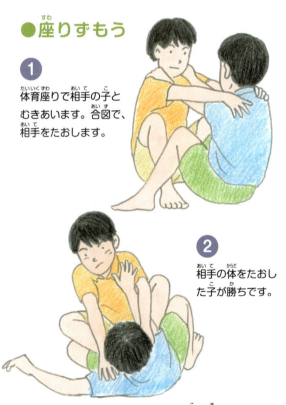

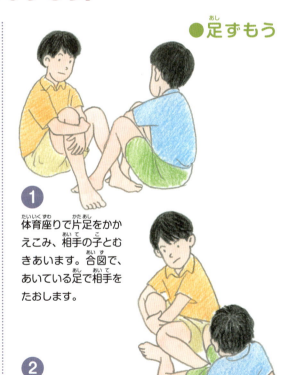

けん玉《だま》

江戸時代《えどじだい》に中国《ちゅうごく》からつたわったとされるあそび

けん玉《だま》にはいろいろな技《わざ》があります。基本《きほん》の技《わざ》の「とめ大皿《おおざら》」から練習《れんしゅう》をして、すこしずつむずかしい技《わざ》にチャレンジしましょう。手《て》の運動《うんどう》だけでなく、玉《たま》の動《うご》きにあわせてこしや体全体《からだぜんたい》を使《つか》うことがコツです。

各部《かくぶ》の名前《なまえ》

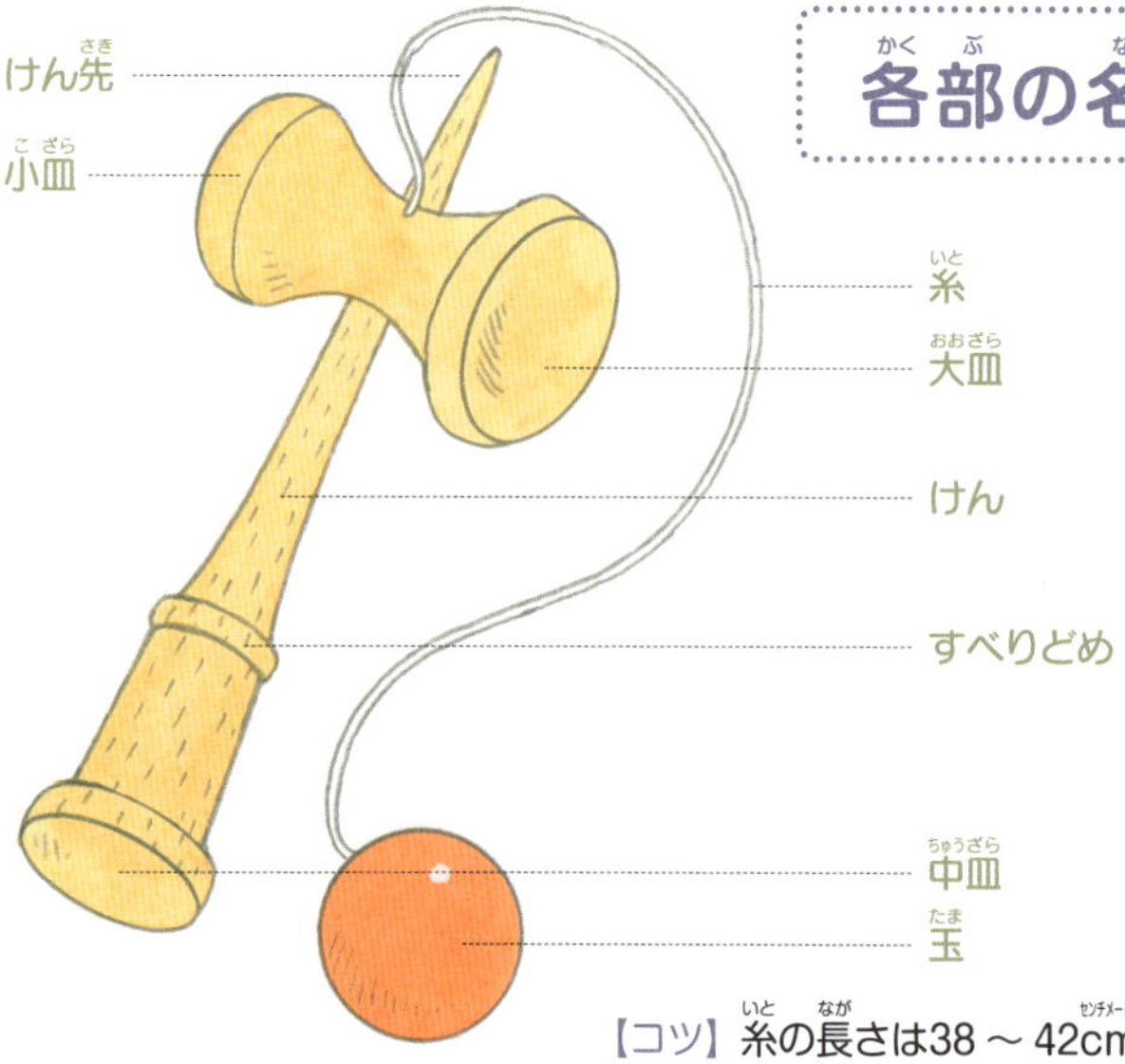

【コツ】糸《いと》の長《なが》さは38～42cm《センチメートル》あります。

基本《きほん》のかまえ方《かた》

●両足《りょうあし》をそろえる

「もしカメ」や「とめけん」(P122)など、体《からだ》を小《ちい》さく使《つか》う技《わざ》のかまえです。

●右足《みぎあし》を前《まえ》にする

「ふりけん」などのかまえです。玉《たま》をふり出《だ》す技《わざ》などに使《つか》います。

基本《きほん》の持《も》ち方《かた》

●もしカメ持《も》ち

「もしカメ」(P123) など、主《おも》に大皿《おおざら》や中皿《ちゅうざら》を使《つか》う技《わざ》などの持《も》ち方《かた》です。薬指《くすりゆび》は使《つか》わないか軽《かる》くそえます。

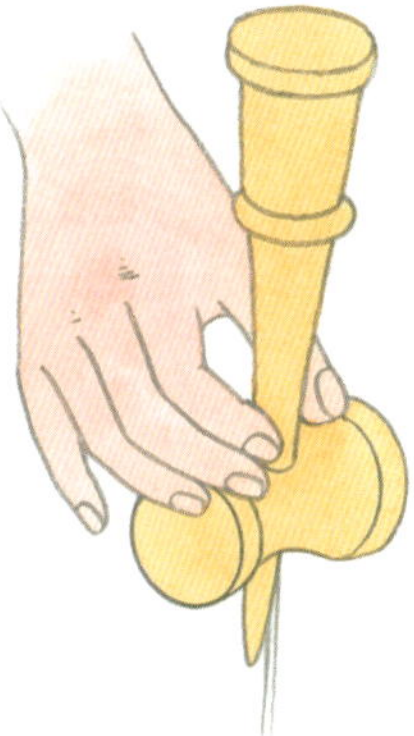

●ふりけん持《も》ち

「ふりけん」(P123) など、主《おも》にけん先《さき》や、すべての皿《さら》を使《つか》う技《わざ》などの持《も》ち方《かた》です。薬《くすり》指《ゆび》と小指《こゆび》は軽《かる》くそえて、むきをコントロールします。

[基本《きほん》の技《わざ》]

●とめ大皿《おおざら》

大皿《おおざら》に玉《たま》をのせる技《わざ》です。

1 さげた玉《たま》をとめます。

2 けん玉《たま》をすこしさげます。

3 さげた反動《はんどう》で手《て》をひきあげ、玉《たま》をまっすぐあげます。

4 ひざを使《つか》い、落《お》ちてくる玉《たま》の動《うご》きにあわせて、玉《たま》を大皿《おおざら》で受《う》けます。

[すこしむずかしい技《わざ》①]

●ろうそく（とめ中皿《ちゅうざら》）

中皿《ちゅうざら》に玉《たま》をのせる技《わざ》です。

1 さげた玉《たま》をとめます。

2 玉《たま》をひきあげます。

3 玉《たま》を中皿《ちゅうざら》で受《う》けます。

●とめけん

けん先《さき》で玉《たま》を受《う》ける技《わざ》です。

1 さげた玉《たま》をとめます。

2 さげた反動《はんどう》で手《て》をひきあげ、玉《たま》を上《うえ》にあげます。

【コツ】けん先《さき》を無理《むり》に立《た》てないようにしましょう。

3 ひざを使《つか》い、落《お》ちてくる玉《たま》の動《うご》きにあわせて体《からだ》をすこしさげます。

4 玉《たま》をけん先《さき》で受《う》けます。

あそびの歴《れき》史《し》

けん玉《だま》が子《こ》どものあそびになるまで

けん玉《だま》は、江戸時代《えどじだい》に中国《ちゅうごく》から日本《にほん》につたわったといわれています。『嬉遊笑覧《きゆうしょうらん》』には、「拳玉《けんだま》」とかかれています。けん玉《だま》は安永《あんえい》6～7年《ねん》（1777～78年《ねん》）ごろにできたという記述《きじゅつ》があり、当時《とうじ》は木《き》ではなく、鹿《しか》の角《つの》で作《つく》られていました。お酒《さけ》を飲《の》む宴会《えんかい》のあそびのひとつとして、大人《おとな》たちがたのしんでいました。子《こ》どもたちのあそび道具《どうぐ》となったのは、明治時代以降《めいじじだいいこう》のことです。

●ふりけん

ふり出《だ》した玉《たま》を、けん先《さき》で受《う》ける技《わざ》です。

1

糸《いと》のよじれをなおし、かまえます。

2

左手《ひだりて》を使《つか》い、玉《たま》をふり出《だ》します。

3

ブランコのようにもどる玉《たま》をひきます。

4

玉《たま》を上《うえ》にあげます。

5

玉《たま》をけん先《さき》で受《う》けます。

●もしカメ

玉《たま》を歌《うた》にあわせて大皿《おおざら》と中皿《ちゅうざら》を往復《おうふく》させる技《わざ》です。

♪「もしもしカメよ」♪
もしもしカメよ カメさんよ
世界《せかい》のうちでおまえほど
あゆみののろいものはない
どうしてそんなにのろいのか

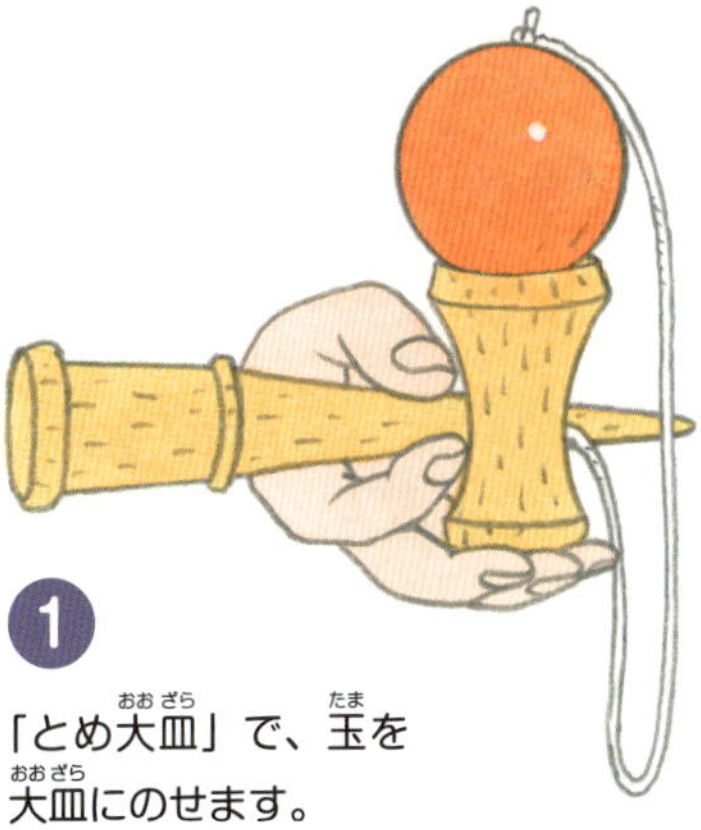

1

「とめ大皿《おおざら》」で、玉《たま》を大皿《おおざら》にのせます。

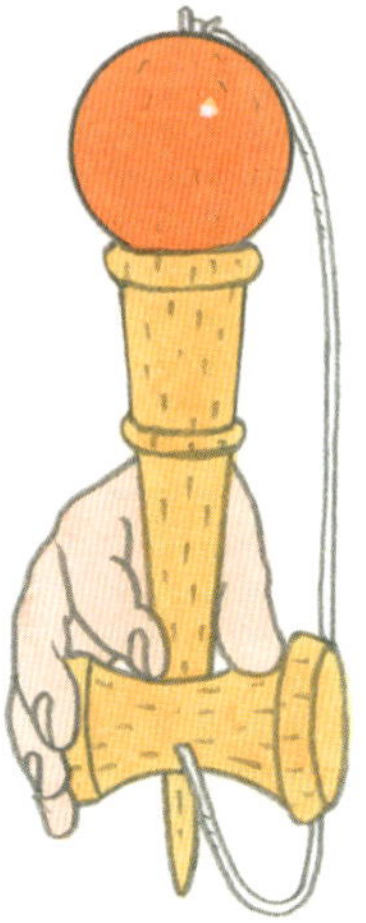

2

「もしもしカメよ」の歌《うた》にあわせて、大皿《おおざら》と中皿《ちゅうざら》を往復《おうふく》します。

【コツ】ひざを使《つか》い、玉《たま》の動《うご》きに体《からだ》をあわせましょう。はじめはゆっくりと、玉《たま》を高《たか》くあげないことがコツです。

[すこしむずかしい技《わざ》②]

●飛行機《ひこうき》

ふり出《だ》したけんを、玉《たま》の穴《あな》で受《う》ける技《わざ》です。

1 玉《たま》の穴《あな》が上《うえ》をむくようにかまえます。

2 右手《みぎて》を前《まえ》にふり出《だ》し、けんをはなします。

3 けんをふりあげます。

4 玉《たま》の穴《あな》でけんを受《う》けます。

●灯台《とうだい》

玉《たま》にけんをのせる技《わざ》です。

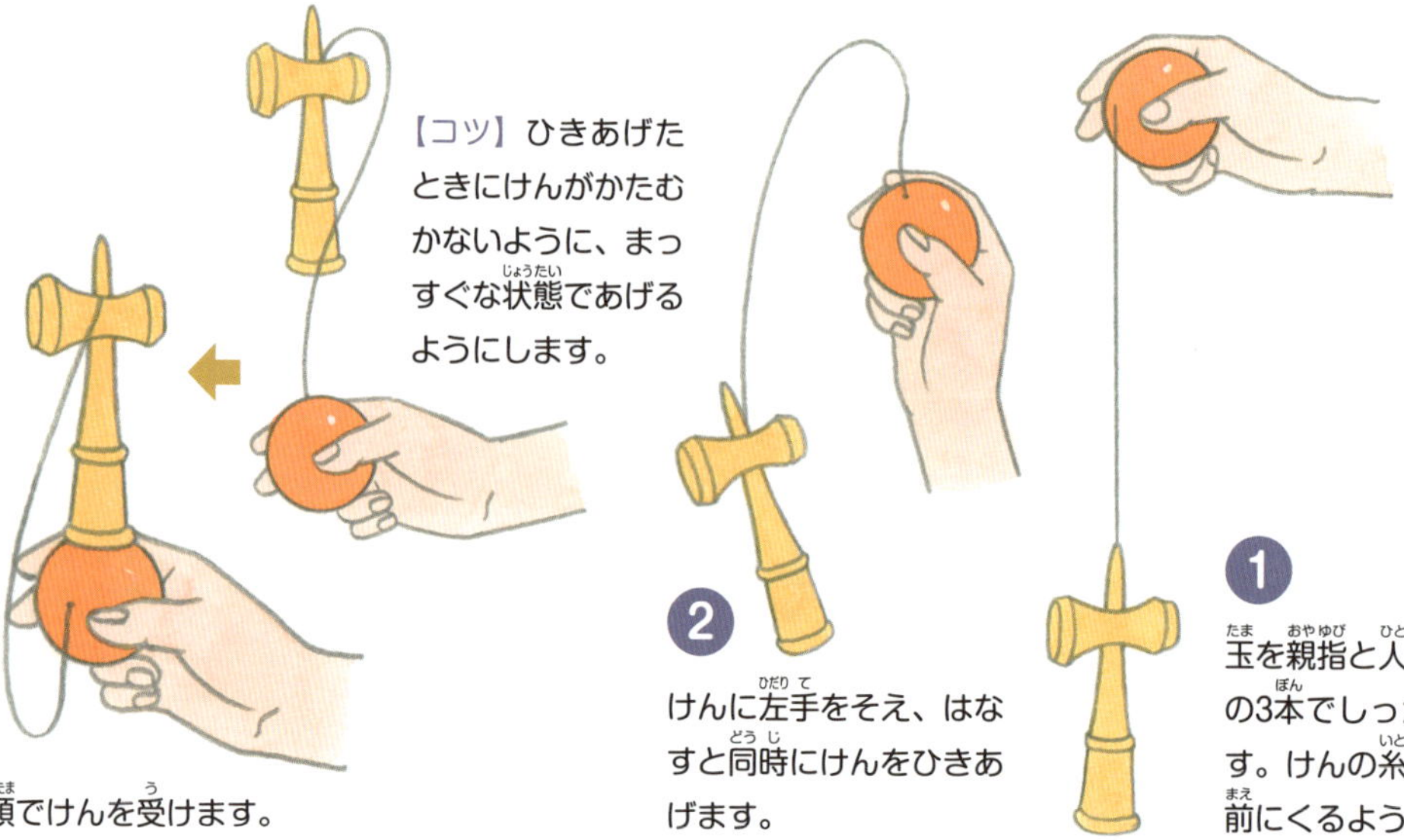

1 玉《たま》を親指《おやゆび》と人差《ひとさ》し指《ゆび》、薬指《くすりゆび》の3本《ぼん》でしっかりと持《も》ちます。けんの糸《いと》のつけねが手前《てまえ》にくるようにかまえます。

2 けんに左手《ひだりて》をそえ、はなすと同時《どうじ》にけんをひきあげます。

【コツ】ひきあげたときにけんがかたむかないように、まっすぐな状態《じょうたい》であげるようにします。

3 玉《たま》の頭《あたま》でけんを受《う》けます。

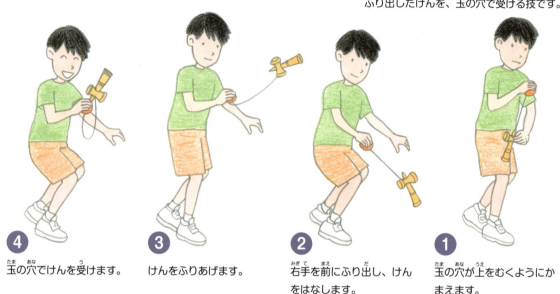

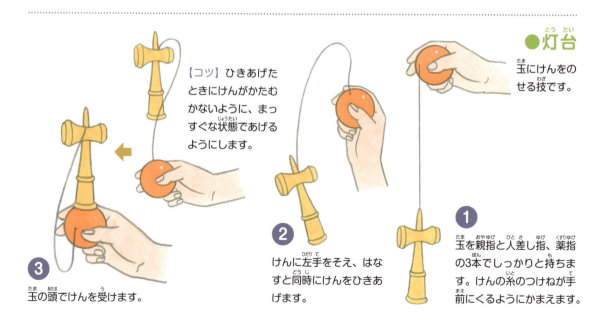

●つばめがえし

ういている玉《たま》のまわりを、けんでひとまわりさせる技《わざ》です。

1

「とめ大皿《おおざら》」で、大皿《おおざら》にのせます。

2

ひざを使《つか》って玉《たま》をはねあげ、ういている玉《たま》のまわりをけんで素早《すばや》くひとまわりさせます。

【コツ】糸《いと》がからまないように注意《ちゅうい》しましょう。

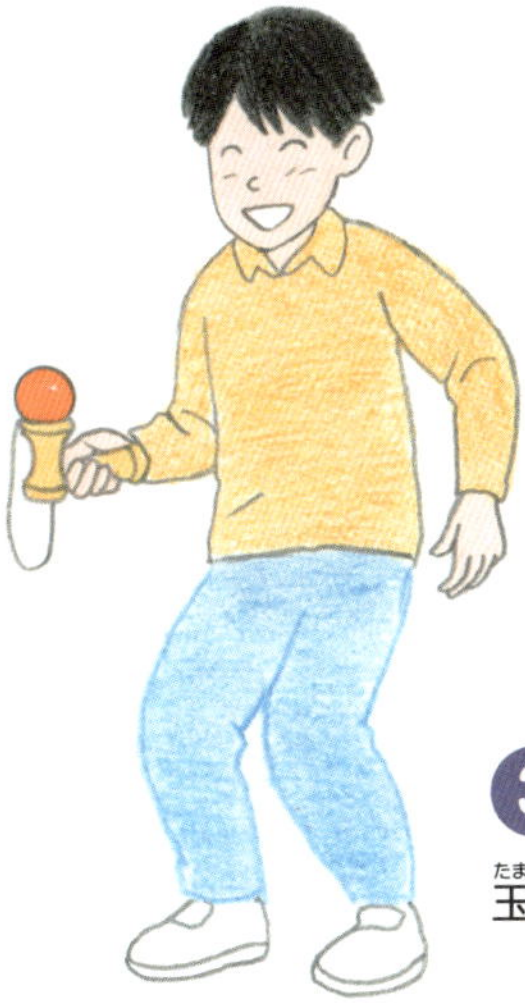

3

玉《たま》を大皿《おおざら》で受《う》けます。

●世界一周《せかいいっしゅう》

玉《たま》を、小皿《こざら》、大皿《おおざら》、中皿《ちゅうざら》、けん先《さき》に移動《いどう》させる技《わざ》です。

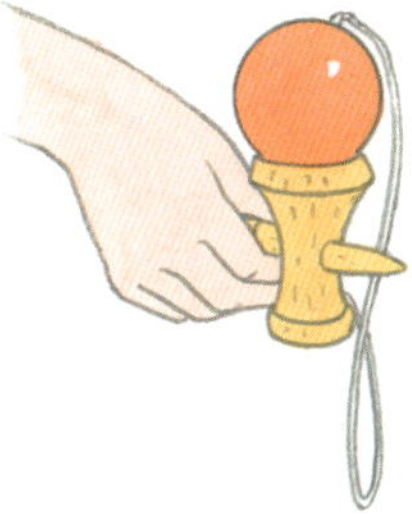

1

「せ」で、小皿《こざら》にのせます。

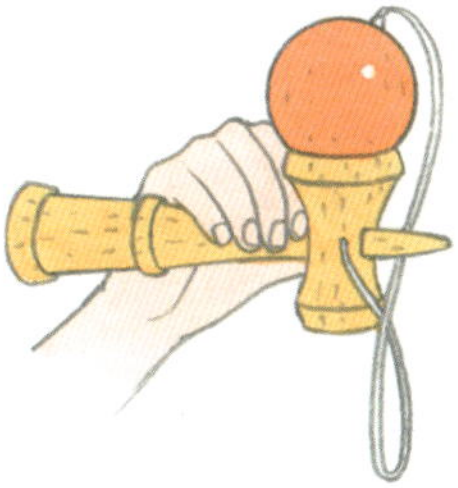

2

「か」で、大皿《おおざら》にのせます。

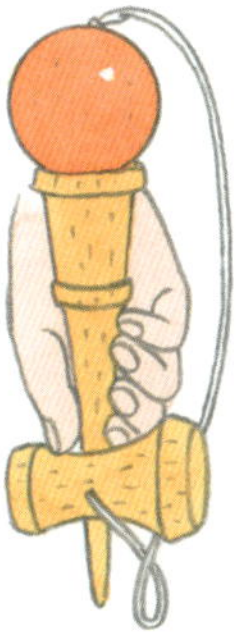

3

「い」で、中皿《ちゅうざら》にのせます。

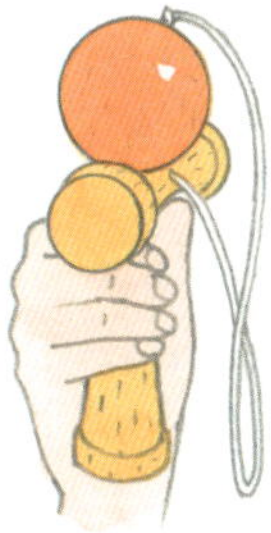

4

「一周《いっしゅう》」でけん先《さき》で玉《たま》を受《う》けます。

あそびの起源《きげん》

国王《こくおう》もあそんでいたフランスのけん玉《だま》

けん玉《だま》は世界中《せかいじゅう》であそばれていますが、フランスで生《う》まれたという説《せつ》があります。フランスでは「ビル・ボケ」という名前《なまえ》で、今《いま》の日本《にほん》のけん玉《だま》から、大皿《おおざら》と小皿《こざら》をとったような形《かたち》でした。

16世紀《せいき》にビル・ボケであそんでいるようすをかいた絵《え》がのこっています。国王《こくおう》のアンリ3世《せい》もあそんでいたといわれています。

わりばし2ぜんと輪《わ》ゴムでできる!

わりばしでっぽう

的《まと》は紙《かみ》で作《つく》った人形《にんぎょう》や動物《どうぶつ》などを使《つか》います。それぞれ自分《じぶん》のわりばしでっぽうを作《つく》ってあそびましょう。あそぶときにはかならず的《まと》にむかって打《う》ち、人《ひと》にあたらないように注意《ちゅうい》しましょう。

用意《ようい》するもの

●材料《ざいりょう》

- わりばし（2ぜん）
- 輪《わ》ゴム

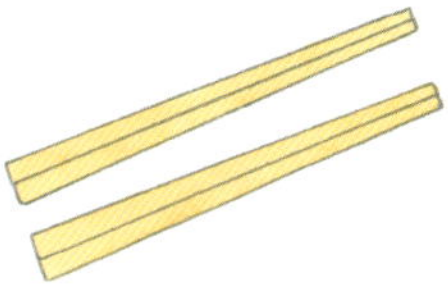

●道具《どうぐ》

- ナイフ

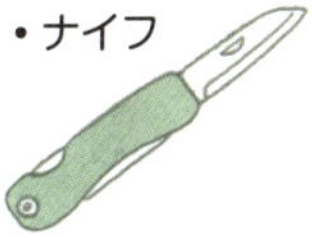

作《つく》り方《かた》

1

2ぜんのわりばしをわり、4本《ほん》にします。1本《ぽん》をナイフで4つにわります。

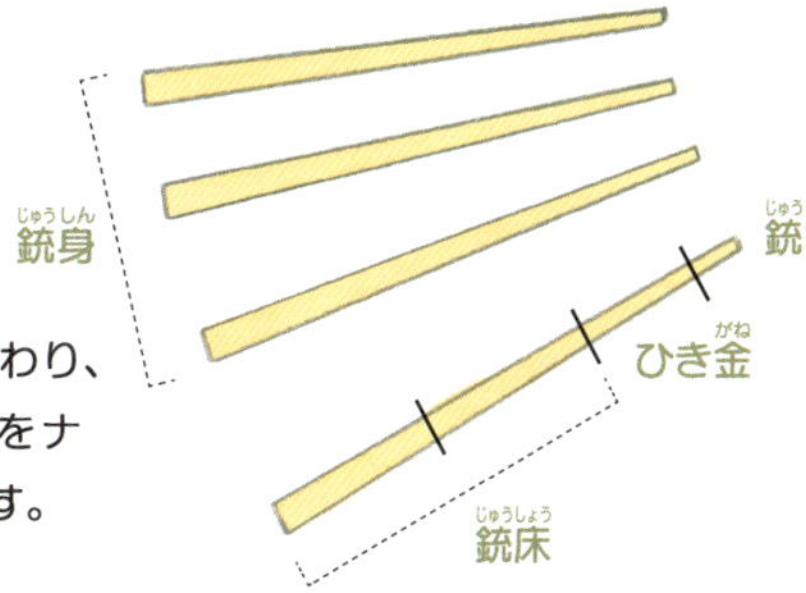

2

銃身用《じゅうしんよう》のわりばしを3本重《ぼんかさ》ね、2カ所《しょ》に輪《わ》ゴムを巻《ま》きつけます。

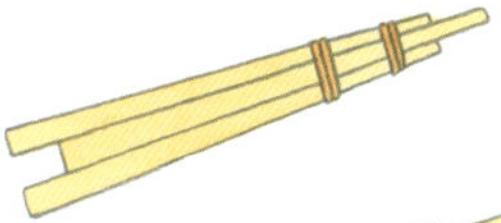

3

中央《ちゅうおう》の1本《ぽん》を、3/4ほどひっぱり出《だ》します。

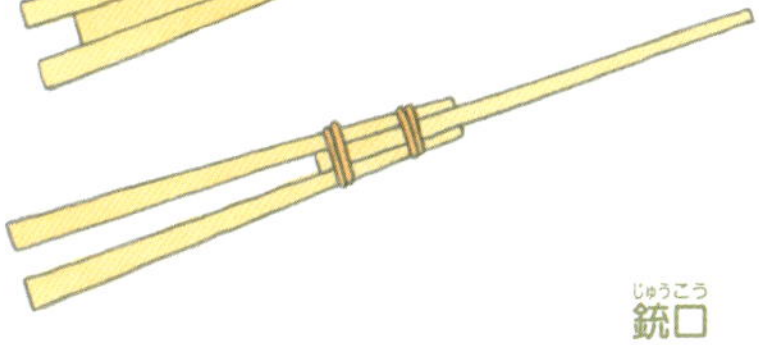

4

銃身《じゅうしん》に、銃床《じゅうしょう》とひき金《がね》、銃口《じゅうこう》のわりばしをあてます。

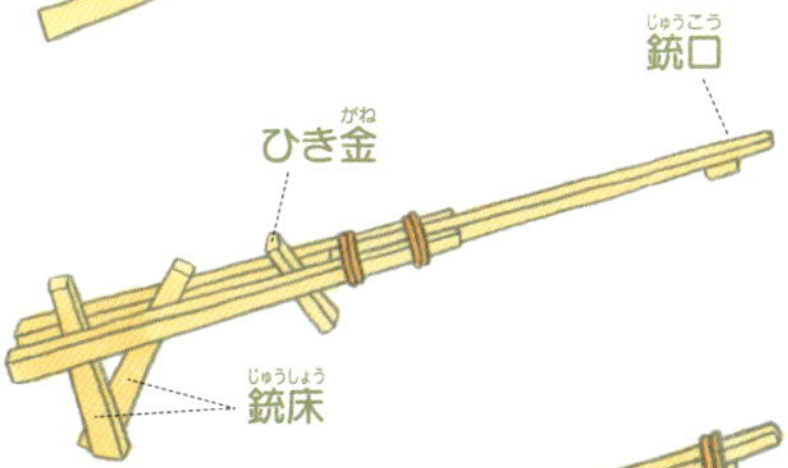

5

それぞれを輪《わ》ゴムでくくってとめて、できあがり。

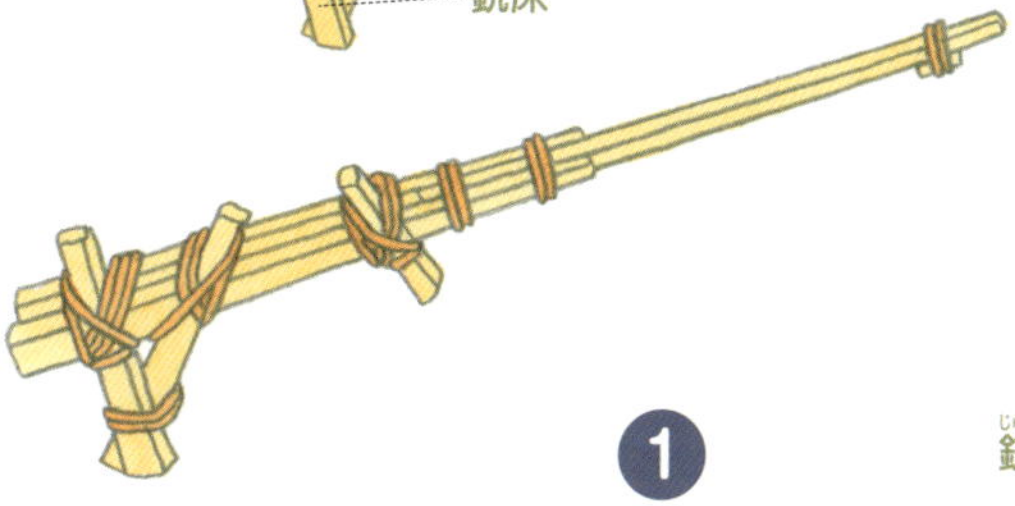

注意《ちゅうい》!

ナイフでけがをしないように注意《ちゅうい》しましょう。また、輪《わ》ゴムをとばすときには、人《ひと》がいないことを確認《かくにん》してからあそびましょう。

あそびの豆知識《まめちしき》 わりばしにも名前《なまえ》がある

わりばしには、形《かたち》によって名前《なまえ》があります。頭《あたま》の角《かど》が角《かく》ばっていて、左右《さゆう》がつながっている部分《ぶぶん》にみぞがない形《かたち》を、「丁六《ちょうろく》」といいます。主《おも》に、長《なが》さが20cm《センチメートル》のものは定食屋《ていしょくや》などで、16cm《センチメートル》のものはお弁当用《べんとうよう》に使《つか》われています。江戸時代《えどじだい》の庶民《しょみん》がよく使《つか》うお金《かね》が「丁銀《ちょうぎん》」や「丁六《ちょうろく》」という銀貨《ぎんか》だったので、多《おお》くの人《ひと》に親《した》しみやすいという意味《いみ》で、この名前《なまえ》がつけられたといわれています。

[あそび方《かた》]

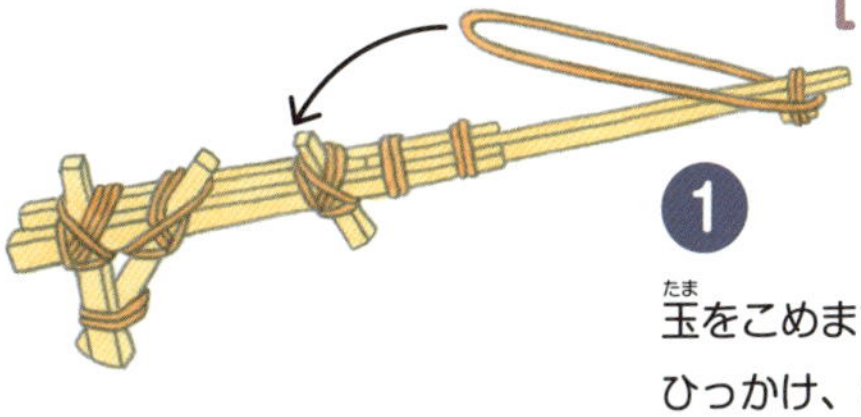

1

玉《たま》をこめます。銃口《じゅうこう》に輪《わ》ゴムをひっかけ、ひき金《がね》にかけます。

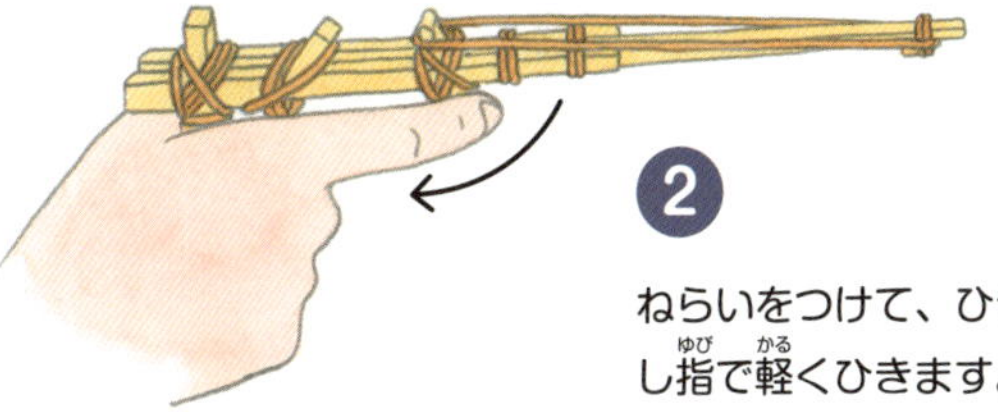

2

ねらいをつけて、ひき金《がね》を人差《ひとさ》し指《ゆび》で軽《かる》くひきます。

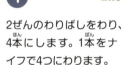

室《しつ》内《ない》あそび

江《え》戸《ど》時《じ》代《だい》は「松《まつ》風《かぜ》ゴマ」とよばれたあそび

ブンブンゴマ

ひものはしを持《も》ってねじり、外《そと》側《がわ》にひっぱったり、内《うち》側《がわ》にゆるめたりすると、音《おと》をたててまわります。さまざまな色《いろ》やもようをかいて、どのように見《み》えるかを試《ため》してみましょう。

また、ところどころに穴《あな》をあけると、まわしたときにヒューンヒューンと風《かぜ》が通《とお》る音《おと》がなります。

作《つく》り方《かた》

❶

段《だん》ボールに、定規《じょうぎ》で角《かど》から角《かど》へ対角線《たいかくせん》をひきます。2カ所《しょ》にきりで、たこ糸《いと》が通《とお》る太《ふと》さの穴《あな》をあけます。

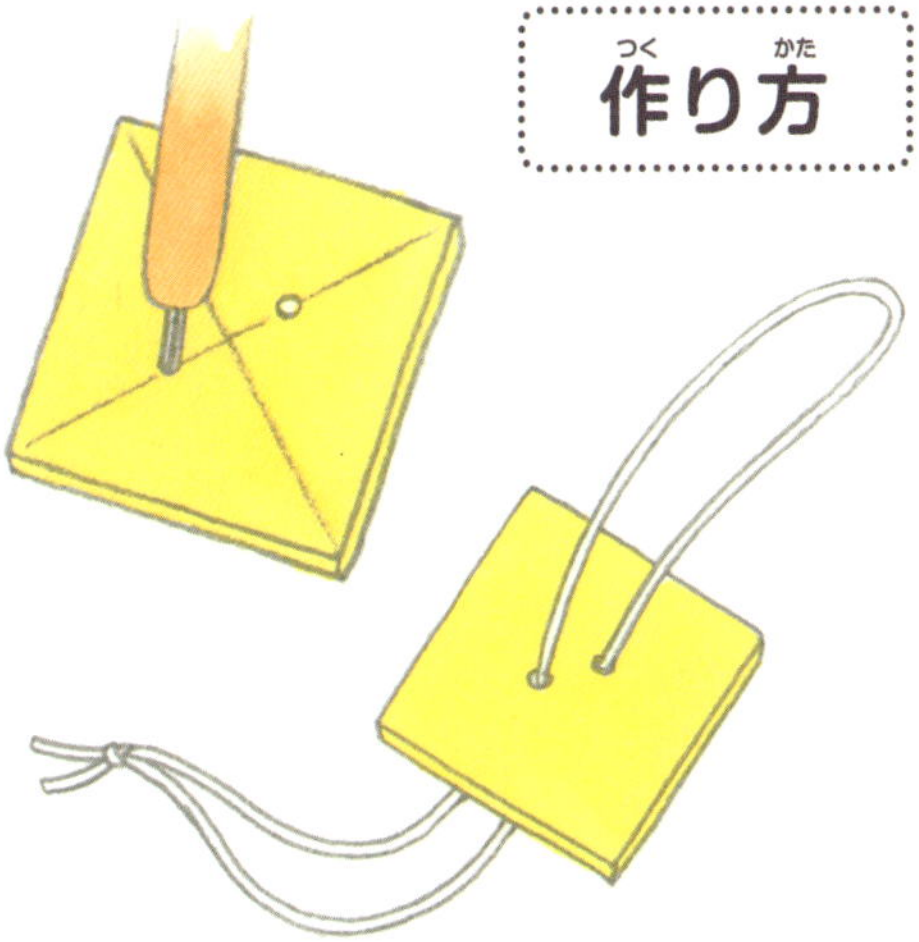

❷

穴《あな》にたこ糸《いと》を通《とお》し、はしを2本《ほん》まとめて結《むす》んで、できあがり。

あそびのアレンジ

牛乳《ぎゅうにゅう》びんのふたやボタンでも作《つく》れます。いろいろな形《かたち》のブンブンゴマを作《つく》ってみましょう。

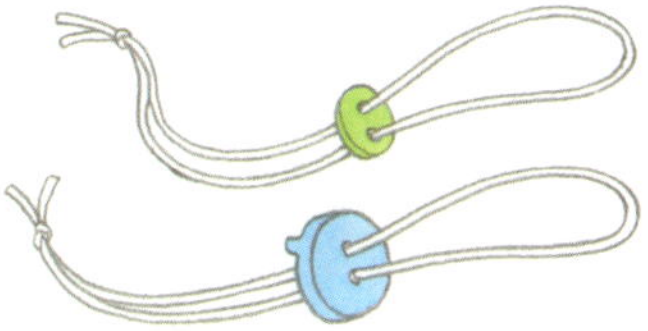

用意《ようい》するもの

●材料《ざいりょう》

・段《だん》ボール（5cm《センチメートル》×5cm《センチメートル》ほど）

・たこ糸《いと》（1m《メートル》ほど）

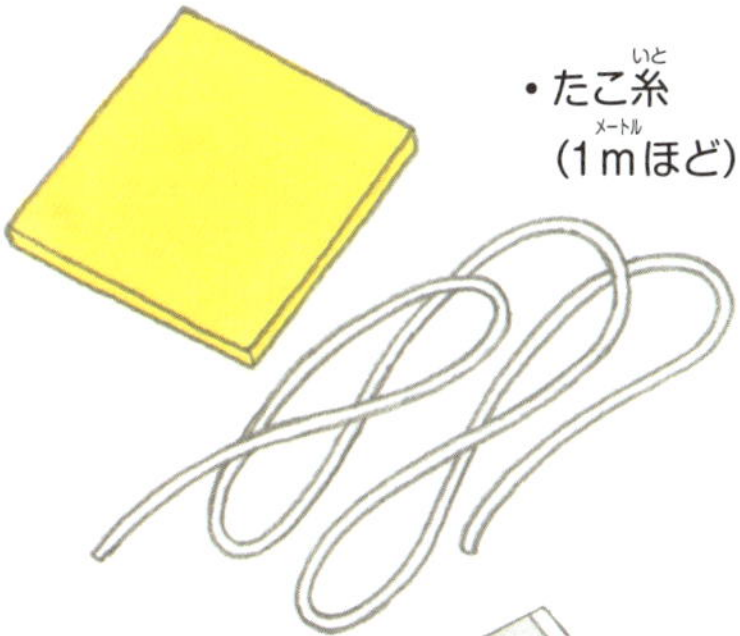

●道具《どうぐ》

・定規《じょうぎ》

・きり

・ペン

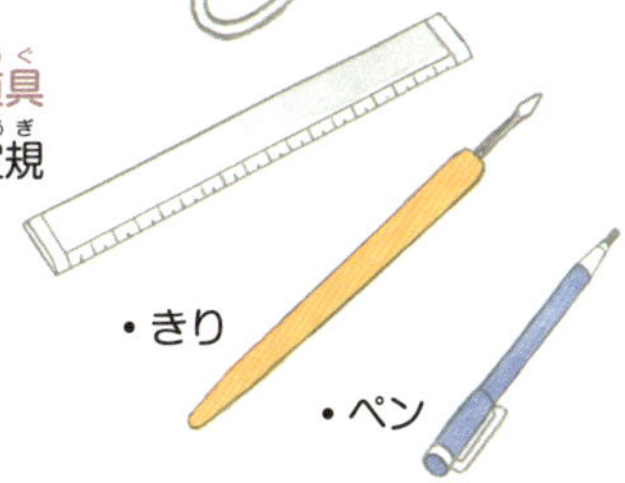

[あそび方《かた》]

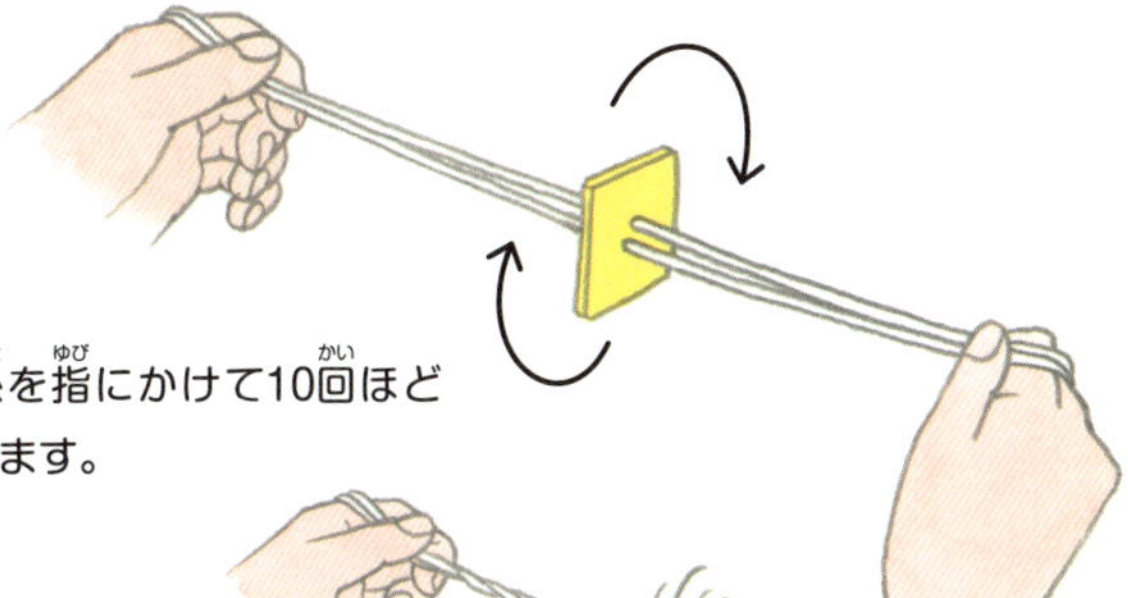

❶ たこ糸《いと》を指《ゆび》にかけて10回《かい》ほどねじります。

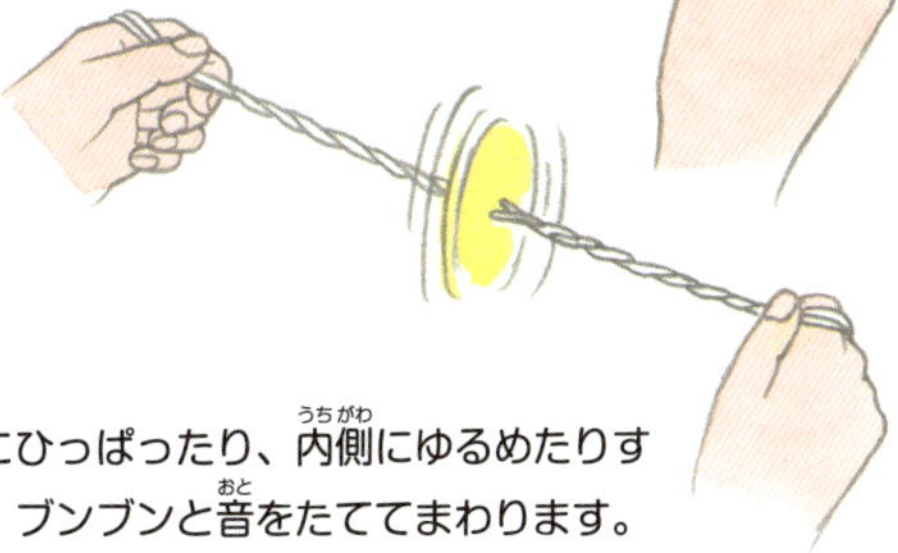

❷ 外側《そとがわ》にひっぱったり、内側《うちがわ》にゆるめたりすると、ブンブンと音《おと》をたててまわります。

あそびの歴《れき》史《し》

江戸時代《えどじだい》のブンブンゴマ

ブンブンゴマは、江戸《えど》時代《じだい》に流行《りゅうこう》したあそびのひとつで、当時《とうじ》は「松風《まつかぜ》ゴマ」とよばれ、竹《たけ》などで作《つく》っていました。名前《なまえ》の由来《ゆらい》は、まわっているときの音《おと》が、松《まつ》の木《き》を通《とお》りぬける「松風《まつかぜ》」の音《おと》ににていることからといわれています。

これは『江都二色《えどにしき》』という本にもかかれています。この本《ほん》は江戸時代《えどじだい》の1773年《ねん》に作られた絵本《えほん》で、当時《とうじ》流行《りゅうこう》していたおもちゃの絵《え》をまとめたものです。

室《しつ》内《ない》あそび

昔《むかし》から庶《しょ》民《みん》に親《した》しまれていたあそび

かげ絵《え》

かげ絵《え》は、手《て》やうでを使《つか》って動物《どうぶつ》やもののかげの形《かたち》を作《つく》るあそびです。

友《とも》だちとあつまって作《つく》れば、いろいろな動物《どうぶつ》が出《で》てくる劇《げき》もできます。

スクリーンの用意《ようい》

●かべ

かげがうつるように、
かべに光《ひかり》をあてます。

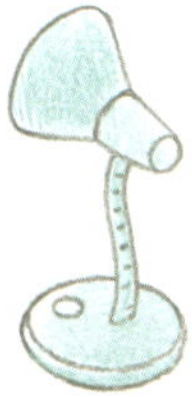

●白《しろ》い布《ぬの》

大きな白《しろ》い布《ぬの》や、障子《しょうじ》の裏側《うらがわ》から光《ひかり》をあてます。かげを作《つく》る子《こ》が見《み》えないようにします。

【コツ】光《ひかり》は電気《でんき》スタンドや懐中電《かいちゅうでん》灯《とう》などの、明《あ》かりの強《つよ》いものを使《つか》いましょう。

[かんたんなかげ絵《え》]

●キツネ

親指《おやゆび》と中指《なかゆび》の先《さき》をあわせます。
薬指《くすりゆび》をまげて、目《め》を作《つく》ります。

●カニ

両手《りょうて》の人差《ひとさ》し指《ゆび》と中指《なかゆび》を交差《こうさ》させます。

●カタツムリ

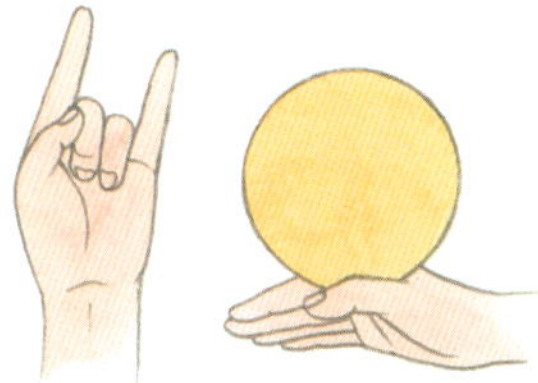

1

右手《みぎて》の親指《おやゆび》と薬指《くすりゆび》に、お皿《さら》をはさみます。左手《ひだりて》は、人差《ひとさ》し指《ゆび》と小指《こゆび》をたてます。

2

両手《りょうて》をくみあわせます。

●犬《いぬ》

右手《みぎて》の小指《こゆび》が下《した》あごになります。
口《くち》が上下《じょうげ》に動《うご》きます。

●ネコ

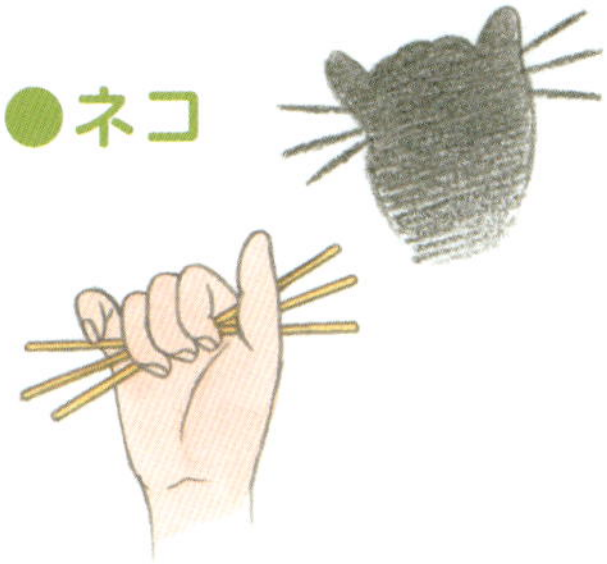

ひげを竹《たけ》ひごで作《つく》り、にぎります。

●フクロウ

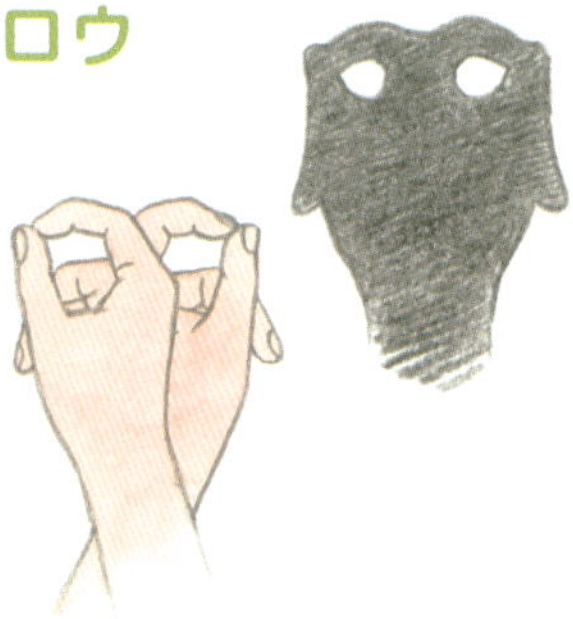

❶

両手《りょうて》の親指《おやゆび》と人差《ひとさ》し指《ゆび》の先《さき》をあわせます。すき間《ま》ができないように、両手《りょうて》を重《かさ》ねます。

❷

はばたかせてみましょう。

［動《うご》いてあそぶかげ絵《え》］

●水鳥《みずどり》

❶

親指《おやゆび》と人差《ひとさ》し指《ゆび》、中指《なかゆび》で輪《わ》を作《つく》ります。

❷

頭《あたま》が水鳥《みずどり》の体《からだ》になります。

❸

水鳥《みずどり》の頭《あたま》や首《くび》を動《うご》かしてみましょう。

●鳥《とり》①

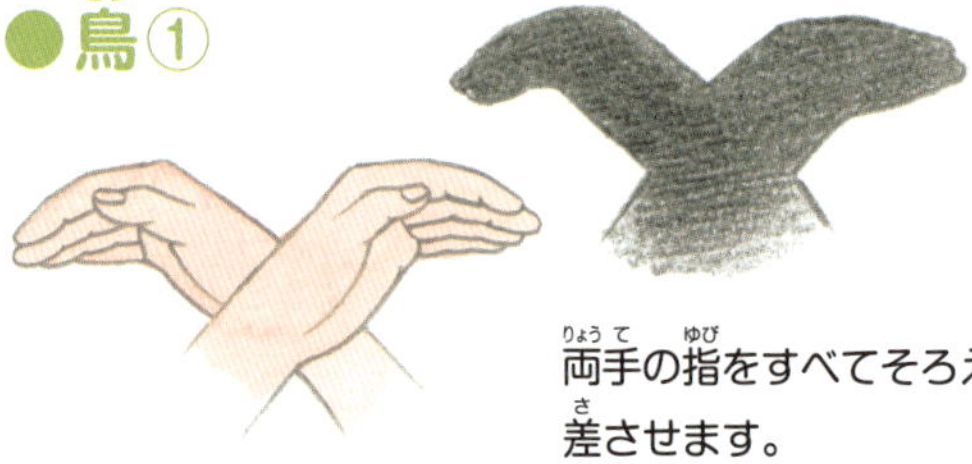

両手《りょうて》の指《ゆび》をすべてそろえて、手《て》を交《こう》差《さ》させます。

●鳥《とり》②

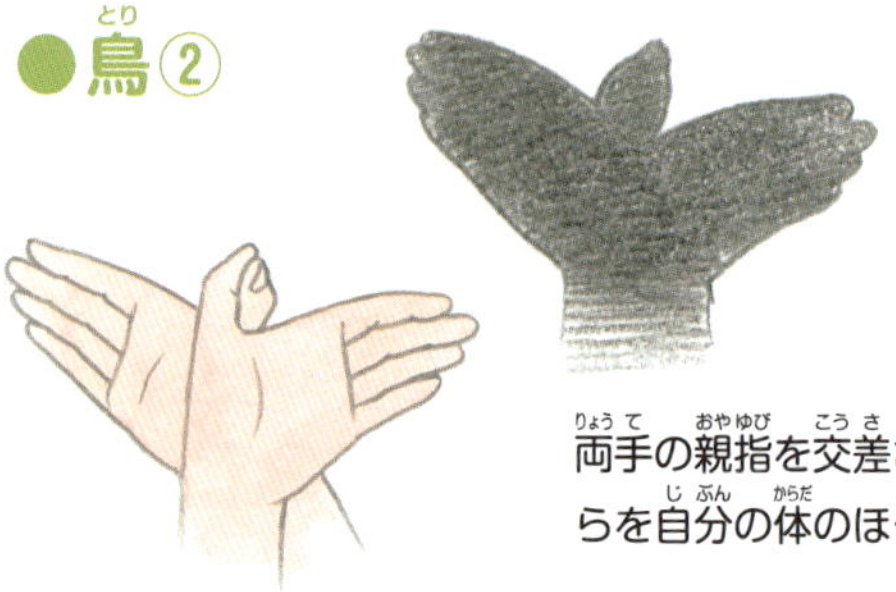

両手《りょうて》の親指《おやゆび》を交差《こうさ》させます。手《て》のひらを自分《じぶん》の体《からだ》のほうにたおします。

あそびの歴《れき》史《し》

昔《むかし》から庶民《しょみん》にあそばれているかげ絵《え》

1680年《ねん》に出《だ》された『洛《らく》陽集《ようしゅう》』には、＜春《はる》の夜《よ》や影人形《かげにんぎょう》の初舞《はつぶ》台《たい》＞という句《く》がのこっています。かげ絵《え》を使《つか》った歌舞伎《かぶき》もありました。手《て》や身近《みぢか》な道具《どうぐ》だけでできるので、庶民《しょみん》に親《した》しまれていたようです。

また、浮世絵《うきよえ》やかけ軸《じく》、墨絵《すみえ》などにも、かげ絵《え》がかかれています。旅行記《りょこうき》の『東海道中膝栗毛《とうかいどうちゅうひざくりげ》』で有名《ゆうめい》な十返舎《じっぺんしゃ》一九《いっく》や、「東海道五十三次《とうかいどうごじゅうさんつぎ》」をえがいた浮世絵師《うきよえし》の歌川広重《うたがわひろしげ》も、かげ絵《え》の指《し》導書《どうしょ》をのこしています。

●ウサギの親子《おやこ》

1

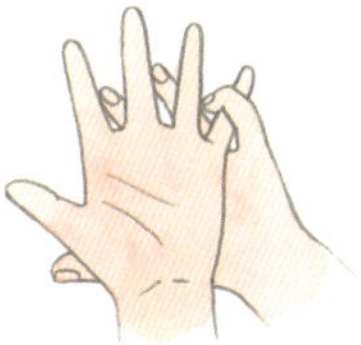

親《おや》ウサギを作《つく》ります。手《て》のこうをあわせ、小指《こゆび》と小指《こゆび》をからめます。

2

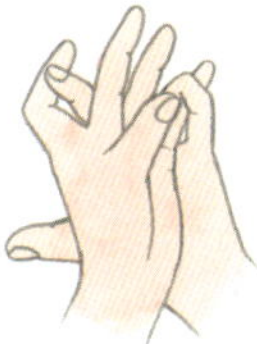

右手《みぎて》の人差《ひとさ》し指《ゆび》の先《さき》を、左《ひだり》手《て》の人差《ひとさ》し指《ゆび》のつけねにかけます。

3

左手《ひだりて》の親指《おやゆび》と人差《ひとさ》し指《ゆび》の先《さき》をあわせます。

4

右手《みぎて》の中指《なかゆび》と薬指《くすりゆび》がうさぎの前足《まえあし》になり、親指《おやゆび》は後《うし》ろ足《あし》になります。

5

子《こ》ウサギを作《つく》ります。人差《ひとさ》し指《ゆび》と親指《おやゆび》の先《さき》をあわせて、中指《なかゆび》と薬指《くすりゆび》をぴんと立《た》てます。小指《こゆび》はまげてかくします。

6

親子《おやこ》のウサギであそんでみましょう。

●どびんと湯《ゆ》のみ

ふたりで作《つく》ります。人差《ひとさ》し指《ゆび》が、どびんのつるになります。

●ペンギン

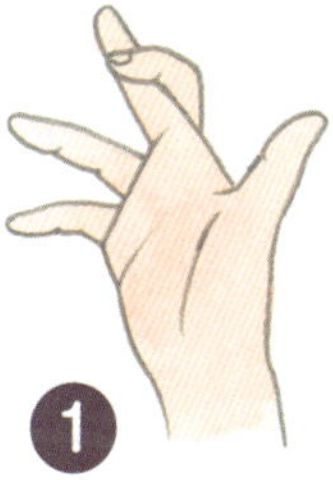

1

右手《みぎて》の人差《ひとさ》し指《ゆび》に、中指《なかゆび》をかけます。

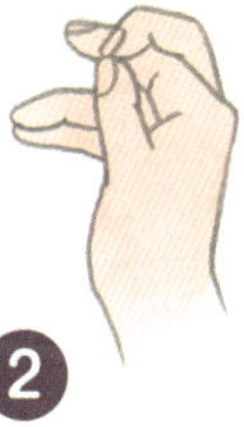

2

親指《おやゆび》と中指《なかゆび》の先《さき》をあわせます。

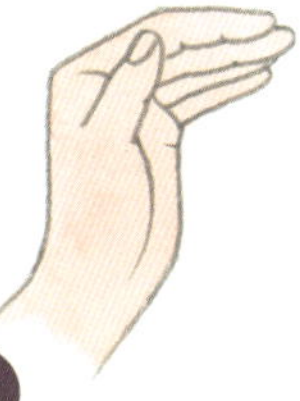

3

左手《ひだりて》のすべての指《ゆび》をそろえ、第《だい》3関《かん》節《せつ》をまげます。

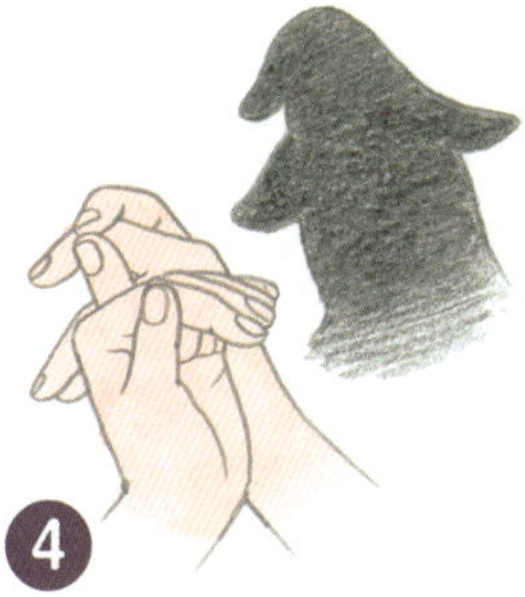

4

すき間《ま》ができないように、両《りょう》手《て》を重《かさ》ねます。

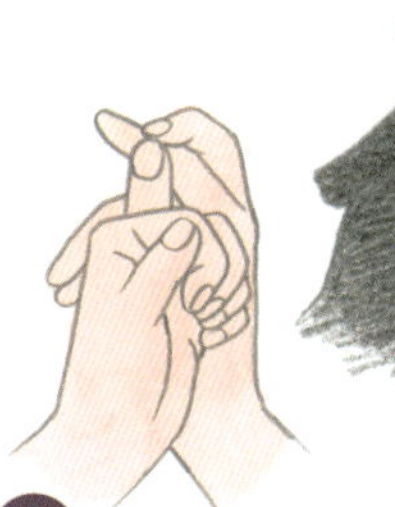

5

羽根《はね》を上下《じょうげ》に動《うご》かしたり、体《からだ》をそらせたりしてみましょう。

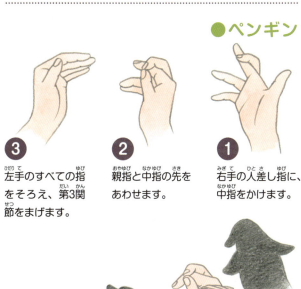

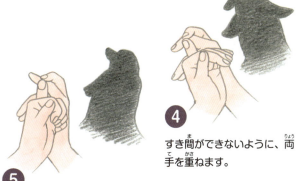

室内《しつない》あそび

明治時代《めいじじだい》は「ふしぎな紙《かみ》」として売《う》られていた

あぶり出《だ》し

ミカンやリンゴなど、しぼり汁《じる》をしみこませた筆《ふで》で紙《かみ》に絵《え》をかきます。かわかしてから火《ひ》であぶると、その絵《え》がうかびあがってきます。絵《え》をかくほかにも、友《とも》だちに手紙《てがみ》をかいてみましょう。

また火《ひ》はたいへん危険《きけん》なので、かならず大人《おとな》の人《ひと》と一緒《いっしょ》にやりましょう。

用意《ようい》するもの

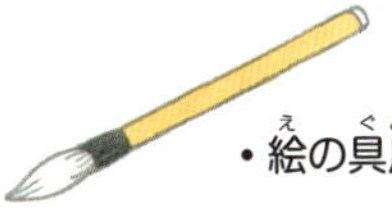

・絵《え》の具用《ぐよう》の筆《ふで》

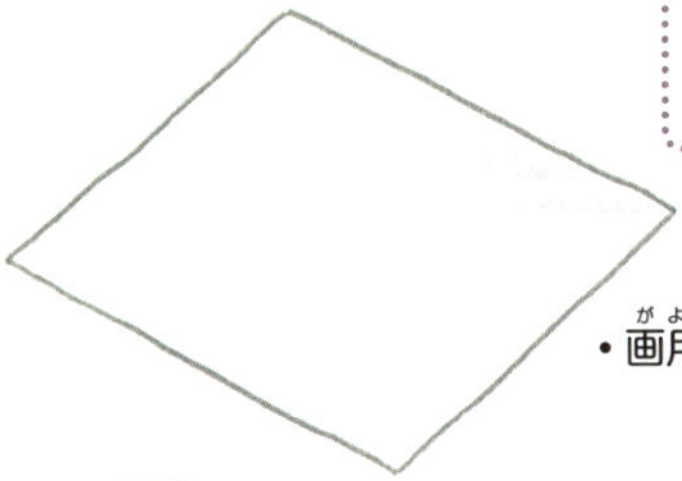

・画用紙《がようし》やうすい紙《かみ》

・ミカンやリンゴ、大根《だいこん》などのしぼり汁《じる》

・コンロやロウソクの火《ひ》、ストーブなど

[あそび方《かた》]

1

ミカンやリンゴのしぼり汁《じる》を筆《ふで》につけて、紙《かみ》に字《じ》や絵《え》をかきます。しばらくおいてかわかします。

2

火《ひ》にかけてあぶると、かいた絵《え》が出《で》てきます。

注意《ちゅうい》! 火《ひ》のあつかいには十分注意《じゅうぶんちゅうい》して、大人《おとな》の人《ひと》に見《み》てもらいながらあそびましょう。

あそびの**歴史《れきし》**

あぶり出《だ》しは「おまじないをかけた紙《かみ》」？

江戸時代《えどじだい》の文化《ぶんか》を記録《きろく》した『嬉遊笑覧《きゆうしょうらん》』によると、当時《とうじ》あぶり出《だ》しは大人《おとな》たちがかけごとに使《つか》っていたとのこされています。その後《ご》おみくじなどに使《つか》われ、子《こ》どものあそび道具《どうぐ》となりました。

明治時代《めいじじだい》のはじめごろまで、出店《でみせ》などで「おまじないをかけた紙《かみ》なので、火《ひ》であぶると絵《え》や文字《もじ》があらわれる」といい、お酒《さけ》や塩水《しおみず》で絵《え》をかいてかわかした白《しろ》い紙《かみ》が1～2銭《せん》で売《う》られていました。火鉢《ひばち》の火《ひ》にかざすと絵《え》などが出《で》てくるので、当時《とうじ》の子《こ》どもたちはふしぎがってあそんでいました。

室内《しつない》あそび

絵《え》かき歌《うた》

平《へい》安《あん》時《じ》代《だい》から文《も》字《じ》を使《つか》った絵《え》があった

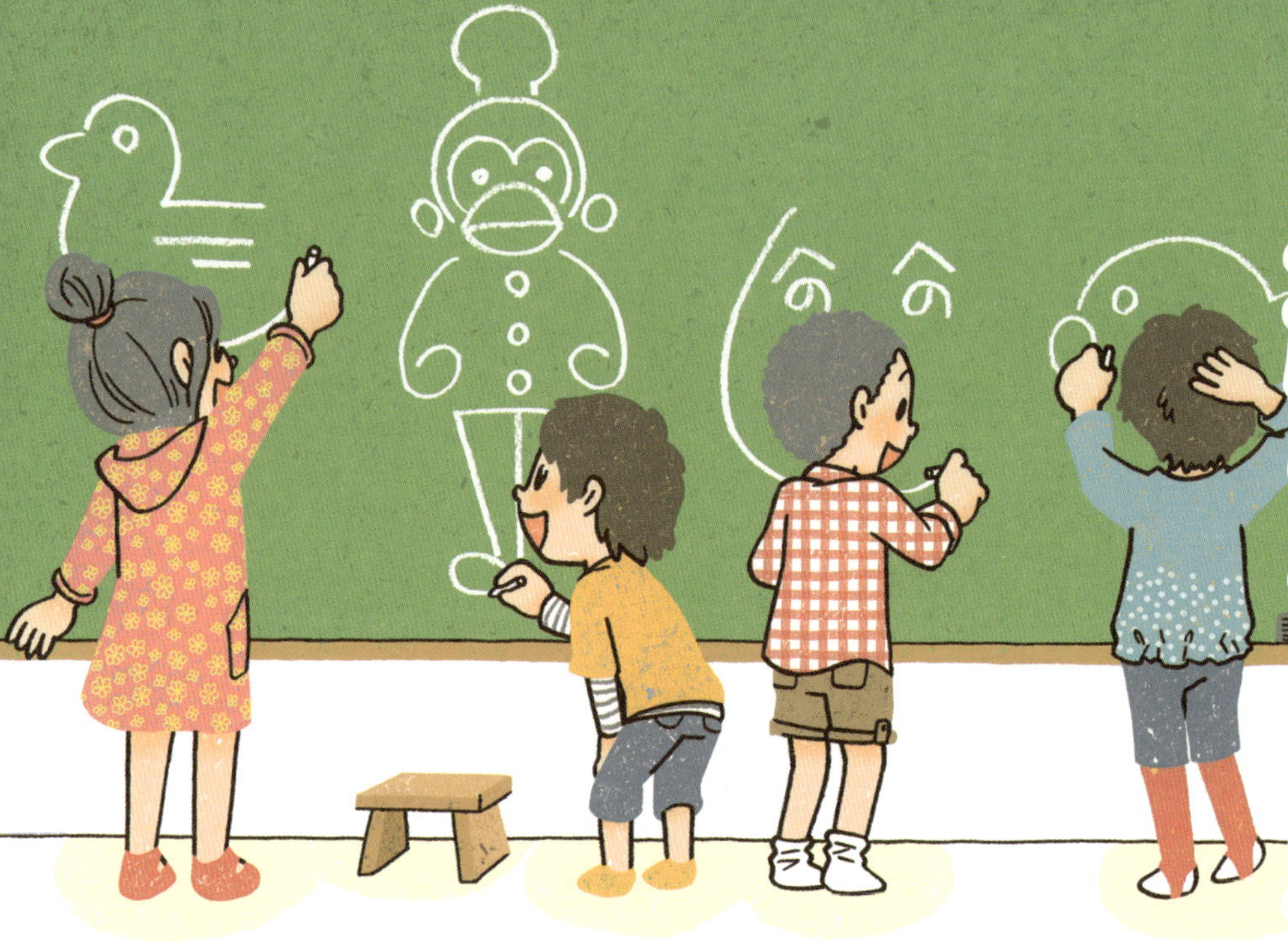

昔《むかし》は地面《じめん》に、枝《えだ》や小石《こいし》で絵《え》をかいていました。あそぶ友《とも》だちのいないときや、ひまな時間《じかん》などにひとりでできます。また、かく子《こ》によって形《かたち》もかわるので、友《とも》だちとかきくらべてもたのしめます。

[いろいろな絵《え》かき歌《うた》]

●金《きん》魚《ぎょ》

1

山《やま》があって

2

里《さと》があって

3

トマト畑《ばたけ》に

4

ネギ畑《ばたけ》

5

豆《まめ》があって

6

石《いし》があって

7

金魚《きんぎょ》になっちゃった

●へのへのもへじ

1 へ

2 の

3 へ

4 の

5 も

5 へ

5 じ

●やかん

1 マルちゃんが

2 棒《ぼう》でぶたれて

3 こぶ出《だ》して

4 お口《くち》とんがらせて

5 やかんです

●タコ

1 ミミズが3匹《びき》おったとさ

2 たまごが3つおったとさ

3 雨《あめ》がザーザーふってきて

4 あられがバラバラふってきて

5 あっという間《ま》にタコ入道《にゅうどう》

●つるさんはマルマルむし

1 つ

2 る

3 さん

4 は

5 マルマル

6 む

7 し

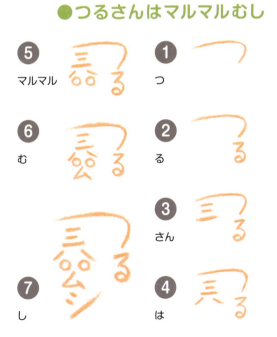

[お買《か》いものの絵《え》かき歌《うた》]

●コックさん

1 棒《ぼう》が1本《ぼん》あったとさ

2 葉《は》っぱかな

3 葉《は》っぱじゃないよカエルだよ

4 カエルじゃないよアヒルだよ

5 6月6日《がつむいか》に

6 雨《あめ》がザーザーふってきて

7 三角定規《さんかくじょうぎ》にヒビいって

8 あんパンふたつ

9 豆《まめ》3つ

10 コッペパンふたつくださいな

11 あっという間《ま》にかわいいコックさん

●アヒル

1 にいちゃんが

2 3円《えん》もらって

3 あめ買《か》って

4 お口《くち》とんがらせて

5 アヒルの子《こ》

あそびの歴史《れきし》

文字《もじ》だけを使《つか》ってかいた絵《え》

日本《にほん》には多《おお》くの絵《え》かき歌《うた》があります。韓国《かんこく》などアジアにはすこしありますが、アメリカやヨーロッパにはほとんど見《み》られません。平安時代《へいあんじだい》の宮廷貴族《きゅうていきぞく》のあいだでは、歌《うた》あわせや短歌《たんか》が流行《りゅうこう》していました。そのころ、扇《おうぎ》や絵巻物《えまきもの》にかく自然《しぜん》や風景画《ふうけいが》のなかに、歌《うた》の一部《いちぶ》をひらがなで絵《え》のようにくみあわせた「葦手《あしで》」というものが広《ひろ》がりました。

また、『日本遊戯史《にほんゆうぎし》』にも、鎌倉時代《かまくらじだい》に「ヘマムショ入道《にゅうどう》」という、文字《もじ》だけを使《つか》ってかかれた横《よこ》をむいている人《ひと》の姿《すがた》がのこされています。

●タヌキ

1
さんちゃんが

2
3円《えん》もらって

3
豆《まめ》買《か》って

4
お口《くち》とんがらせて

5
タヌキの子《こ》

●マルちゃん

1
マルちゃんが

2
乙《おつ》とって

3
三角定《さんかくじょう》規《ぎ》が

4
10銭《せん》で

5
きれいなリボンが

6
10銭《せん》で

7
まがった針《はり》が

8
0銭《せん》で

●ひげマル

1
小《ちい》さなパンが

2
1銭《せん》で

3
小《ちい》さなパンが

4
1銭《せん》で

5
ジャムつきパンが

6
4銭《せん》で

7
大《おお》きなパンが

8
8銭《せん》だ

室内《しつない》あそび

あやとり

平安時代《へいあんじだい》からはじまったという説《せつ》もある

あやとりには、いろいろな形《かたち》があります。しかし一度《いちど》まちがえると形《かたち》がくずれてしまうので、注意《ちゅうい》してひもを指《ゆび》でとります。ひもを指《ゆび》からはずすときは、ほかの指《ゆび》がはずれないように気《き》をつけることがコツです。

用意《ようい》するもの

・毛糸《けいと》や木綿《もめん》のひも

【コツ】140～180cm《センチメートル》（自分《じぶん》の肩《かた》はばの2倍《ばい》よりもすこし長《なが》い）のひもを輪《わ》にします。

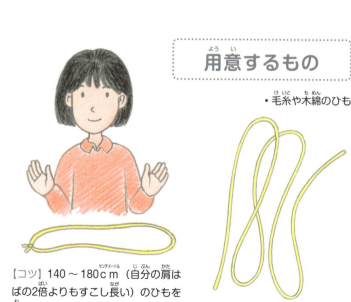

［基《き》本《ほん》のあやとり］

●かに

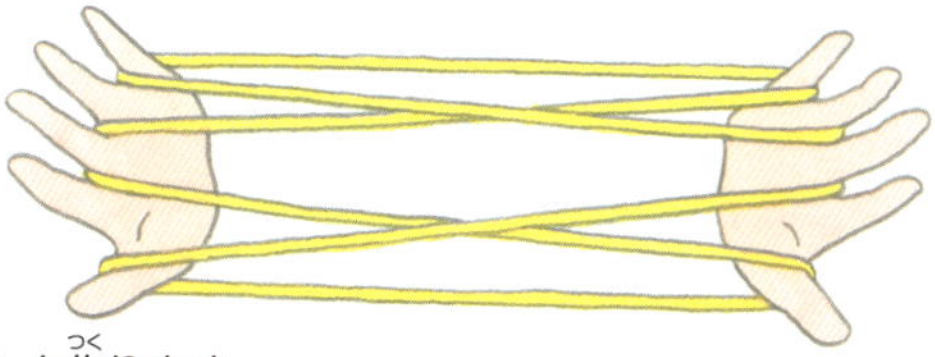

❶

「もとの形《かたち》」を作《つく》ります。

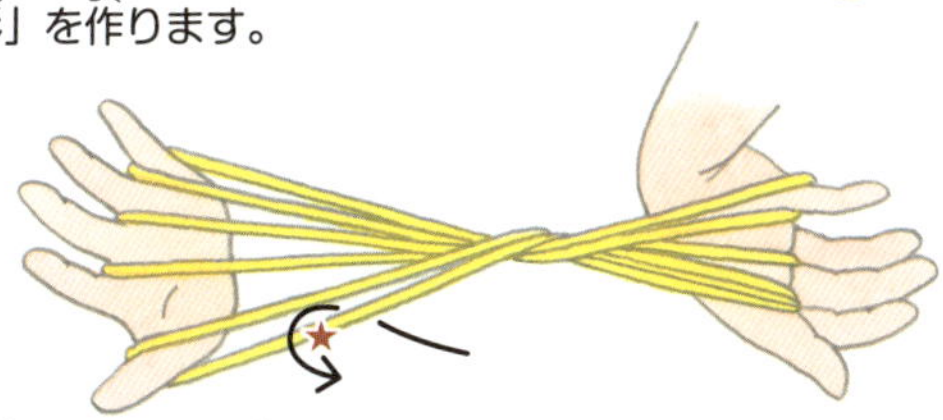

❷

右《みぎ》手《て》を外《そと》側《がわ》にねじり、右《みぎ》手《て》の親《おや》指《ゆび》で★を内《うち》側《がわ》からすくいとり、右《みぎ》手《て》をもとにもどします。

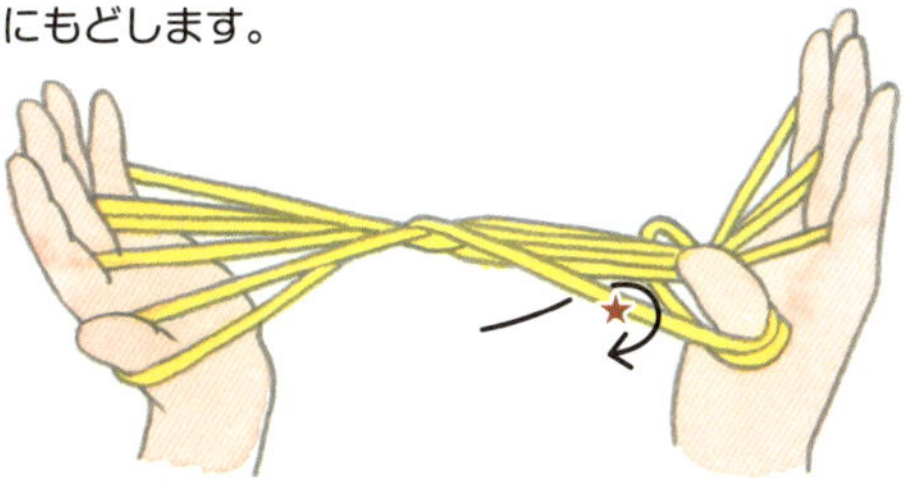

❸

左《ひだり》手《て》の親《おや》指《ゆび》で、★を下《した》からすくいとります。

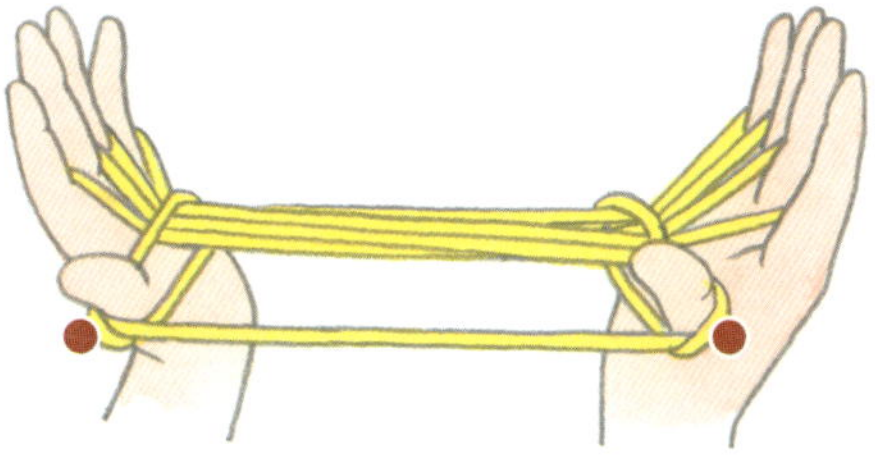

❹

親《おや》指《ゆび》の●をはずします。

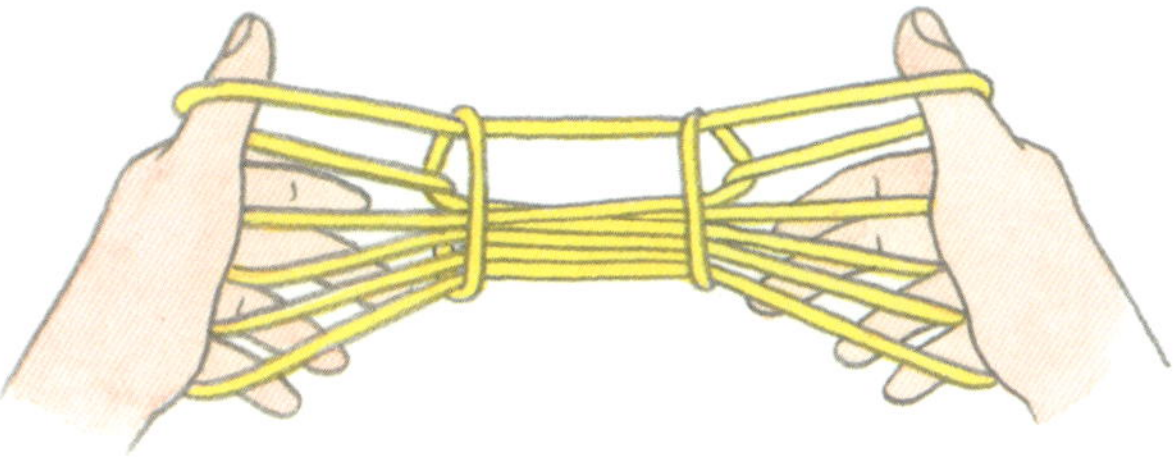

❺

できあがり。

●もとの形《かたち》

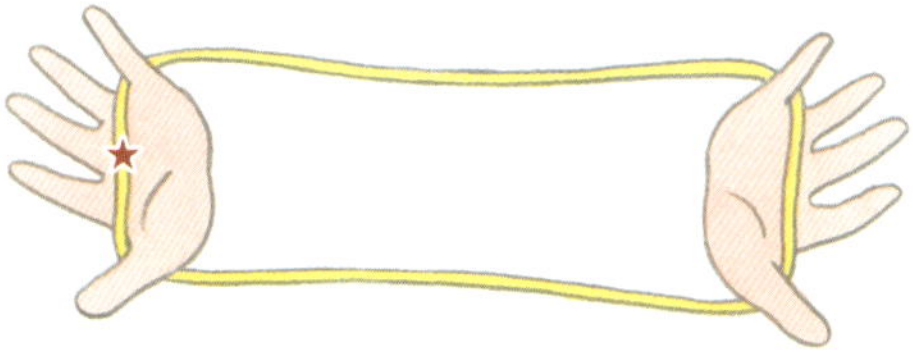

❶

両《りょう》手《て》の親《おや》指《ゆび》と小《こ》指《ゆび》にひもをかけます。右《みぎ》手《て》の中《なか》指《ゆび》で、★を下《した》からすくいとります。

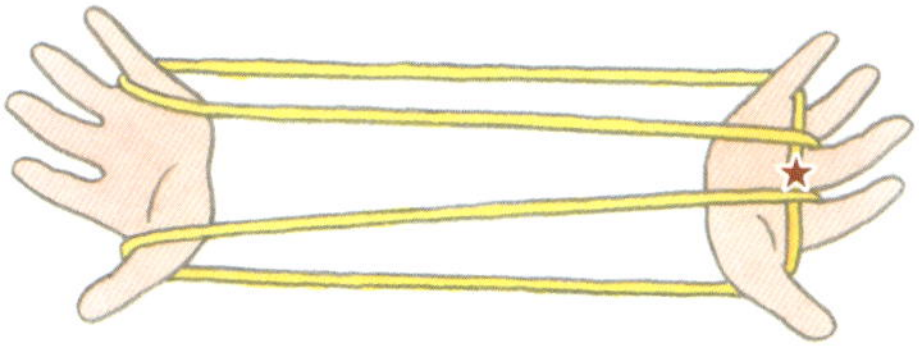

❷

左《ひだり》手《て》の中《なか》指《ゆび》で、★を下《した》からすくいとります。

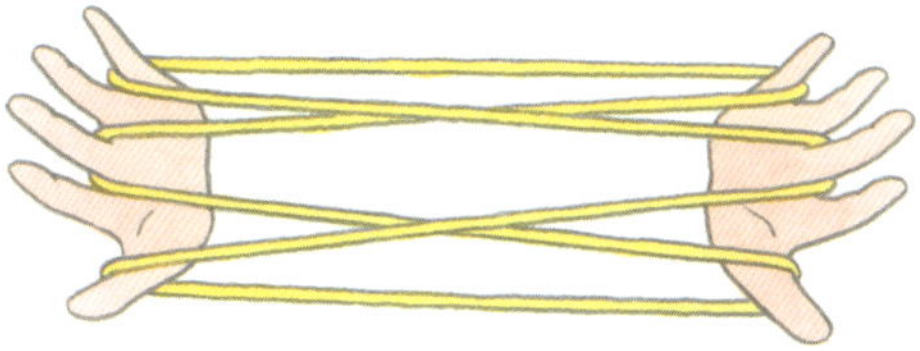

❸

ひもがたるまないように、両側《りょうがわ》にひっぱります。

[ふしぎなあやとり]

●うでぬき

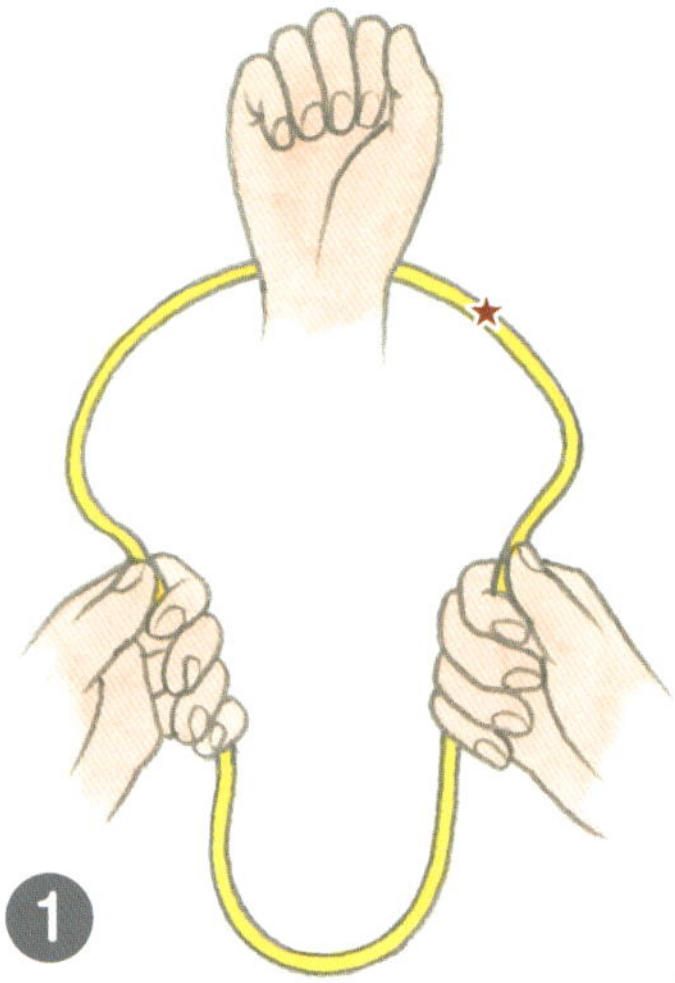

1

相手《あいて》の子《こ》のうでにひもをかけて、★のひもを1回《かい》まきつけます。

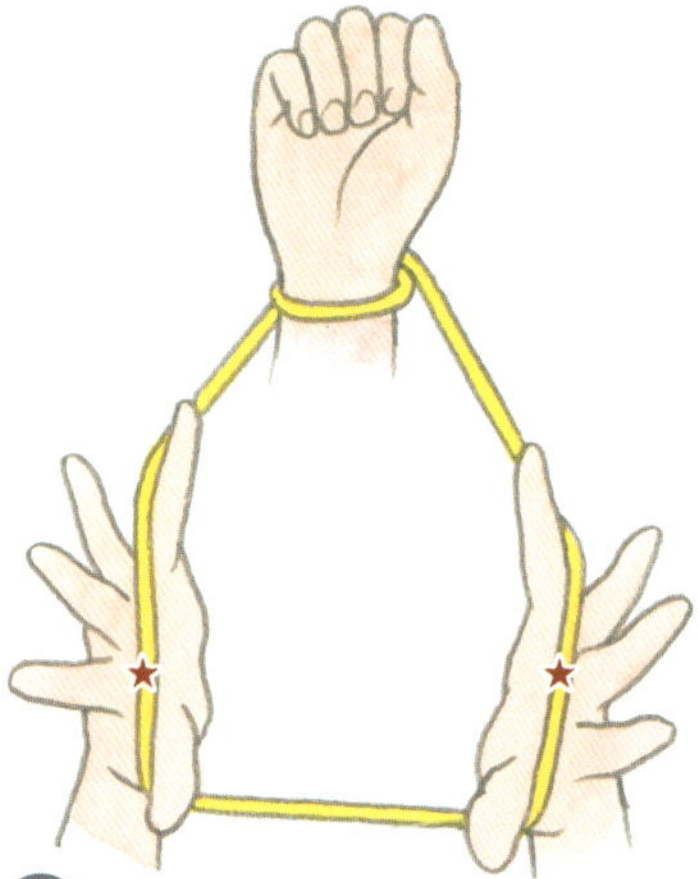

2

のこりのひもを親指《おやゆび》と小指《こゆび》にかけて、右手《みぎて》から先《さき》に★を中指《なかゆび》で下《した》からすくいとります。

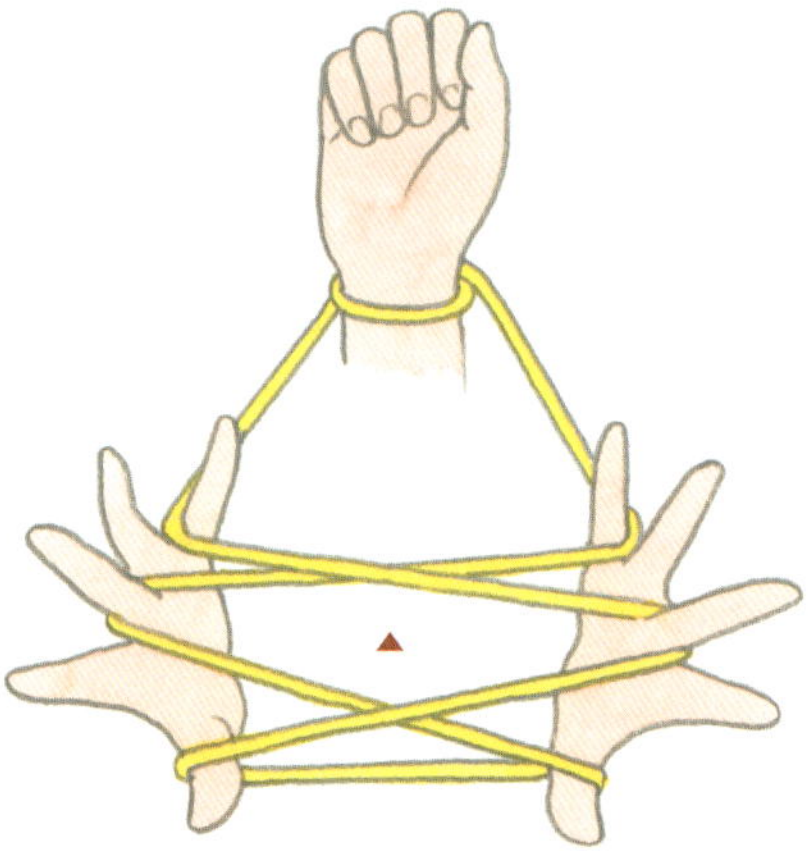

3

▲のスペースに、下《した》から相手《あいて》の子《こ》のうでを入《い》れます。

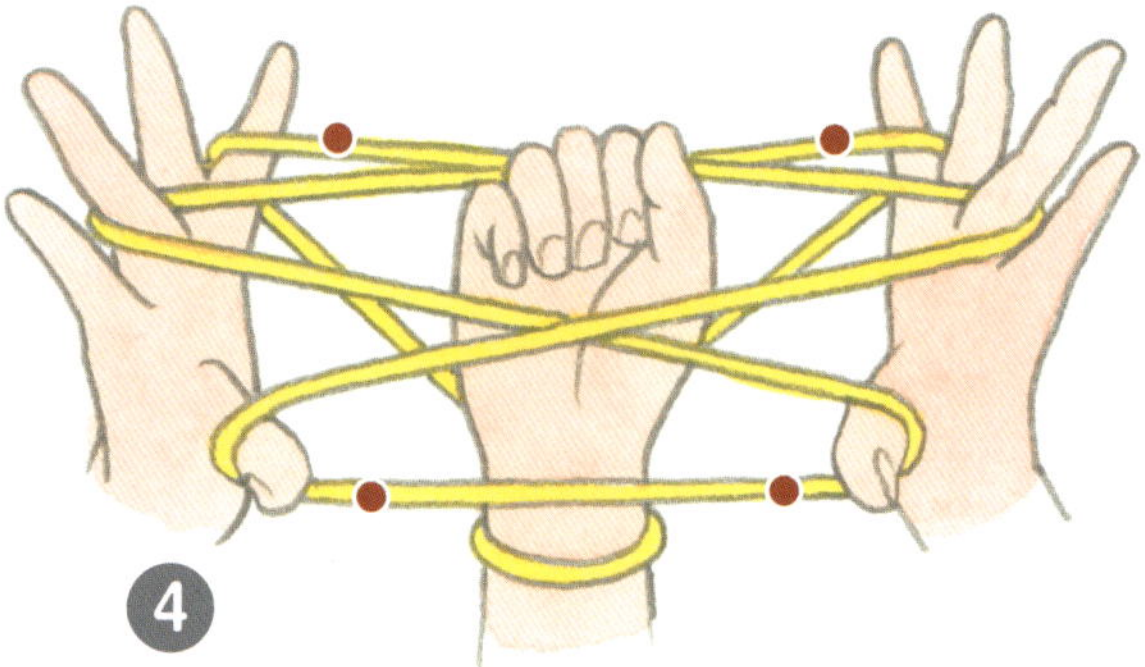

4

親指《おやゆび》と小指《こゆび》の●をはずし、両手《りょうて》をひっぱります。

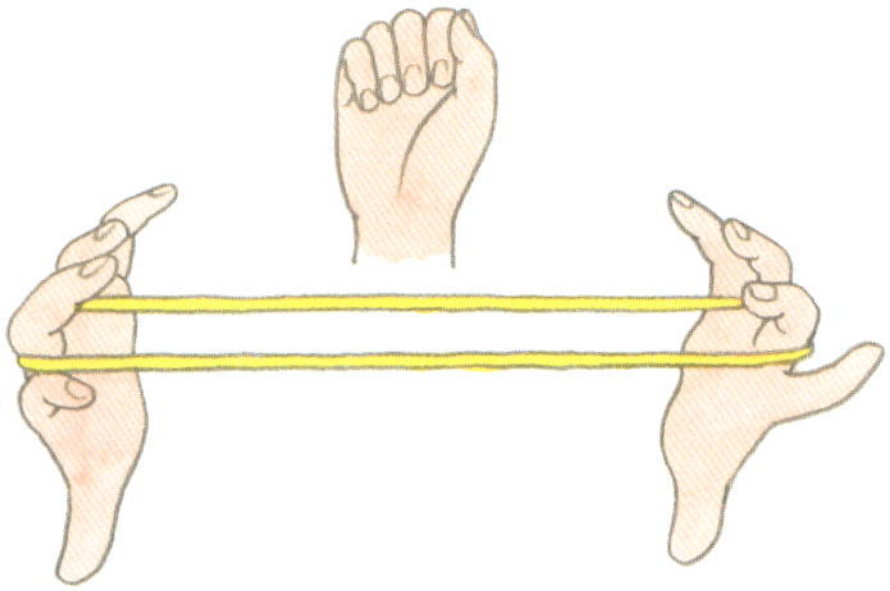

5

相手《あいて》の子《こ》のうでからひもがぬけます。

あそびの風土《ふうど》

「あやとり」の方言《ほうげん》

日本《にほん》では江戸時代《えどじだい》からあやとりについての記録《きろく》がのこされていますが、平安時代《へいあんじだい》からはじまったという説《せつ》があります。あやとりの「あや」は漢字《かんじ》で「綾《あや》」とかきます。線《せん》がななめに交《まじ》わったもようの「綾《あや》」をとるので、そうよばれました。大阪府《おおさかふ》や京都府《きょうとふ》では「糸《いと》とり」、三重県《みえけん》の伊勢《いせ》では「みずとり」ともよばれていました。

●ゴムひも

1

ひもを小指《こゆび》と親指《おやゆび》のわきにかけ、両手《りょうて》を開《ひら》きます。

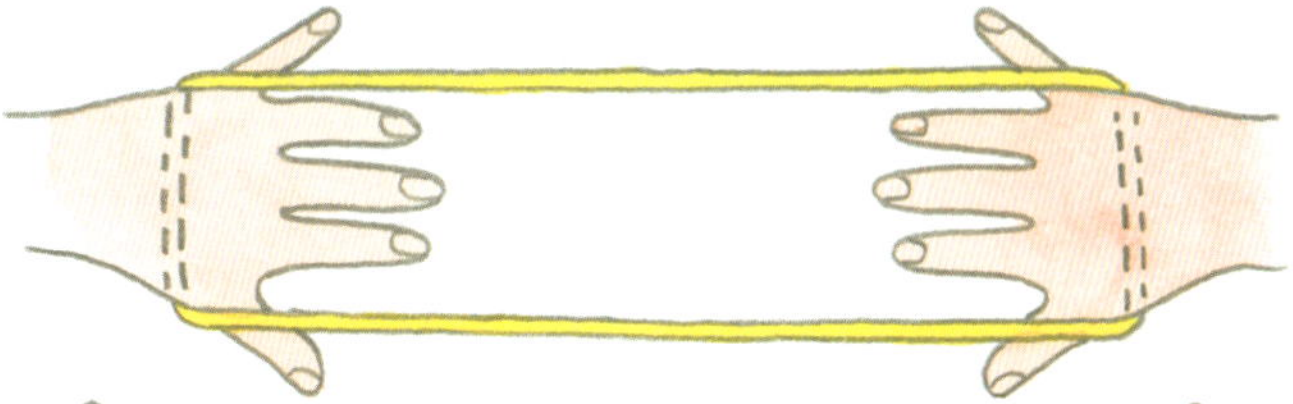

2

親指《おやゆび》で小指《こゆび》の★を下《した》からすくいとります。

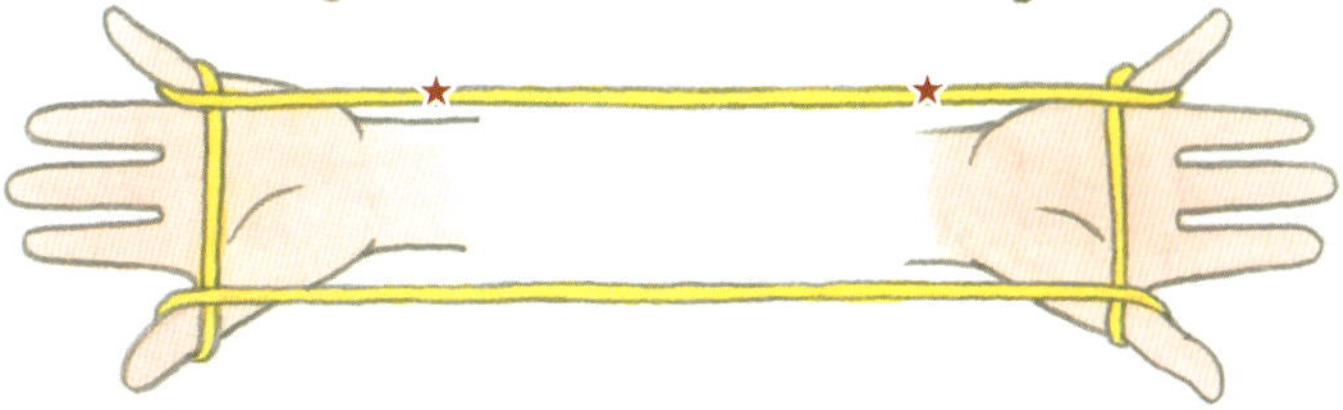

3

小指《こゆび》で★を下《した》からすくいとります。

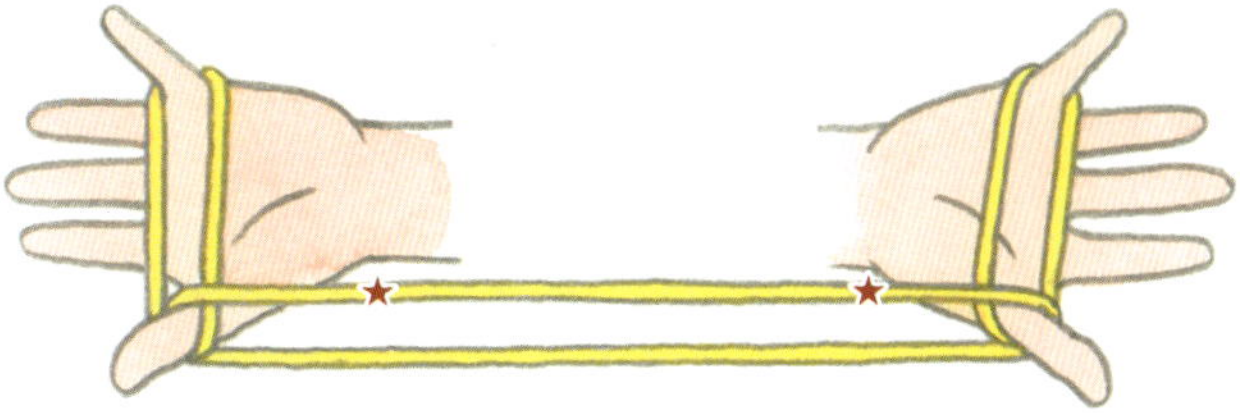

4

右手《みぎて》の★を右手《みぎて》の中指《なかゆび》で下《した》からすくいとり、左手《ひだりて》の★を左手《ひだりて》の中指《なかゆび》で下《した》からすくいとります。

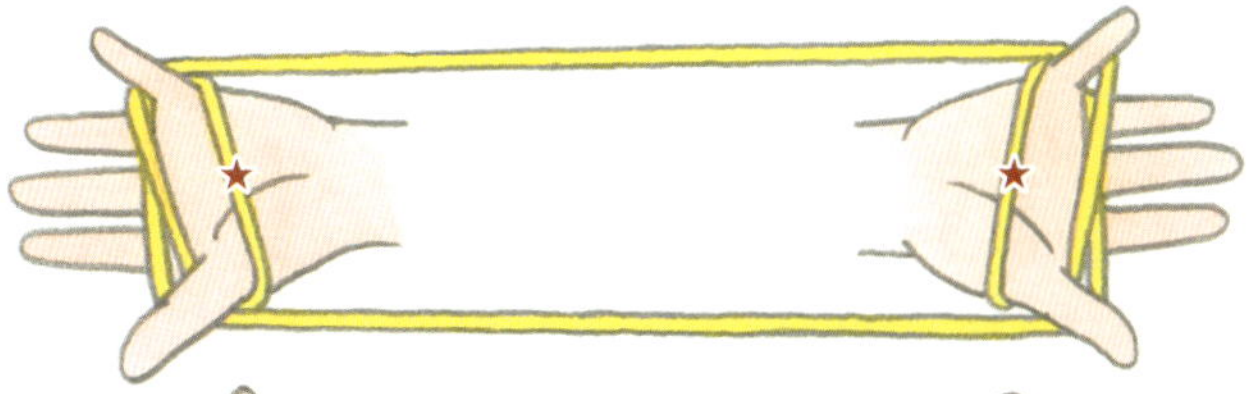

5

親指《おやゆび》と小指《こゆび》の●をはずします。

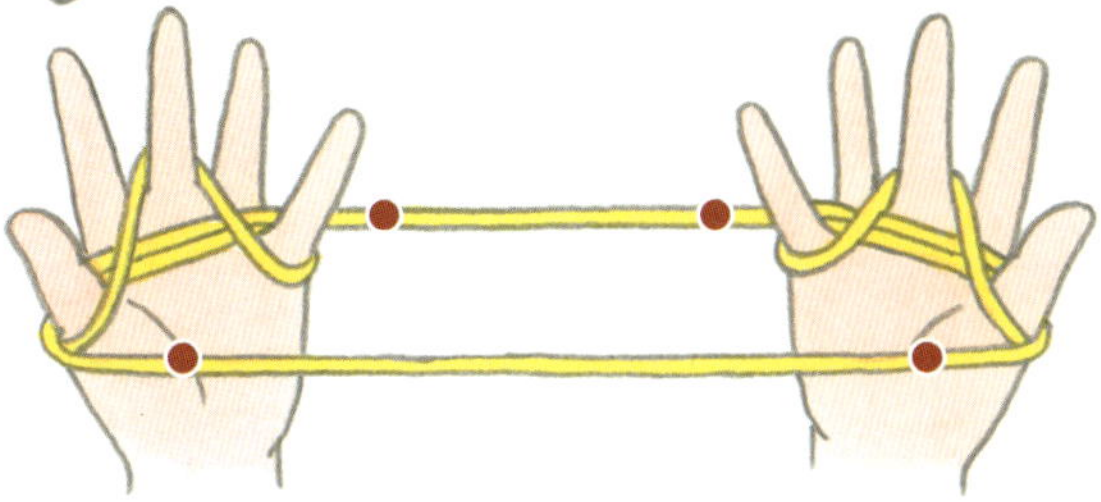

6

できあがり。

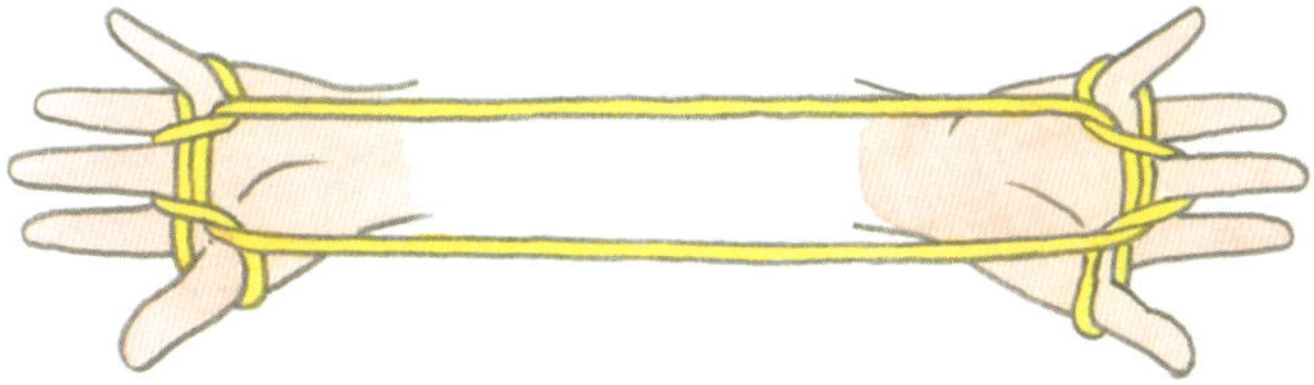

【コツ】両手《りょうて》をひっぱると、ゴムのようにのびたりちぢんだりします。

［かんたんなあやとり］

●ほうき

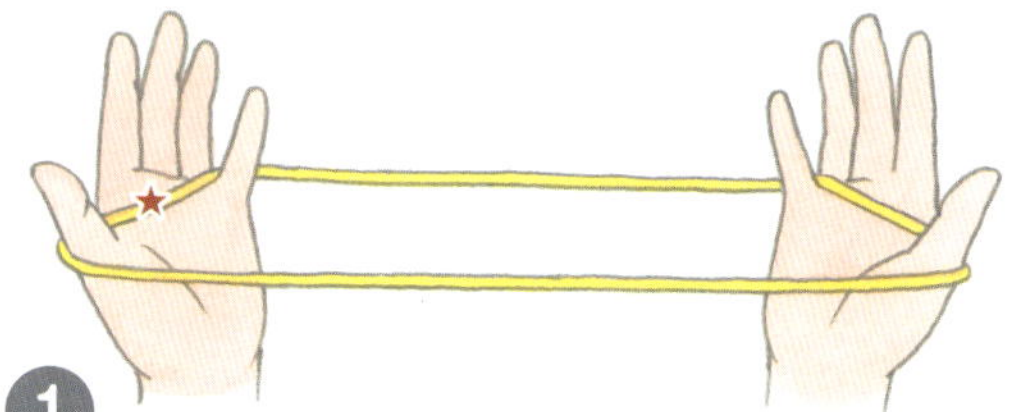

1

両手《りょうて》の親指《おやゆび》と小指《こゆび》にひもをかけます。右手《みぎて》の中指《なかゆび》で、★を下《した》からすくいとります。

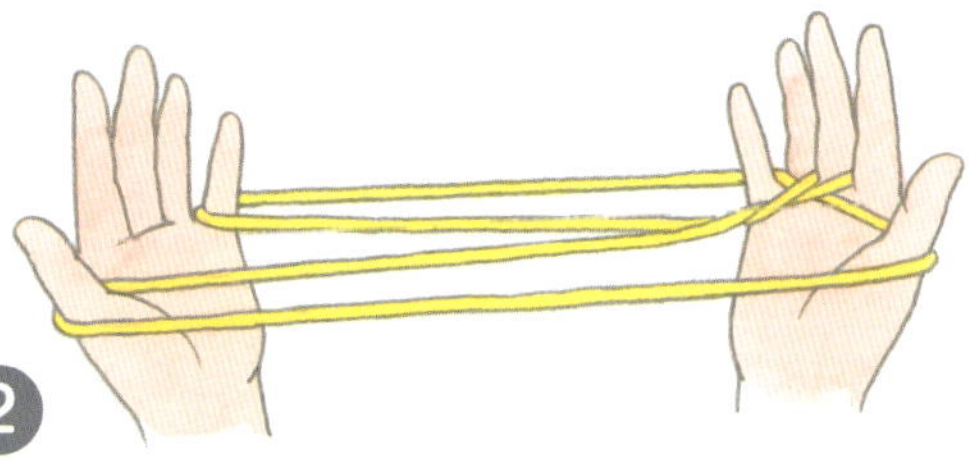

2

すくった指《ゆび》を1回転《かいてん》させて、ひもをねじります。

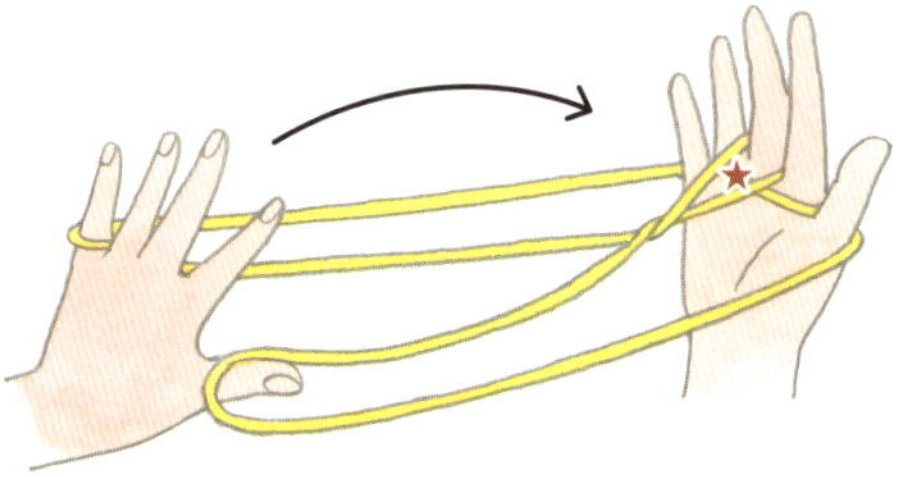

3

左手《ひだりて》の中指《なかゆび》で、★を下《した》からすくいとります。

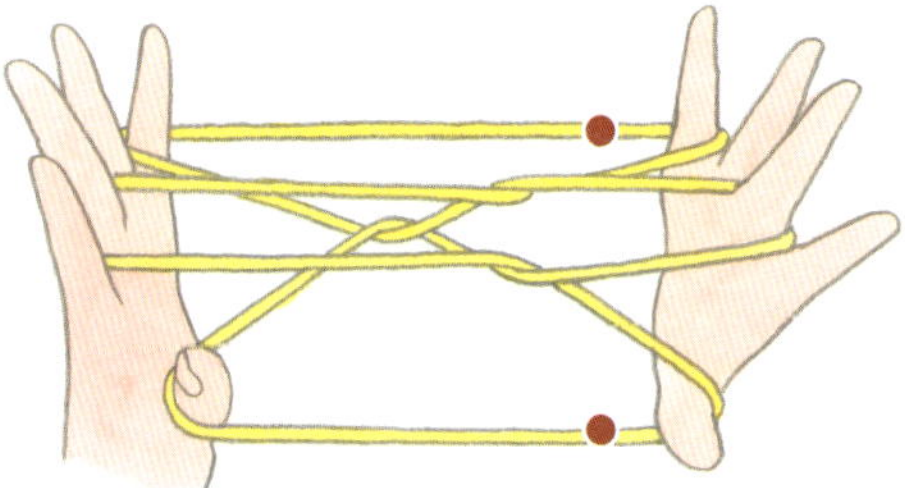

4

右手《みぎて》の親指《おやゆび》と小指《こゆび》の●をはずします。

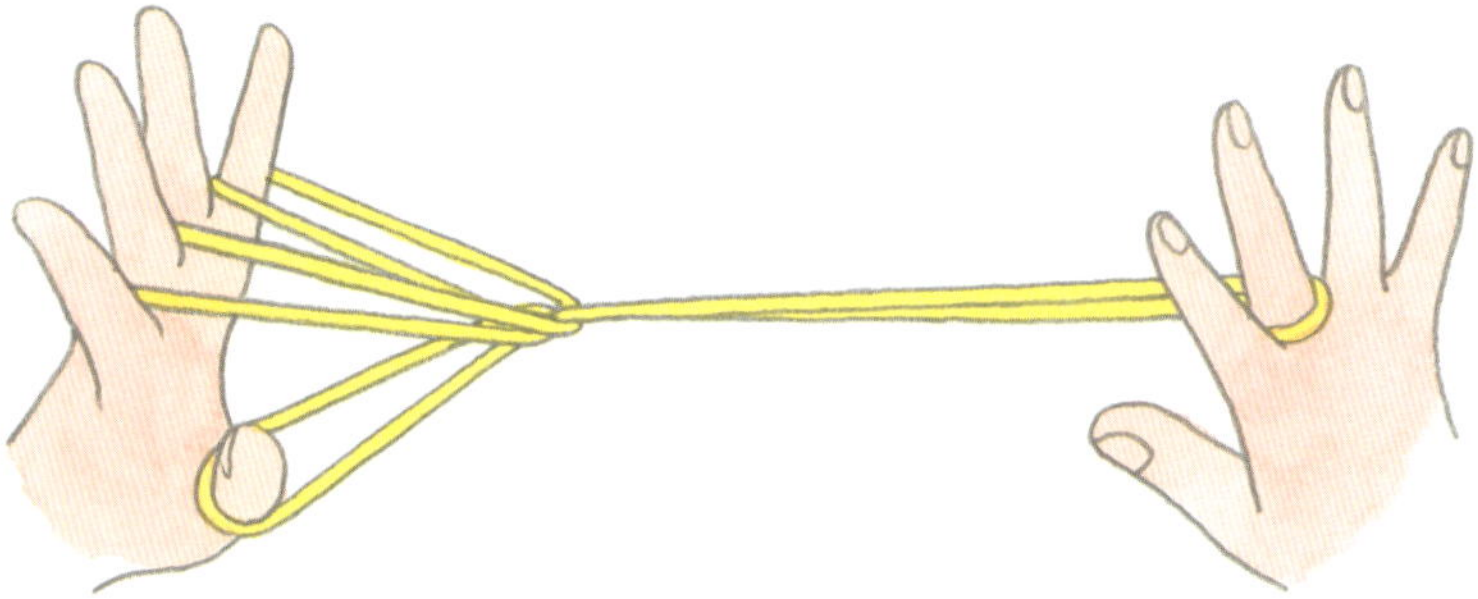

5

できあがり。

あそびの豆《まめ》知《ち》識《しき》

イヌイットやアメリカのナバホ族《ぞく》のあやとり

あやとりは、世界各地《せかいかくち》であそばれています。イヌイットや、アメリカのナバホ族《ぞく》は有名《ゆうめい》で、布製《ぬのせい》のひもや皮《かわ》ひも、動物《どうぶつ》のけんなどを使《つか》います。ただし季節《きせつ》がきまっていて、イヌイットでは秋《あき》には禁止《きんし》されていました。秋《あき》にすると、太陽《たいよう》がのぼらなくなると信《しん》じられていたためです。また、ナバホ族《ぞく》では「クモ女《おんな》」という聖《せい》なる存在《そんざい》が教《おし》えたあそびと考《かんが》えられています。そのため、人間《にんげん》があやとりの技《わざ》を見《み》せると、「クモ女《おんな》」が怒《おこ》るといわれているので、クモがいない冬《ふゆ》にだけあそべるのです。

●2本《ほん》ぼうき

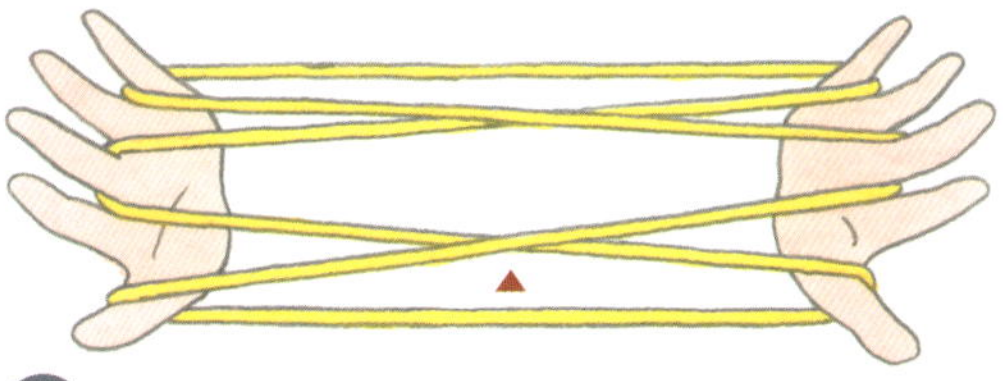

1

「もとの形《かたち》」を作《つく》ります。▲のスペースに、上《うえ》から親指《おやゆび》以外《いがい》の4本《ほん》の指《ゆび》を入《い》れて、ひもをにぎります。

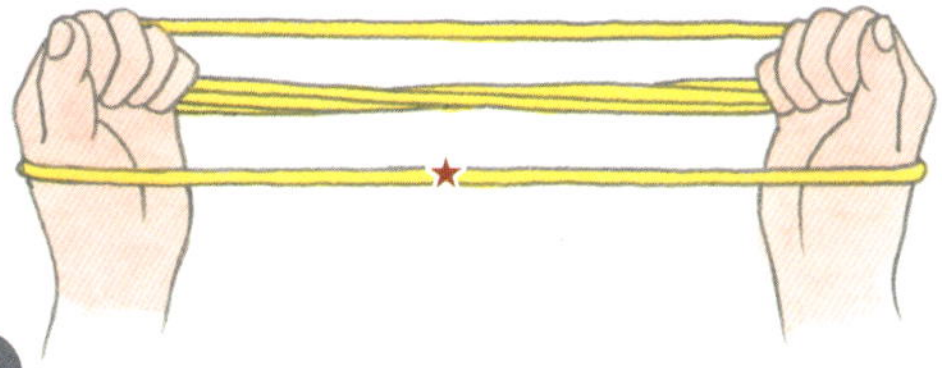

2

★を手《て》のこうにかけて、手《て》をひらきます。

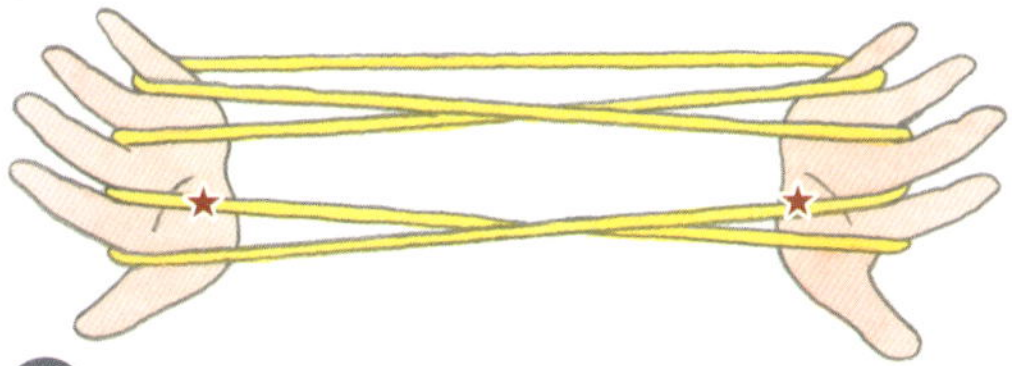

3

★を親指《おやゆび》で下《した》からすくいとり、中指《なかゆび》のひもをはずします。

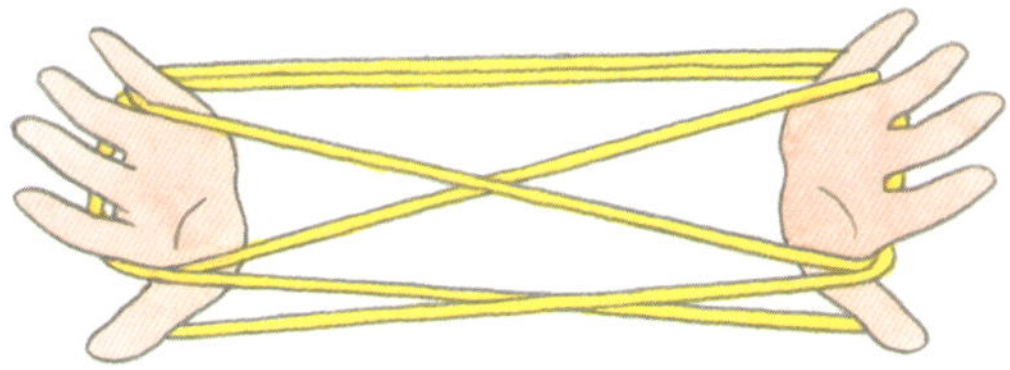

4

手《て》のこうにかかっているひもをはずして、中指《なかゆび》にかけます。

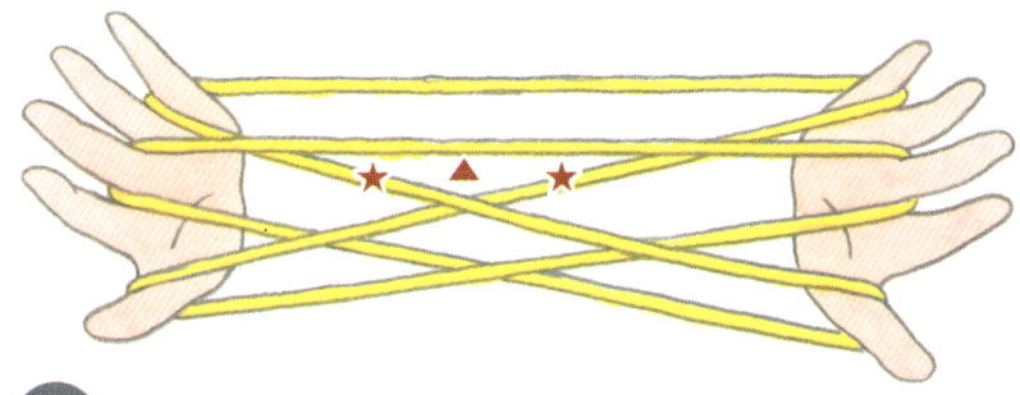

5

▲のスペースに上《うえ》から小指《こゆび》を入《い》れて、★を下《した》からすくいとります。

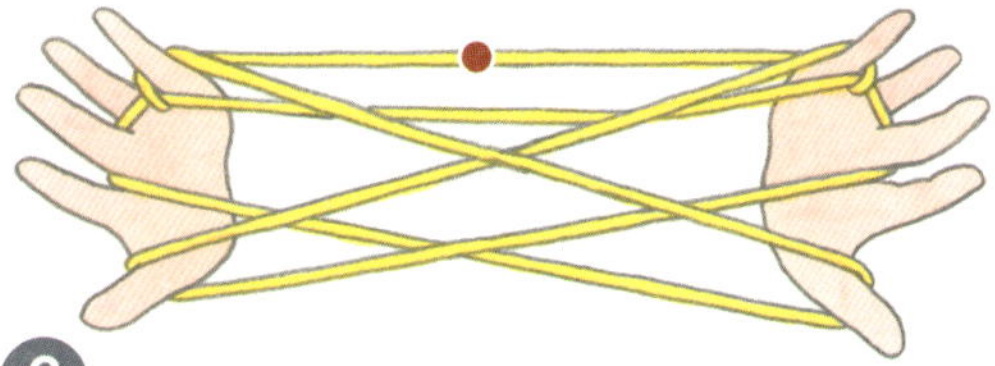

6

小指《こゆび》の●をはずします。

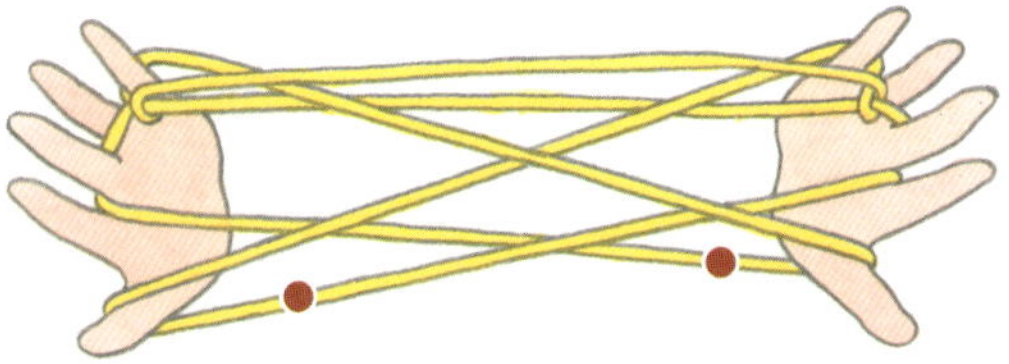

7

親指《おやゆび》の●をはずし、両側《りょうがわ》にひっぱります。

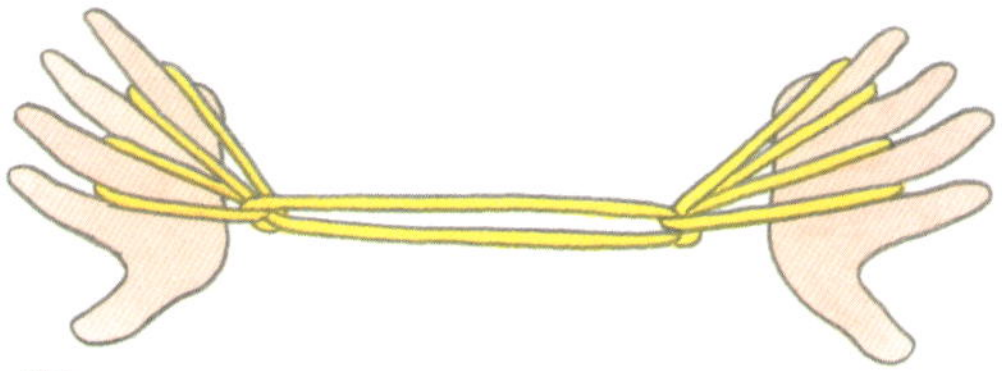

8

できあがり。

［すこしむずかしいあやとり］

● 1段《だん》はしご

1

両手《りょうて》の親指《おやゆび》にひもをかけ、★を小指《こゆび》で下《した》からすくいとります。

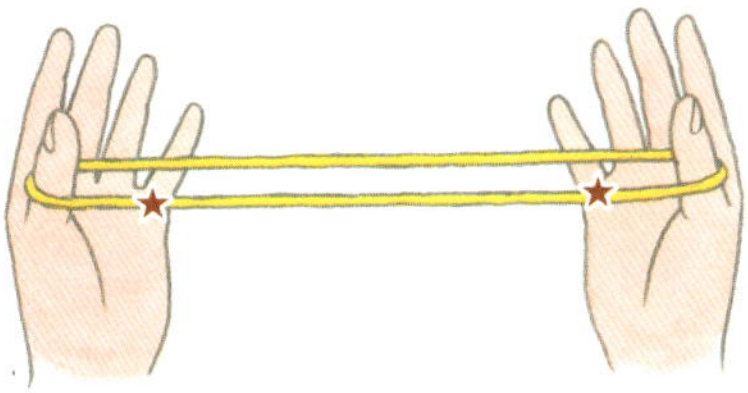

2

★のひもを、たがいの中指《なかゆび》で、下《した》からすくいとります。

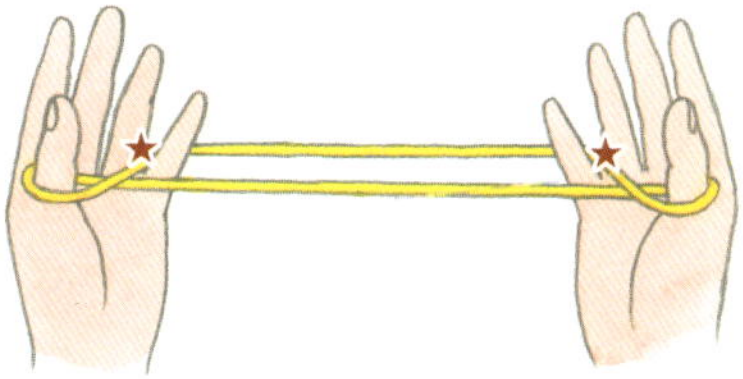

3

小指《こゆび》の●をはずします。

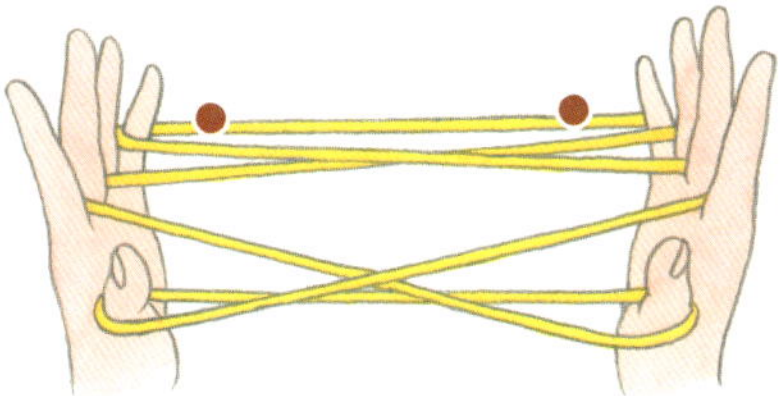

4

★を小指《こゆび》で下《した》からすくいとります。

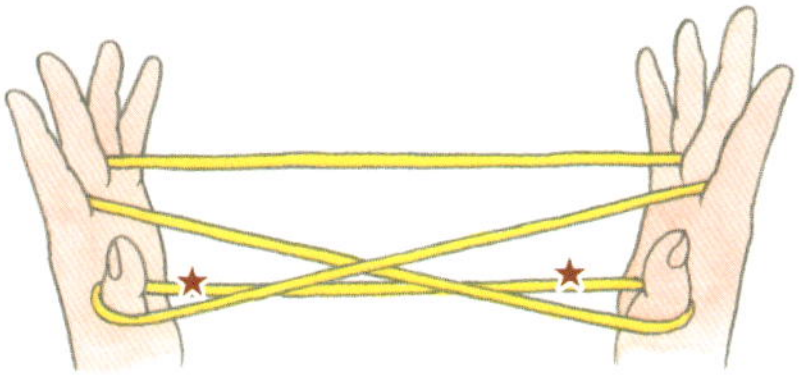

5

★を親指《おやゆび》で下《した》からすくいとります。

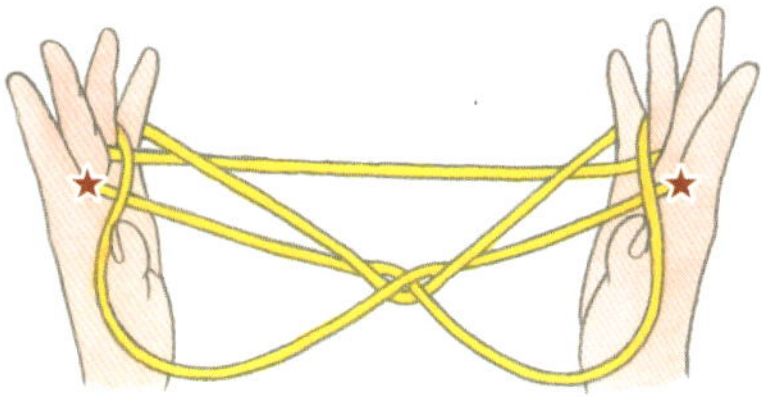

6

親指《おやゆび》の●をはずします。

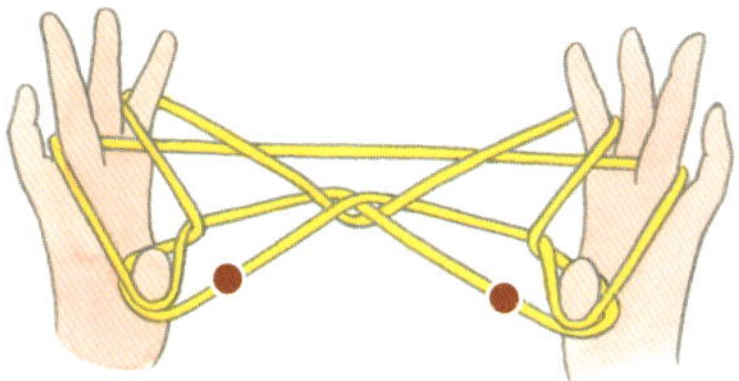

7

▲のスペースに、上《うえ》から中《なか》指《ゆび》を入《い》れます。

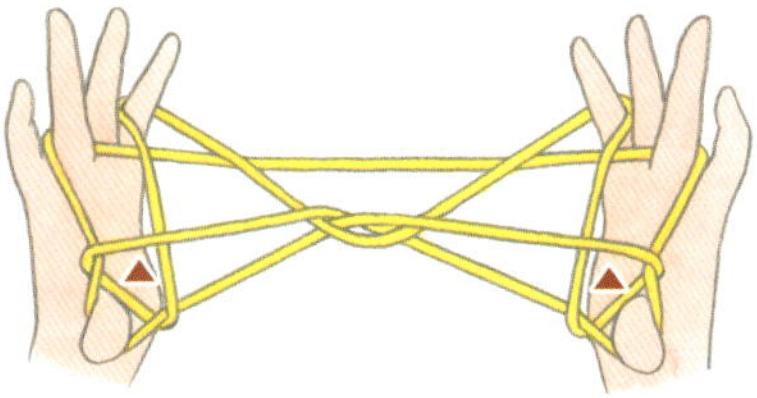

8

小指《こゆび》の●をはずします。

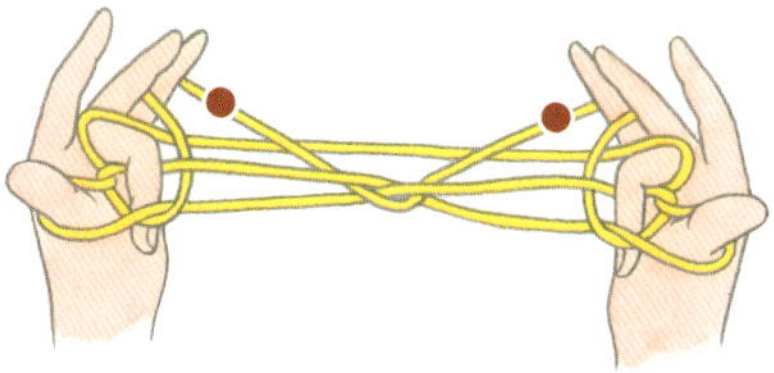

9

右手《みぎて》の手《て》のひらが外側《そとがわ》をむくように、左手《ひだりて》の手《て》のひらが内側《うちがわ》をむくようにひねると、できあがり。

【コツ】親指《おやゆび》と中指《なかゆび》のひもがはずれないように注《ちゅう》意《い》しましょう。

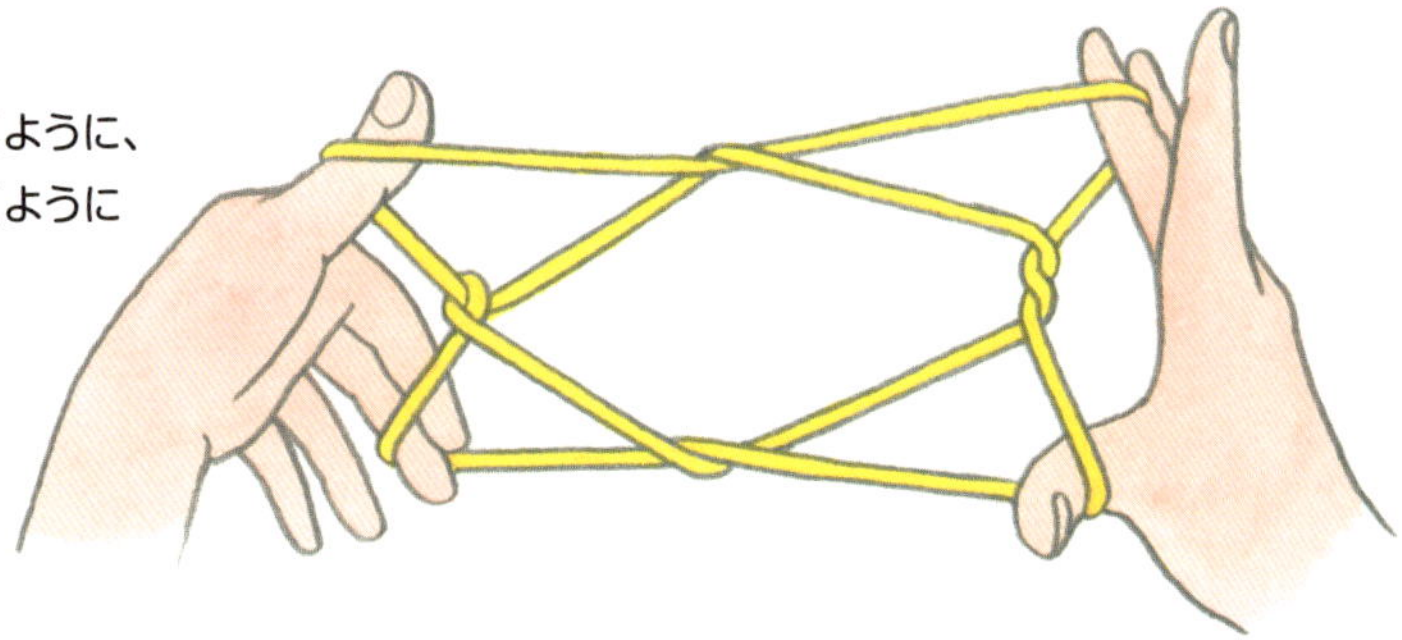

●2段《だん》ばしご

1

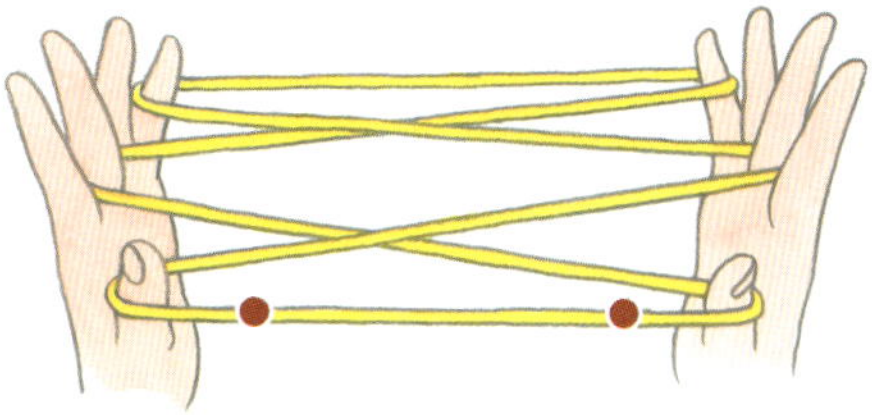

「もとの形《かたち》」を作《つく》り、親指《おやゆび》の●をはずします。

2

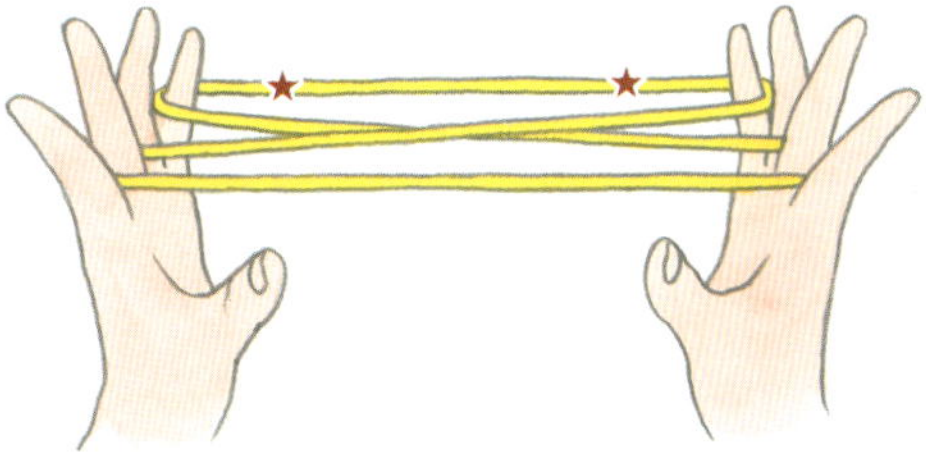

★を親指《おやゆび》で下《した》からすくいとります。

3

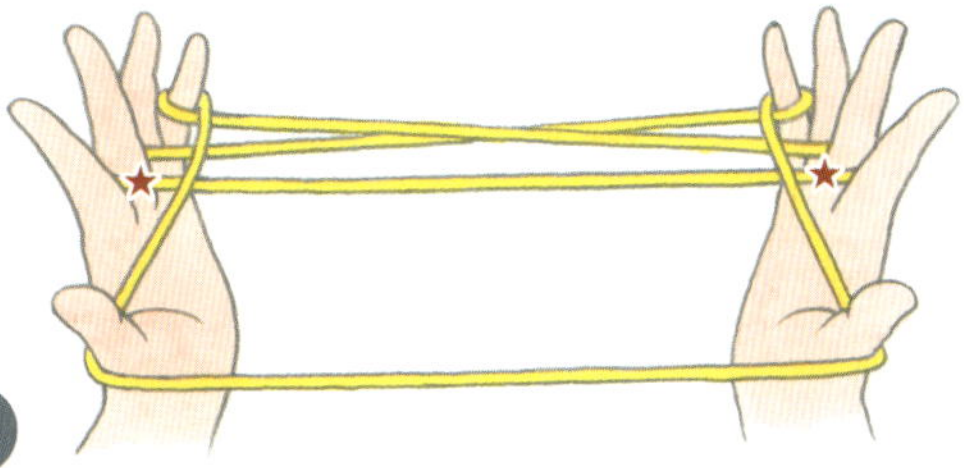

★を親指《おやゆび》で下《した》からすくいとります。

4

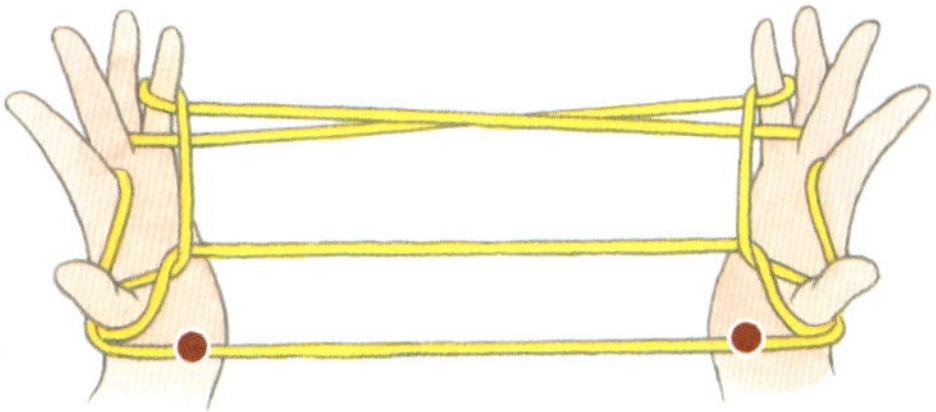

親指《おやゆび》の●をはずします。

5

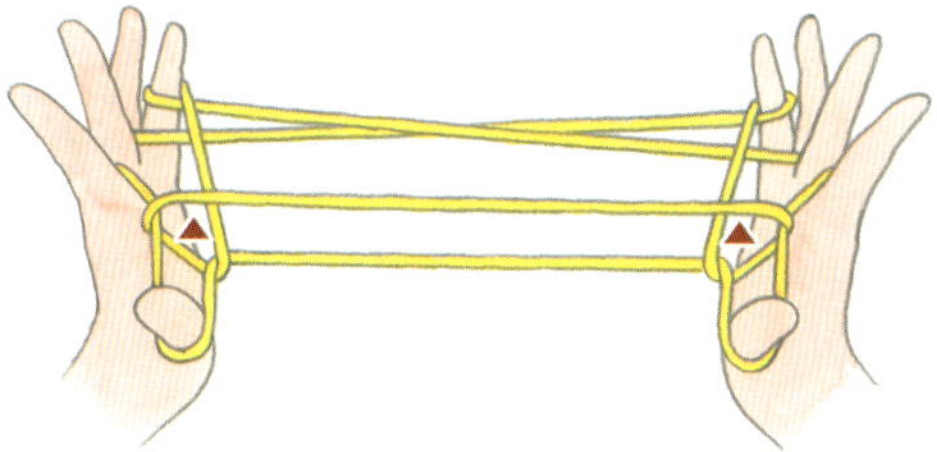

▲のスペースに、上《うえ》から中指《なかゆび》を入《い》れます。

6

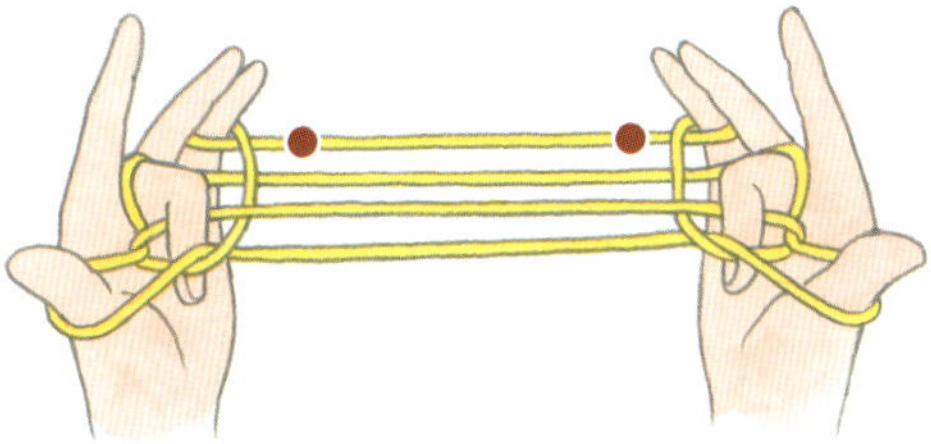

小指《こゆび》の●をはずします。

7

手《て》のひらが外側《そとがわ》をむくようにひねると、できあがり。

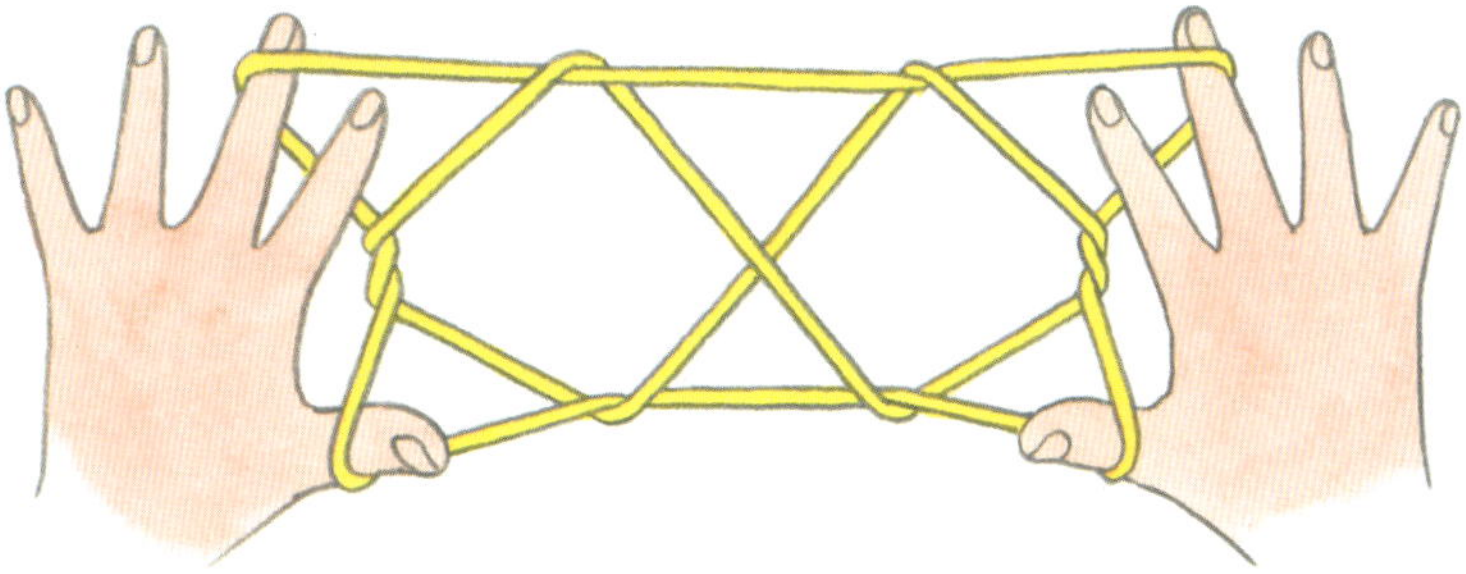

【コツ】中指《なかゆび》にかかっているひもがはずれないように注意《ちゅうい》しましょう。

室内《しつない》あそび

奈良時代《ならじだい》は「石投子《いしなご》」といって石《いし》であそんでいた お手玉《てだま》

昔《むかし》は自分《じぶん》で作《つく》ったお手玉《てだま》であそんでいました。お気《き》に入《い》りの色《いろ》や柄《がら》の布《ぬの》で作《つく》ったオリジナルのお手玉《てだま》を持《も》つと、あそぶのがたのしくなります。かんたんに作《つく》れますので、マイお手玉《てだま》を作《つく》ってみましょう。

用意《ようい》するもの

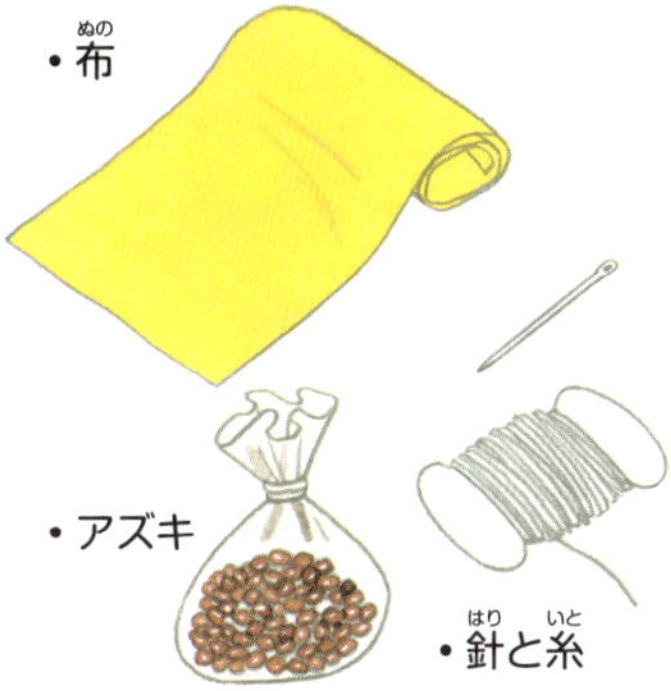

作《つく》り方《かた》

●ざぶとん型《がた》

1

4cm《センチメートル》×8cm《センチメートル》ほどの布《ぬの》を4枚用意《まいようい》します。

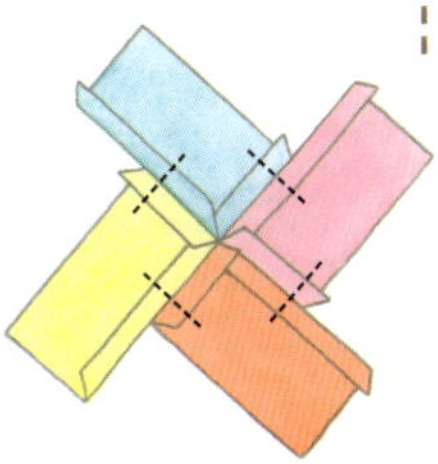

2

布《ぬの》をあわせ、それぞれをぬいます。点線《てんせん》までぬい、はしをすこし残《のこ》します。

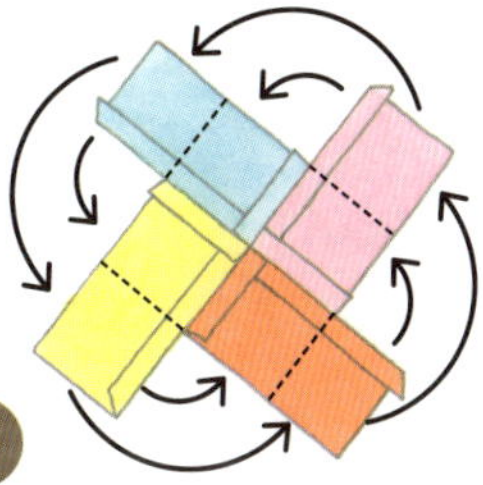

3

矢印《やじるし》のようにあわせてぬいます。最後《さいご》の一辺《いっぺん》をぬいあわせる前《まえ》に、中《なか》にアズキを入《い》れて、ぬいます。

4

できあがり。

●たわら型《がた》

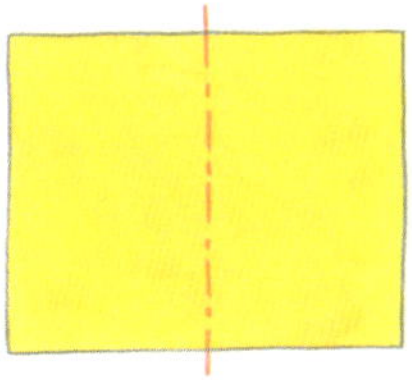

1

8cm《センチメートル》×16cm《センチメートル》ほどの長方形《ちょうほうけい》の布《ぬの》を1枚用意《まいようい》します。

2

はしをぬいます。

3

下《した》をぬって、糸《いと》をしめます。

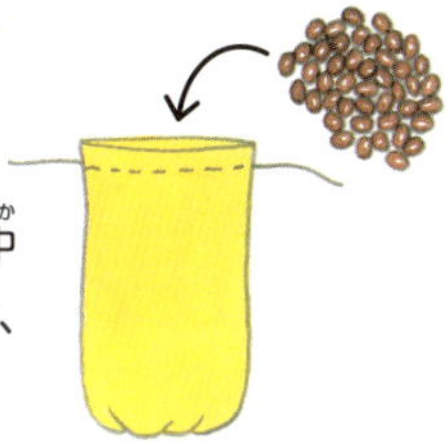

4

ひっくりかえして中《なか》にあずきを入《い》れて、ぬいます。

5

できあがり。

持《も》ち方《かた》

●お手《て》のせ

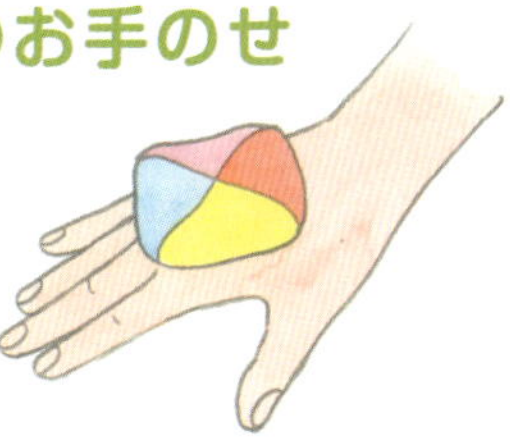

手《て》のこうにのせます。

●おはさみ

指《ゆび》と指《ゆび》のあいだにひとつずつはさみます。

●おつかみ

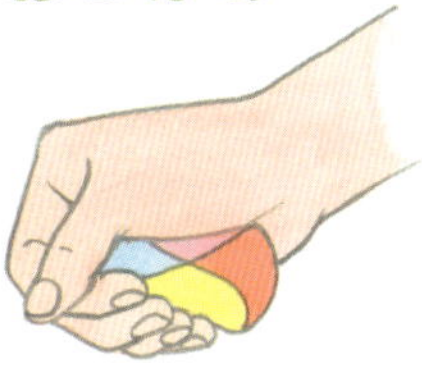

5本《ほん》の指《ゆび》でつかみます。

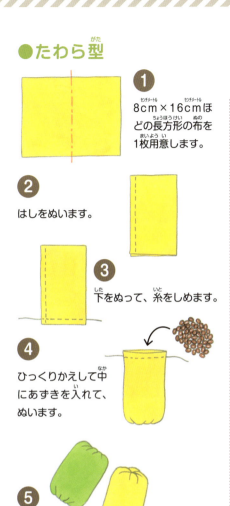

[連続《れんぞく》でなげるお手玉《てだま》]

●ふたつなげ（片手《かたて》）

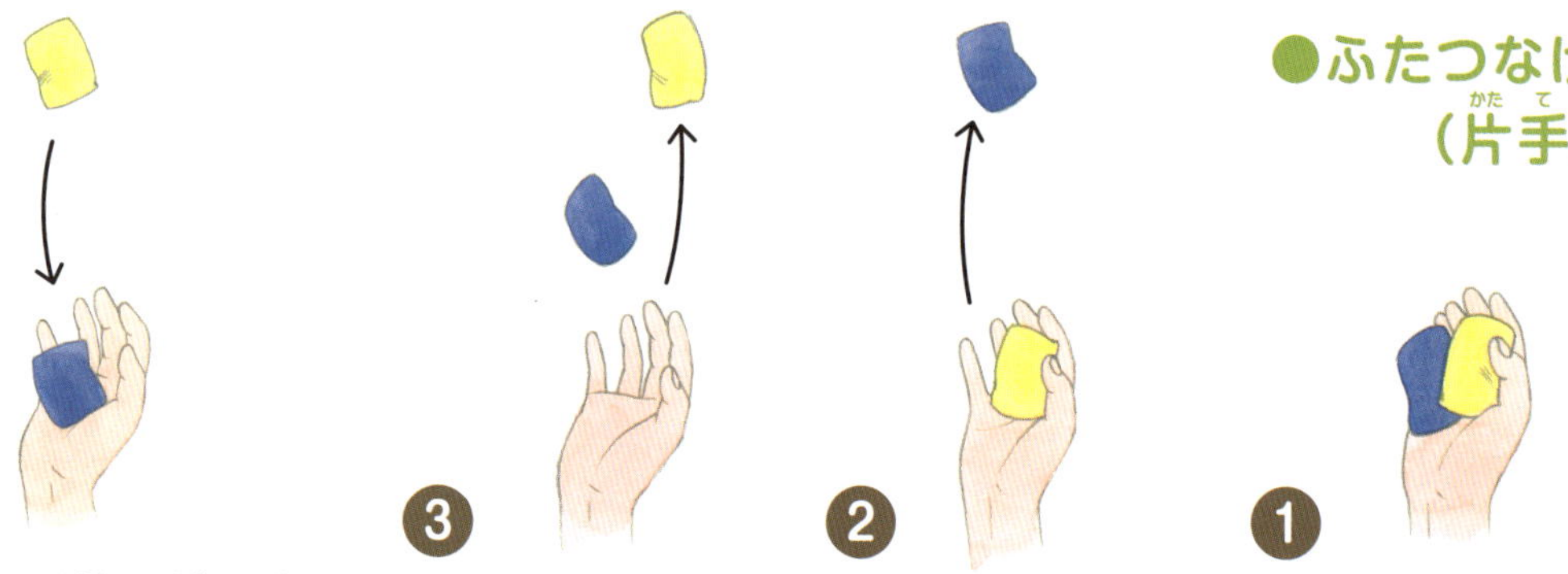

❶ お手玉《てだま》をふたつ用意《ようい》し、右手《みぎて》にまとめて持《も》ちます。

❷ 真上《まうえ》にひとつなげます。

❸ なげたお手玉《てだま》が落《お》ちてくる前《まえ》に、次《つぎ》のお手玉《てだま》を真上《まうえ》になげます。

❹ 落《お》ちてくるお手玉《てだま》を、右手《みぎて》で受《う》けます。

【動《うご》き】③〜④をくりかえします。

●ふたつなげ（両手《りょうて》）

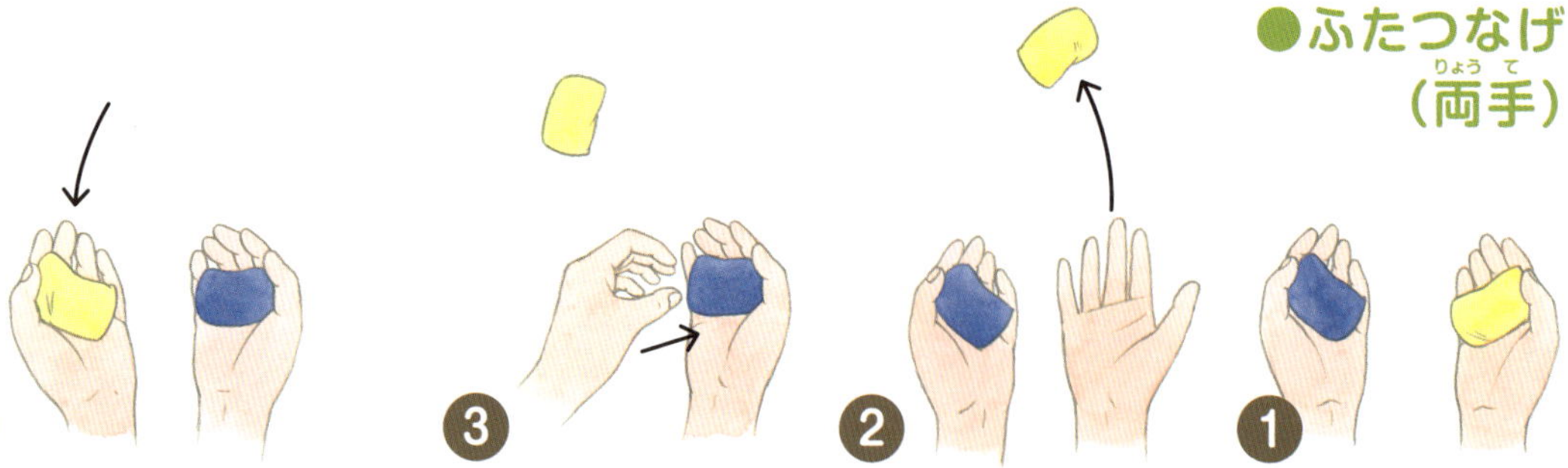

❶ お手玉《てだま》をふたつ用意《ようい》し、両手《りょうて》にひとつずつ持《も》ちます。

❷ 右手《みぎて》のお手玉《てだま》を、左《ひだり》よりになげます。

❸ お手玉《てだま》が落《お》ちてくる前《まえ》に、左手《ひだりて》のお手玉《てだま》を右手《みぎて》にわたします。

❹ 落《お》ちてくるお手玉《てだま》を左手《ひだりて》で受《う》けます。

【動《うご》き】②〜④をくりかえします。

あそびの歴史《れきし》

女《おんな》の子《こ》に流行《りゅうこう》したのは江戸時代《えどじだい》から

お手玉《てだま》は世界中《せかいじゅう》で古代《こだい》からあそばれていました。アジアではインドで生《う》まれたという説《せつ》があり、石《いし》やナツメヤシの実《み》を使《つか》っていました。日本《にほん》につたわったのは奈良時代《ならじだい》で、「石投子《いしなご》」というあそびでした。

平安時代《へいあんじだい》には宮中《きゅうちゅう》であそばれ、武家政権《ぶけせいけん》のころは「一二《ひふ》」とよばれました。女《おんな》の子《こ》たちのあいだで流行《りゅうこう》したのは江戸時代《えどじだい》からで、碁石《ごいし》やムクロジの種《たね》が使《つか》われていました。子《こ》どもたちのあそびになるにつれて、手《て》などにあたってもいたくないように、アズキや数珠玉《じゅずだま》などを使《つか》うようになりました。

●3つなげ（交差《こうさ》）

1

お手玉《てだま》を3つ用意《ようい》し、右手《みぎて》にふたつ、左手《ひだりて》にひとつ持《も》ちます。

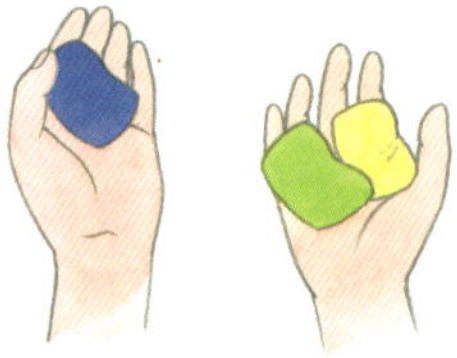

2

右手《みぎて》のお手玉《てだま》を、左《ひだり》よりにひとつなげます。

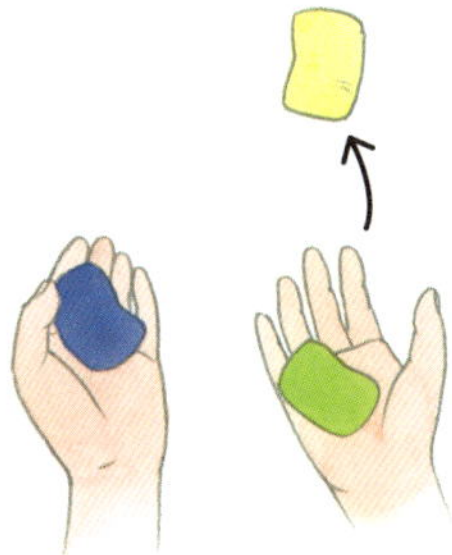

3

お手玉《てだま》が落《お》ちてくる前《まえ》に、左手《ひだりて》のお手玉《てだま》を右《みぎ》よりになげます。

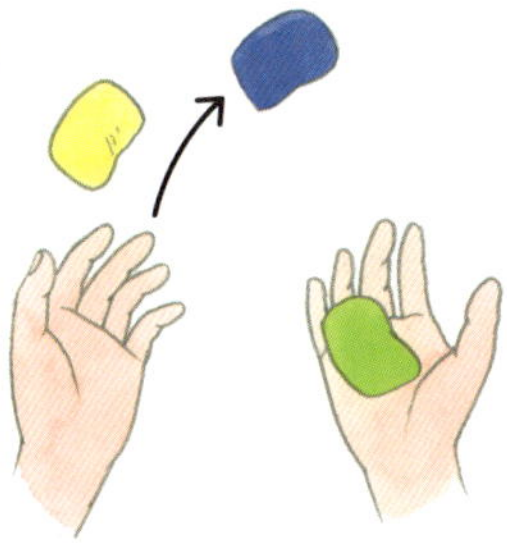

4

落《お》ちてくるお手玉《てだま》を、左手《ひだりて》で受《う》けます。

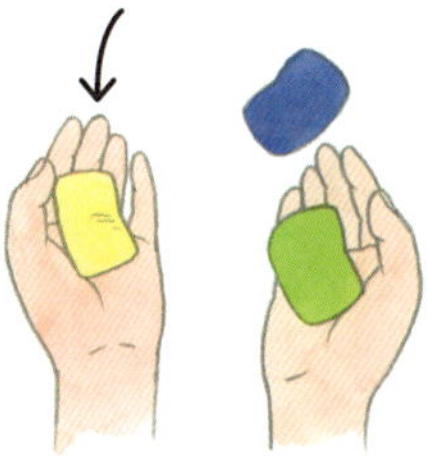

5

右手《みぎて》にお手玉《てだま》が落《お》ちてくる前《まえ》に、右手《みぎて》のお手玉《てだま》を左《ひだり》よりになげます。

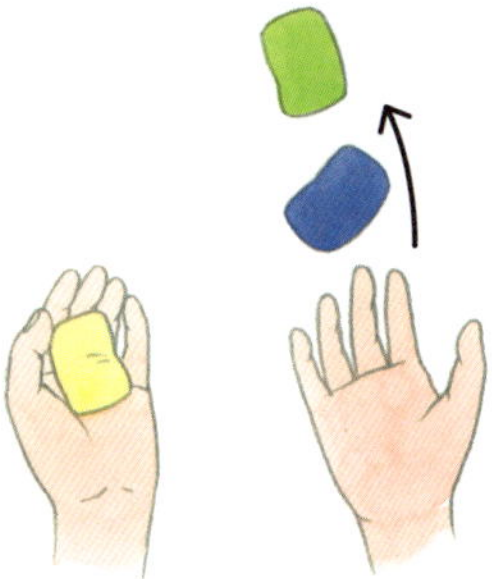

6

落《お》ちてくるお手玉《てだま》を、右手《みぎて》に受《う》けます。

【動《うご》き】③～⑥をくりかえします。

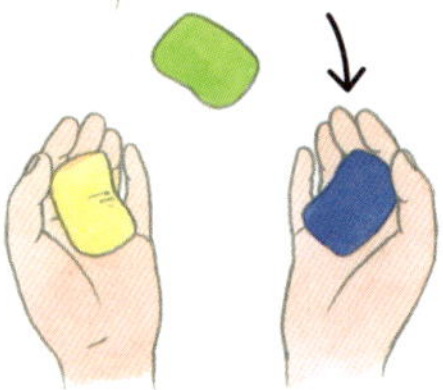

●3つなげ（よこまわし）

1

お手玉《てだま》を3つ用意《ようい》し、右手《みぎて》にふたつ、左手《ひだりて》にひとつ持《も》ちます。

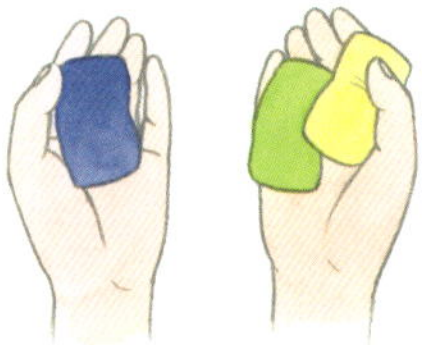

2

右手《みぎて》のお手玉《てだま》を、左《ひだり》よりにひとつなげます。

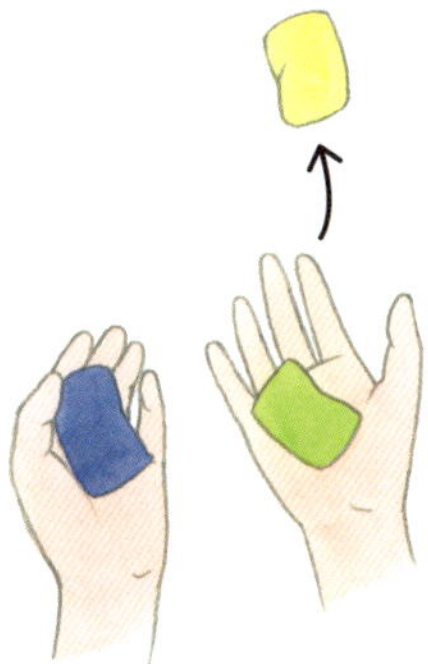

3

お手玉《てだま》が落《お》ちてくる前《まえ》に、右手《みぎて》のお手玉《てだま》を左《ひだり》よりになげます。

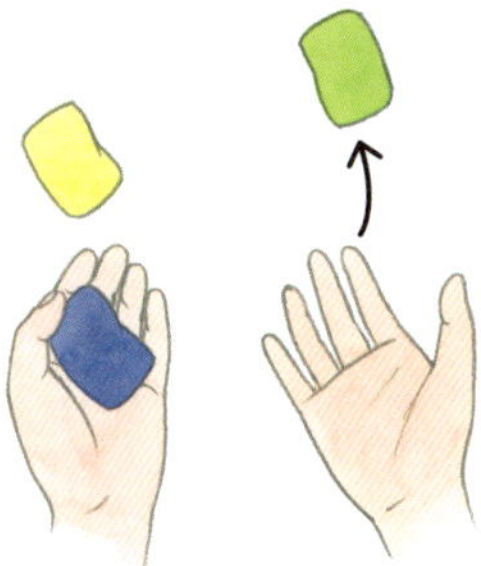

4

ふたつのお手玉《てだま》が落《お》ちてくる前《まえ》に、左手《ひだりて》のお手玉《てだま》を右《みぎ》手《て》にわたします。

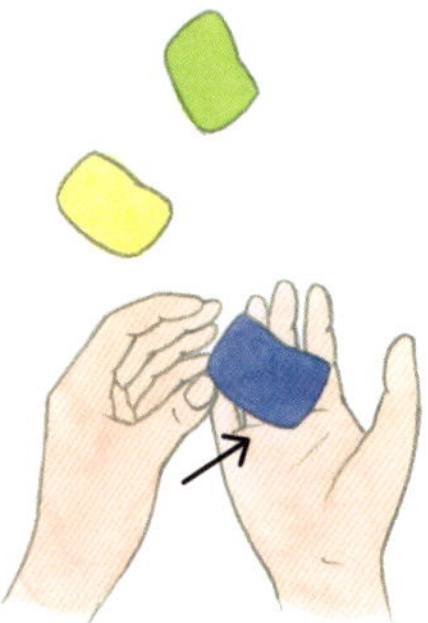

5

落《お》ちてくるお手玉《てだま》を左手《ひだりて》で受《う》けます。

【動《うご》き】③～⑤をくりかえします。

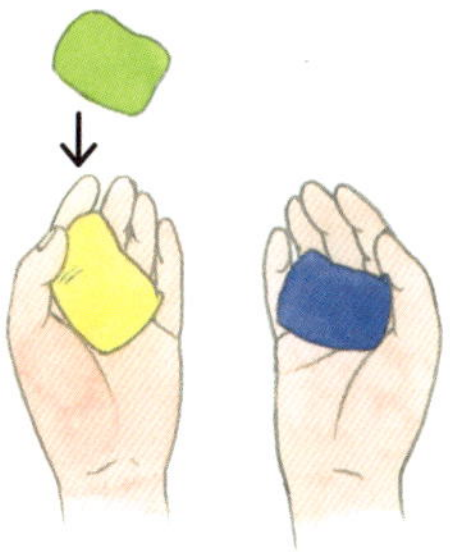

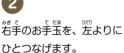

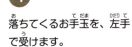

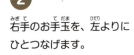

［数《かぞ》えてなげるお手玉《てだま》］

●おさらい

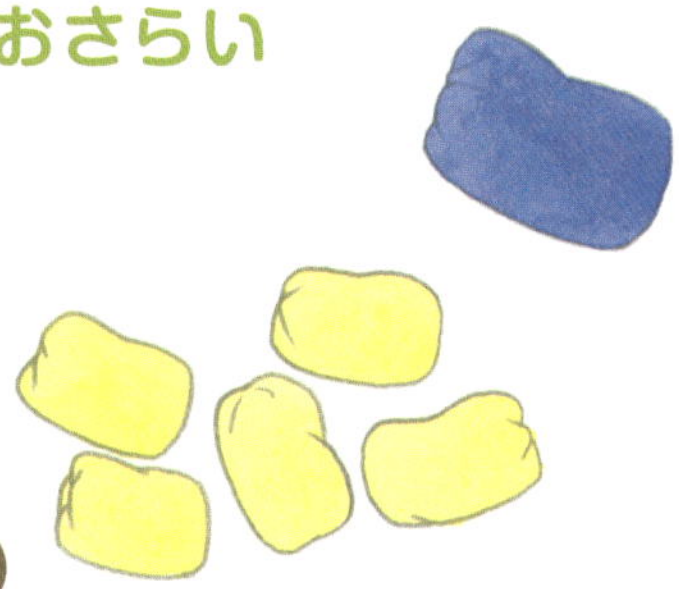

❶

6《むっ》つ～7《なな》つのお手玉《てだま》を用意《ようい》します。ひとつは目立《めだ》つ色《いろ》のお手玉《てだま》か、ほかのお手玉《てだま》よりも大《おお》きいものを用意《ようい》します。

【コツ】目立《めだ》つお手玉《てだま》を「親玉《おやだま》」といい、ほかのお手玉《てだま》を「子玉《こだま》」といいます。

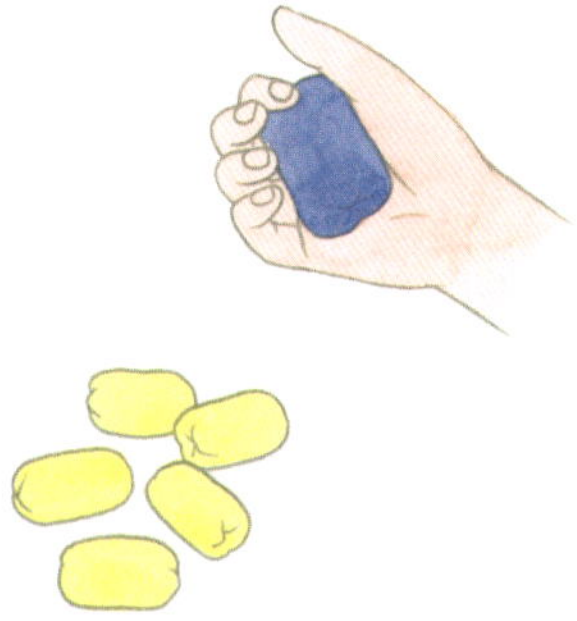

❷

親玉《おやだま》を右手《みぎて》に持《も》ち、子玉《こだま》を床《ゆか》に置《お》きます。

♪「おさらい」♪

おさらい
おひとつおひとつ
おさらい
おふたつおふたつ
おさらい
お3つお3つ
おさらい

❸

「おさらい」で、親玉《おやだま》を真上《まうえ》になげます。

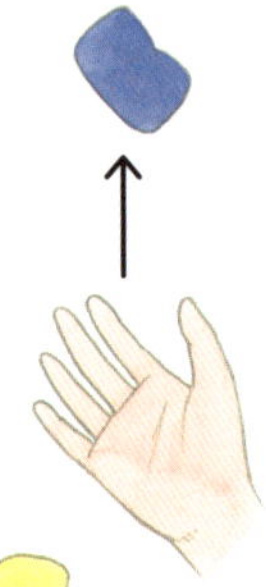

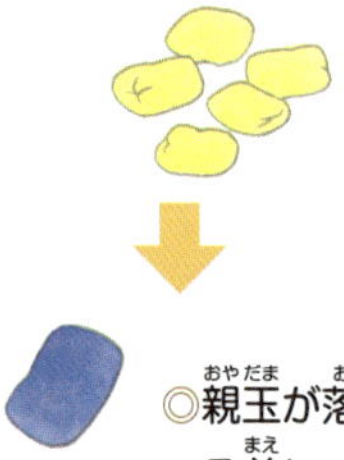

◎親玉《おやだま》が落《お》ちてくる前《まえ》に、床《ゆか》の子玉《こだま》を両手《りょうて》ですべてつかみます。

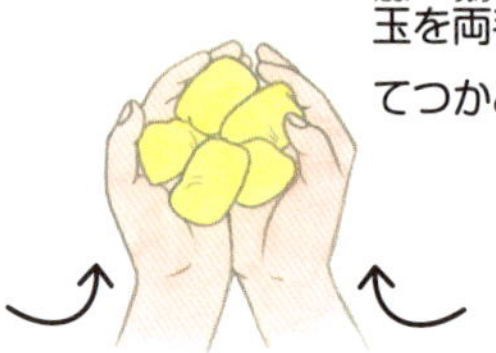

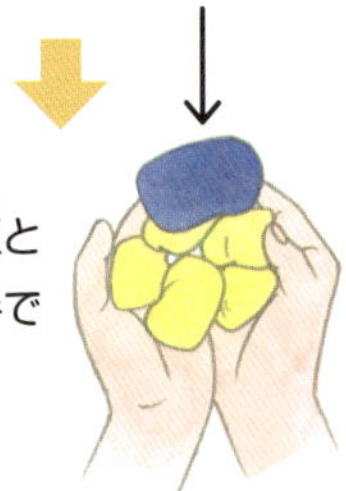

◎親玉《おやだま》を子玉《こだま》と一緒《いっしょ》に両手《りょうて》で受《う》けます。

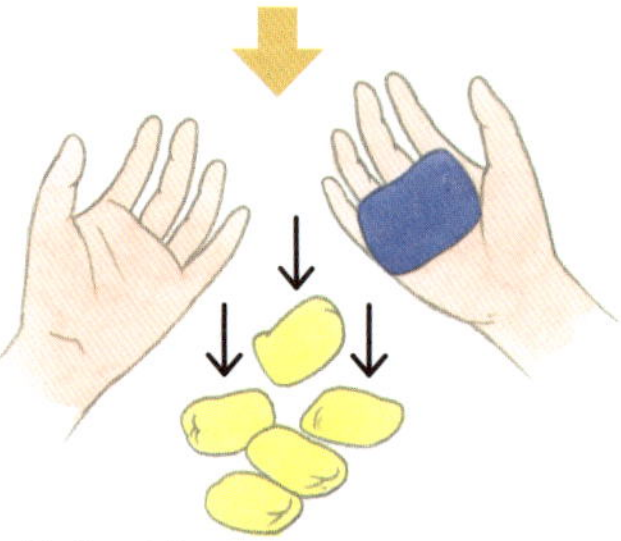

◎親玉《おやだま》を右手《みぎて》にのこして、子玉《こだま》をすべて落《お》とします。

❹

「おひとつ」で、親玉《おやだま》を真上《まうえ》になげます。

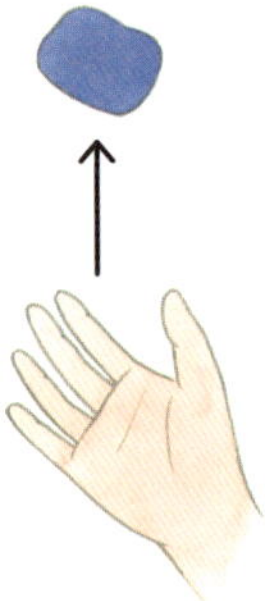

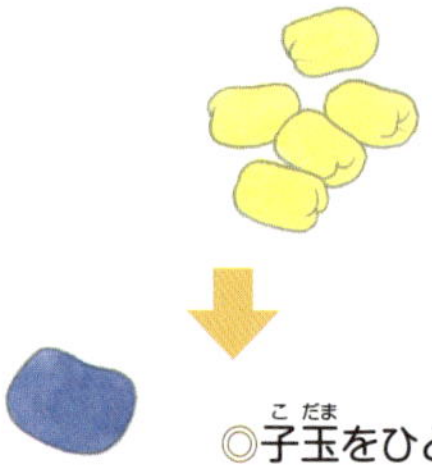

◎子玉《こだま》をひとつつかみます。

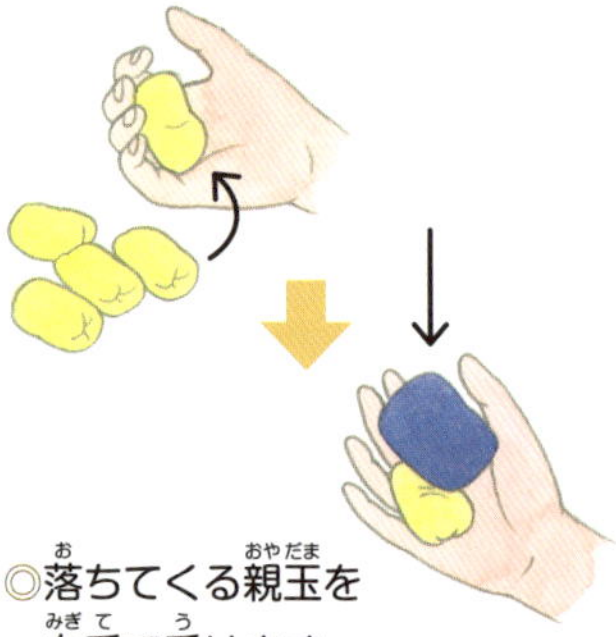

◎落《お》ちてくる親玉《おやだま》を右手《みぎて》で受《う》けます。

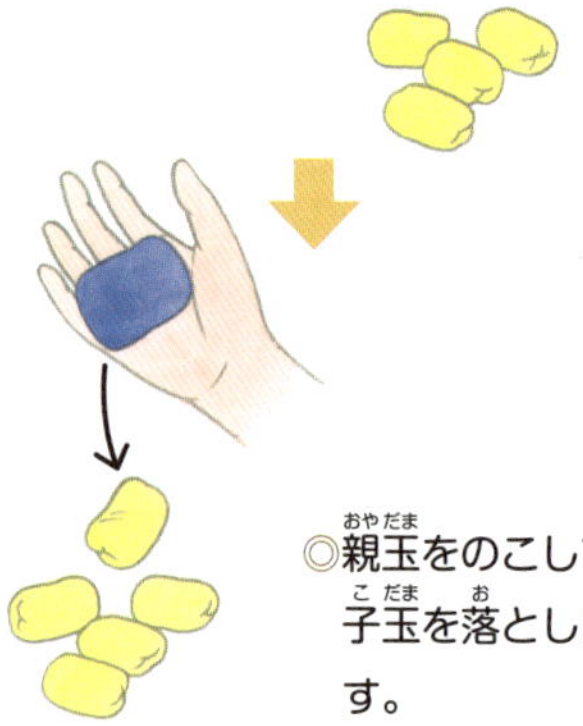

◎親玉《おやだま》をのこして、子玉《こだま》を落《お》とします。

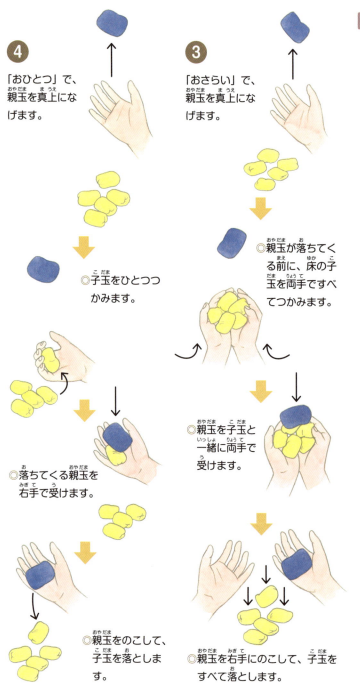

●トントントンとかけ

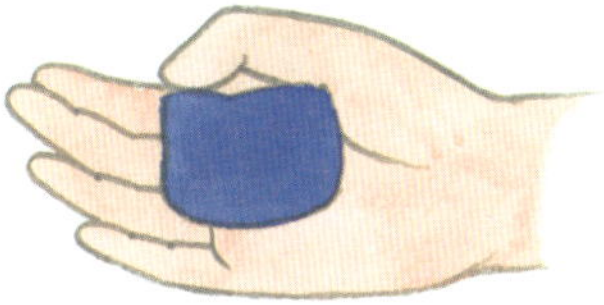

❶ お手玉《てだま》をひとつ用意《ようい》し、右手《みぎて》に持《も》ちます。

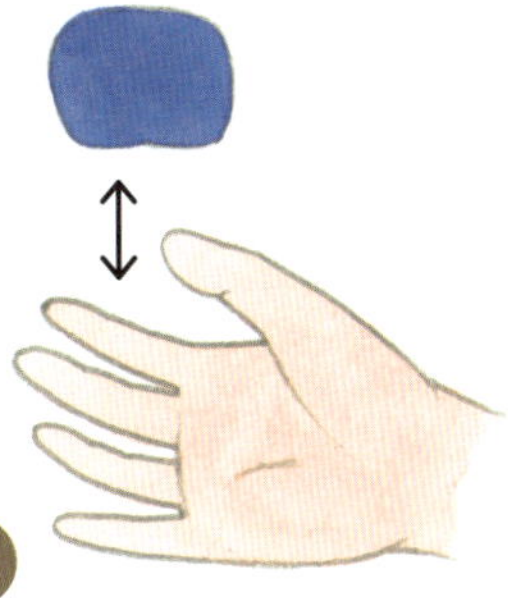

❷ 「トントントンとかけ」と歌《うた》いながら、手《て》のひらを上《うえ》にしてなげます。

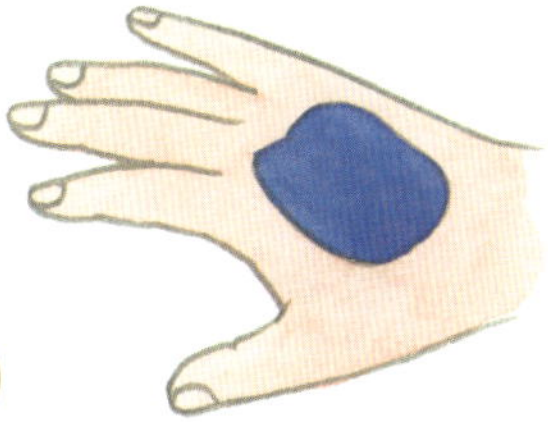

❸ 「1丁《ちょう》かけ」で、お手玉《てだま》を手《て》のこうにのせます。

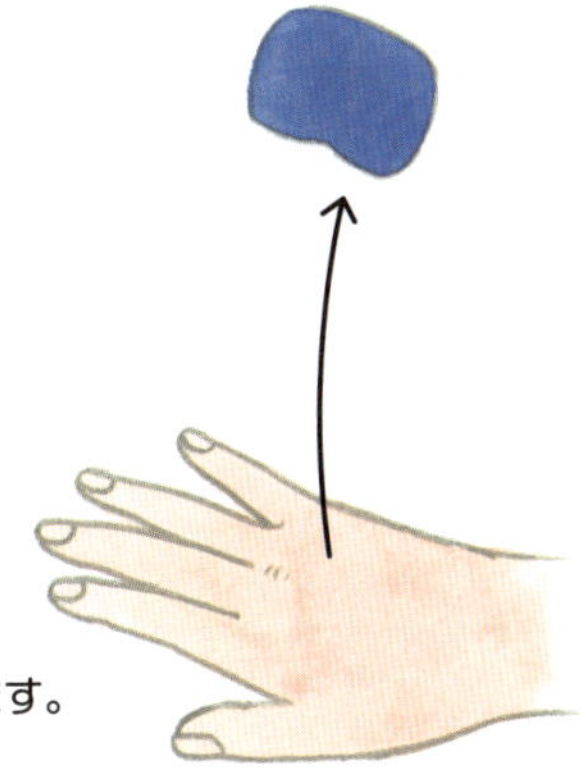

◎はねあげます。

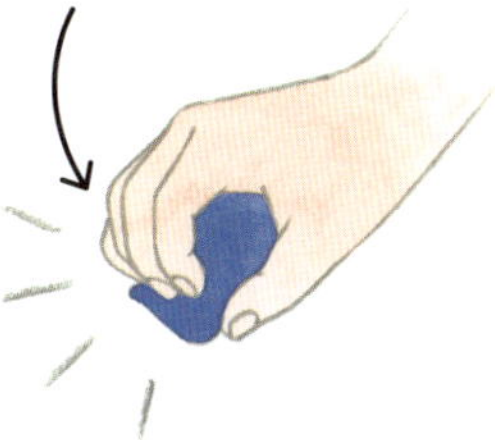

◎お手玉《てだま》をつかみます。

【動《うご》き】「2丁《ちょう》かけ」「3丁《ちょう》かけ」と、③をくりかえします。

♪「トントントンとかけ」♪

トントントンとかけ
1丁《ちょう》かけ
2丁《ちょう》かけ
…
…
9丁《ちょう》かけ
10丁《ちょう》かけた

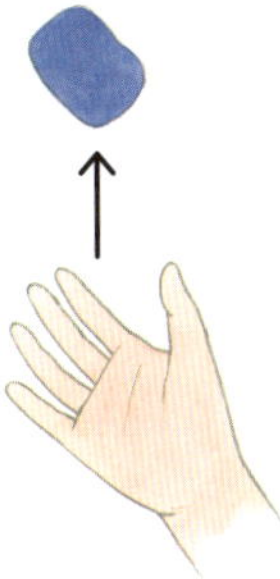

❺ 「おふたつ」で、親玉《おやだま》を真上《まうえ》になげます。

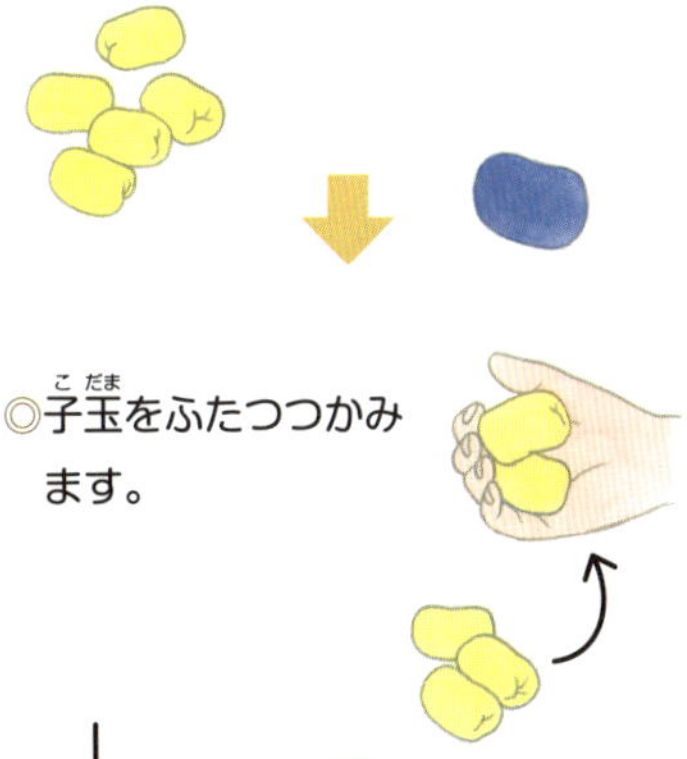

◎子玉《こだま》をふたつつかみます。

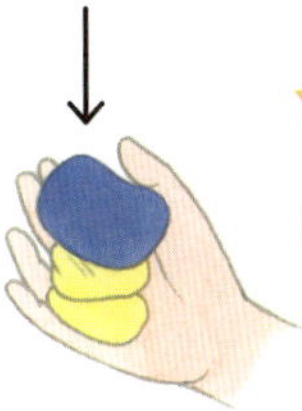

◎親玉《おやだま》を右手《みぎて》で受《う》けます。

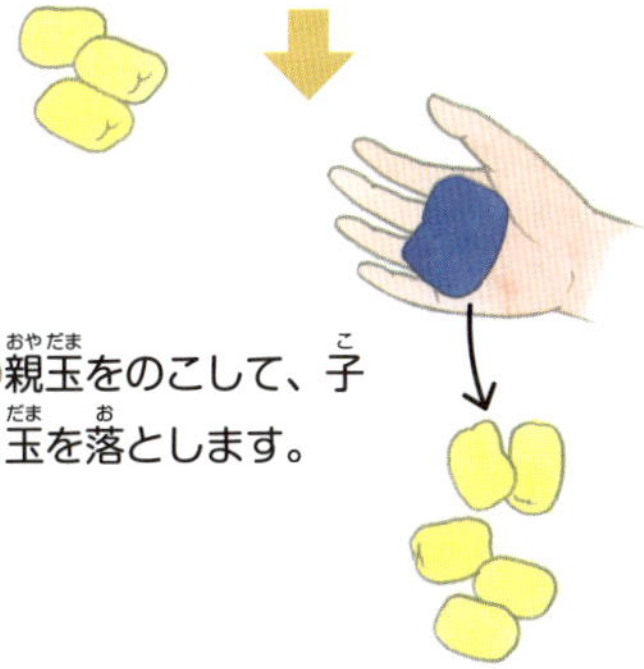

◎親玉《おやだま》をのこして、子《こ》玉《だま》を落《お》とします。

【動《うご》き】「3つ」「4つ」とくりかえします。

【コツ】数《かず》がふえてきたら、子玉《こだま》をつかむときに両手《りょうて》を使《つか》いましょう。

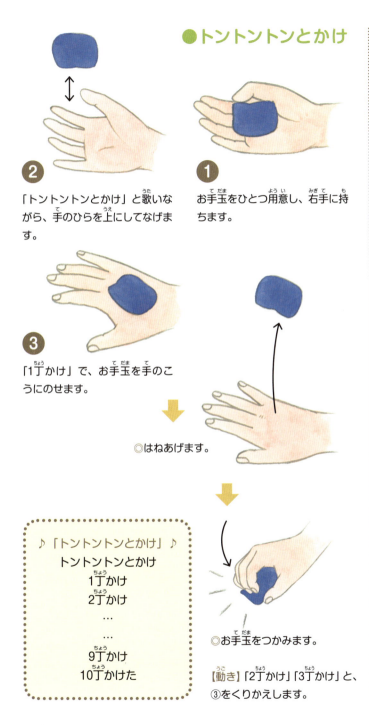

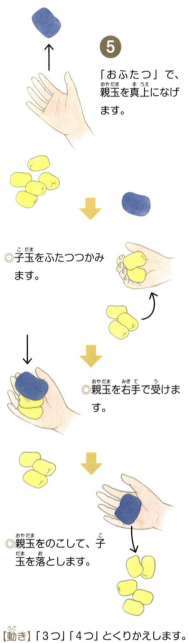

室《しつ》内《ない》あそび

おはじき

紀《き》元《げん》前《ぜん》からあったとされるあそび

おはじきは、きれいな色《いろ》がつけられている、小《ちい》さくて平《ひら》べったいガラスのおもちゃです。ねらい通《どお》りにはじけたときは、とてもうれしいものです。

はじき方《かた》

●中指《なかゆび》ではじく

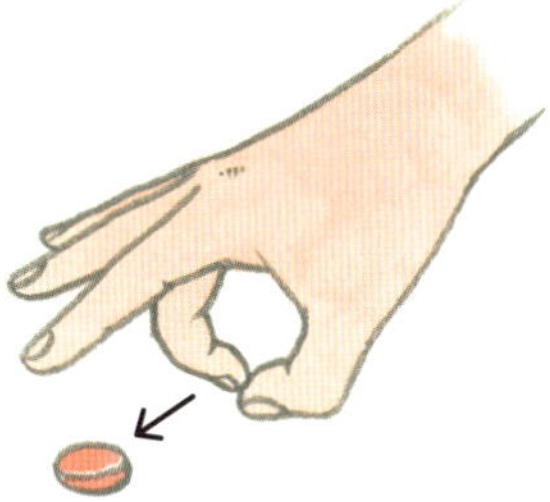

●親指《おやゆび》ではじく

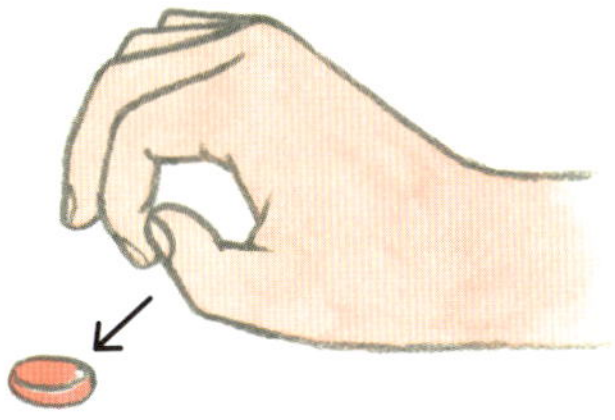

●人《ひと》差《さ》し指《ゆび》ではじく

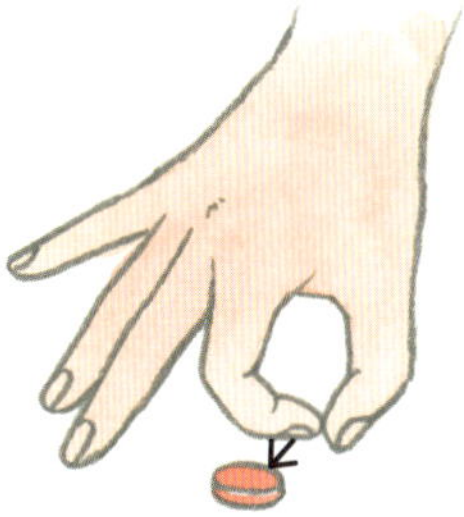

用《よう》意《い》

1

ひとり5つ《いつ》以《い》上《じょう》おはじきを出《だ》します。じゃんけんで順番《じゅんばん》をきめ、一番《いちばん》の子《こ》が床《ゆか》に広《ひろ》げてまきます。

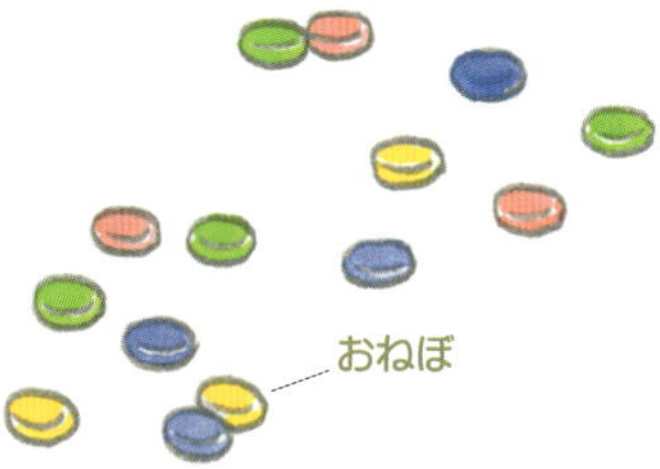

2

上《うえ》に重《かさ》なったおはじきを「おねぼ」といいます。おねぼは上《うえ》から落《お》としてはなします。

[おねぼのはなし方《かた》]

●ひじつき

床《ゆか》にひじをついて落《お》とします。

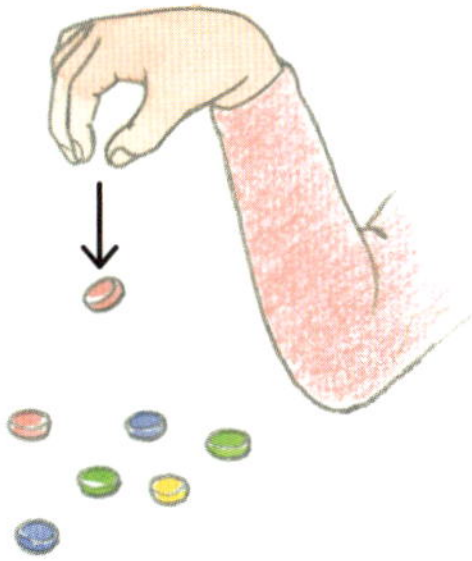

●お高《たか》

立《た》って落《お》とします。

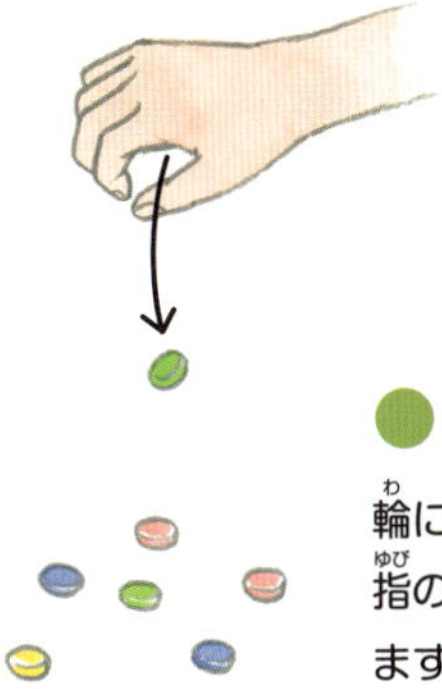

●おかま

輪《わ》にした親指《おやゆび》と人差《ひとさ》し指《ゆび》のあいだから落《お》とします。

[いろいろなあそび方《かた》]

●おはじき

1

はじめの子《こ》がとるおはじきと、はじくおはじきをきめ、そのあいだに指《ゆび》で線《せん》をひきます。これを「しきり」といいます。

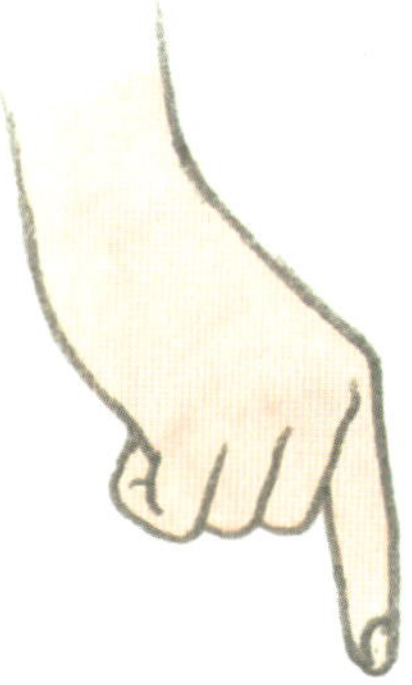

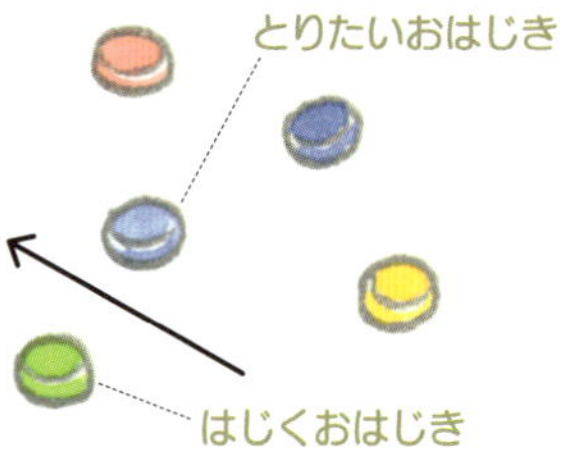

2

しきりをしたおはじきを、指《ゆび》ではじきます。

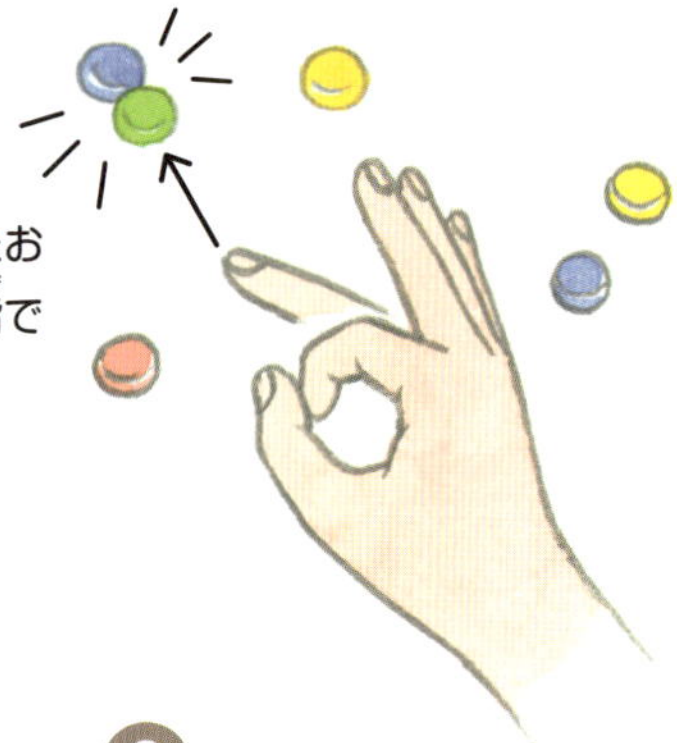

3

おはじきがあたり、もう一度《いちど》しきりをしたら、あたったおはじきがとれます。一度《いちど》はじいた子《こ》は、順番《じゅんばん》を代《か》わります。

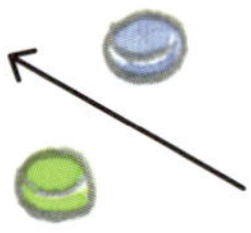

しきりのルール

◎しきりのときは、おはじきにさわってはいけません。せまいところは小指《こゆび》を使《つか》います。

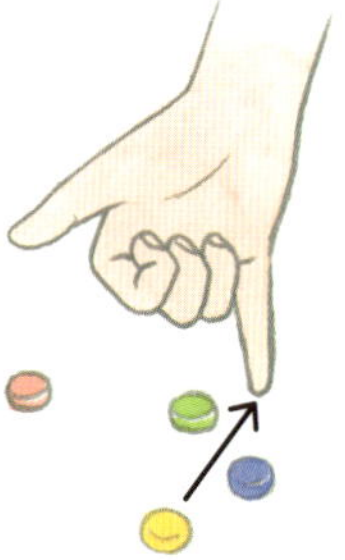

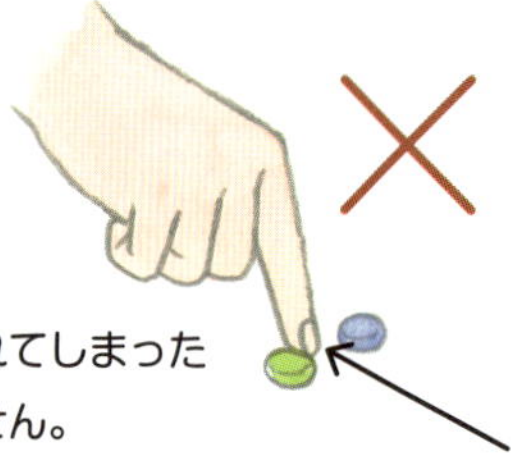

◎しきりのときに指《ゆび》がふれてしまったら、おはじきはとれません。

はじくときのルール

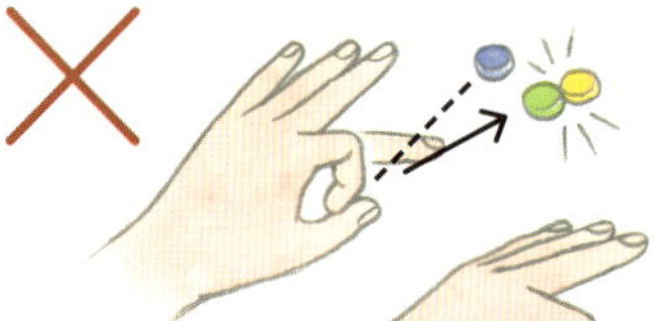

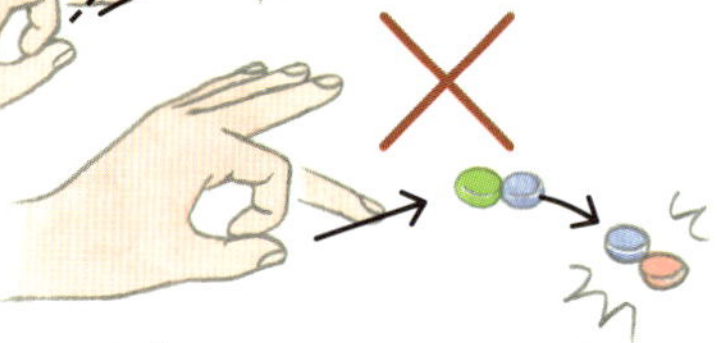

しきりをしたおはじき以外《いがい》にあてたり、ふたつ以上《いじょう》のおはじきにあてると「おやつ」といいます。今《いま》までとったおはじきを、すべてかえします。

4

最後《さいご》にひとつのこったおはじきは、目《め》をとじて人差《ひとさ》し指《ゆび》で2回《かい》おはじきのまわりをまわしてから、人差《ひとさ》し指《ゆび》と中指《なかゆび》を開《ひら》いておはじきをまたいで線《せん》をひきます。おはじきにふれなかったら、とれます。

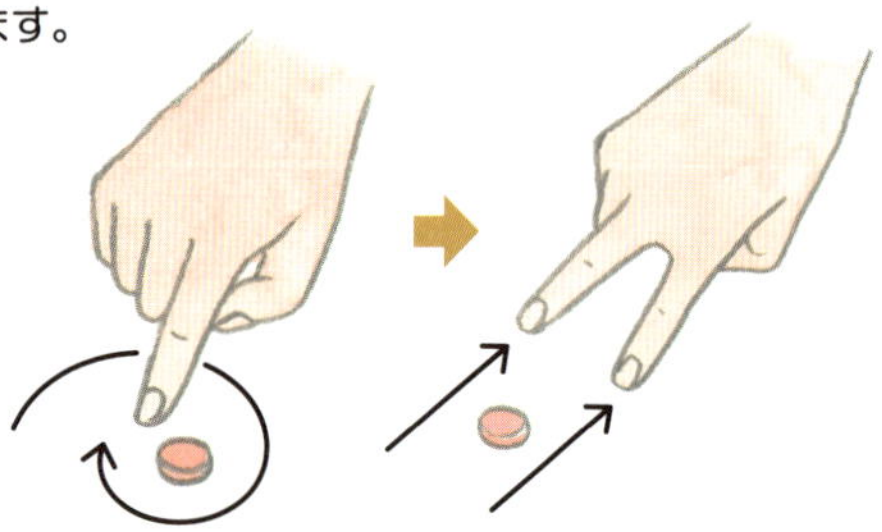

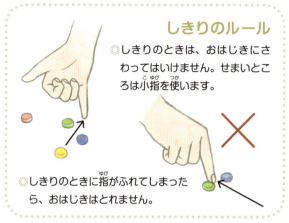

●あわせっこ

1

みんなで出《だ》しあったおはじきを、ひとりの子《こ》が両手《りょうて》に持《も》ちます。立《た》った高《たか》さから床《ゆか》にまきます。

2

片手《かたて》の親指《おやゆび》と人差《ひとさ》し指《ゆび》の届《とど》く範囲《はんい》のおはじきをとります。

【ルール】いくつでもとれます。

3

順番《じゅんばん》を代《か》わります。

●お手《て》のせ

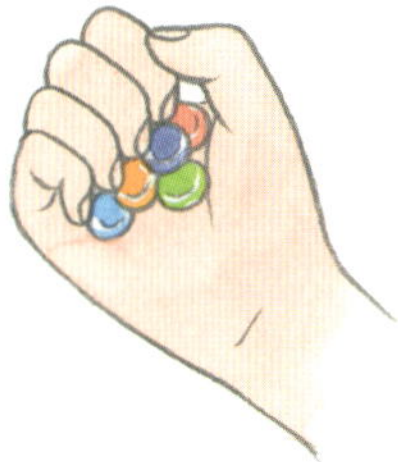

1

おはじきをいくつか片手《かたて》でにぎります。

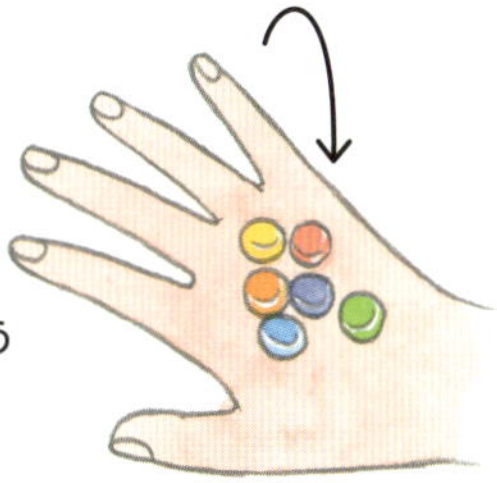

2

上《うえ》になげて、手《て》のこうにのせます。

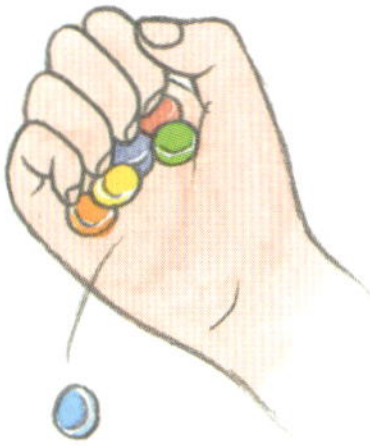

3

もう一度《いちど》上《うえ》になげて、手《て》のひらでにぎります。

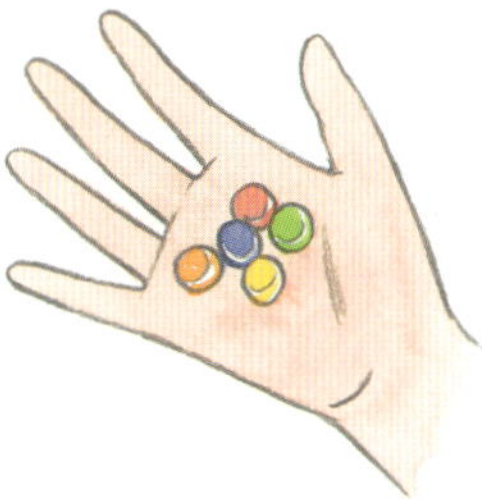

4

にぎったおはじきがとれます。

【ルール】落《お》としたおはじきはとれません。

あそびの歴史《れきし》

おはじきのいろいろな素材《そざい》

おはじきの歴史《れきし》は紀元前《きげんぜん》からあったといわれています。木《き》の実《み》や貝《かい》がら、小石《こいし》などを使《つか》いました。アジアでは、インドやセイロン（今《いま》のスリランカ）ではじまり、中国《ちゅうごく》で魏時代《ぎじだい》（200年《ねん》ごろ）に「弾碁《はじき》」が生《う》まれました。これが日本《にほん》につたわり、平安時代《へいあんじだい》は貴族《きぞく》のあそびでした。

江戸時代《えどじだい》には女《おんな》の子《こ》がキサゴの貝《かい》であそんでいました。明治時代《めいじじだい》はコヤスガイの貝《かい》がら、ギンナン、食器《しょっき》のかけらなども使《つか》われました。やがてガラス製《せい》のものができ、戦後《せんご》はプラスチック製《せい》もありましたが、現在《げんざい》はまたガラスで作《つく》られています。

紙《かみ》ずもう

1970年代《ねんだい》に大流行《だいりゅうこう》！

箱《はこ》で作《つく》った土俵《どひょう》の、すみを指《ゆび》でトントンとたたいて、力士《りきし》を動《うご》かします。ルールはすもうと同《おな》じで、相手《あいて》の力士《りきし》をたおすか、土俵《どひょう》の外《そと》に出《だ》した子《こ》が勝《か》ちです。力士《りきし》だけではなく、いろいろな人形《にんぎょう》を作《つく》ってあそびましょう。

あそびの歴史《れきし》

テレビ番組《ばんぐみ》でも大《だい》ブームになった紙《かみ》ずもう

　紙《かみ》ずもうが流行《りゅうこう》したのは、1970年代《ねんだい》のことです。その前《まえ》から紙《かみ》ずもうはありましたが、これまでとはちがう形《かたち》の力士《りきし》が作《つく》られたことがきっかけでした。それは左右対称《さゆうたいしょう》ではなく、右手《みぎて》を上《うえ》にあげ、左手《ひだりて》を下《した》にさげて、力士《りきし》の姿勢《しせい》がやや前《まえ》かがみになる形《かたち》でした。そして力士《りきし》がくみあうように置《お》いて、すもうをはじめます。週刊誌《しゅうかんし》などにとりあげられて全国的《ぜんこくてき》なブームになり、テレビで生中継《なまちゅうけい》されるほどの人気《にんき》がありました。

用《よう》意《い》するもの

●材料《ざいりょう》

・画用紙《がようし》

・あき箱《ばこ》

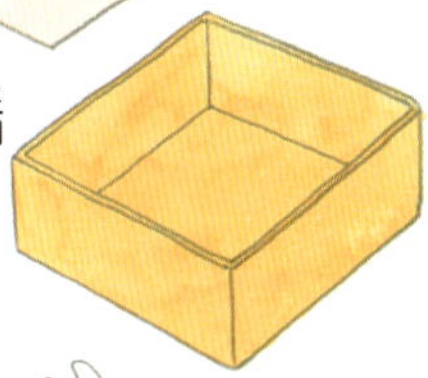

●道具《どうぐ》

・ペン

・はさみ

作《つく》り方《かた》

❶

画用紙《がようし》をふたつに折《お》り、外側《そとがわ》の線《せん》で切《き》ります。

❷

折《お》り線《せん》が背中《せなか》になるように力士《りきし》の絵《え》をかきます。

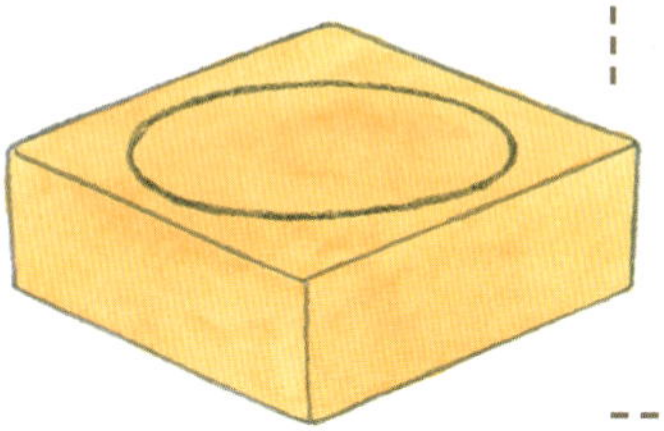

❸

あき箱《ばこ》をひっくりかえし、底《そこ》に土俵《どひょう》をかきます。

❹

土俵《どひょう》に力士《りきし》をのせて、できあがり。

[あそび方《かた》]

❶

「はっけよーい、のこった！」の合図《あいず》で、土俵《どひょう》のふちを指《ゆび》でトントンとたたき、力士《りきし》を動《うご》かします。

❷

相手《あいて》を土俵《どひょう》の外《そと》に出《だ》すか、たおした子《こ》が勝《か》ちです。

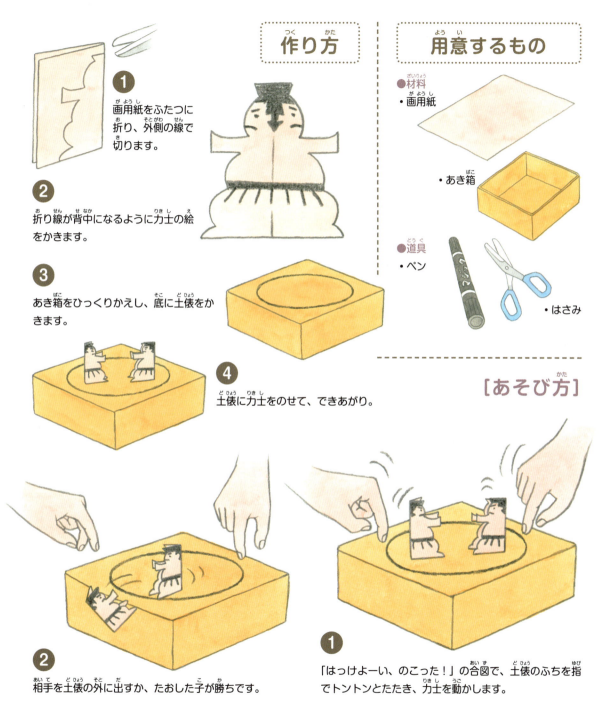

編　　著　にほんのあそび研究委員会
イラスト　多田歩実
　　　　　角　愼作
写　　真　株式会社共同通信社（カバー表、カバー裏上段）
　　　　　野坂千之助（カバー裏下段）
楽譜採譜　冨樫良樹
楽譜浄書　株式会社アイ・ミュージック
デザイン　株式会社フェブ
編集協力　株式会社オメガ社

こどもたちへ伝えたい…

にほんのあそびの教科書

編　　著　にほんのあそび研究委員会
発 行 者　田仲豊徳
発 行 所　株式会社滋慶出版 ／ 土屋書店
　　　　　〒150-0001 東京都渋谷区神宮前3-42-11
　　　　　TEL 03-5775-4471　FAX 03-3479-2737
　　　　　MAIL shop@tuchiyago.co.jp
印刷・製本　シナノ書籍印刷株式会社

この本に関するお問い合わせは、上記のFAXかメールまで（書名・氏名・連絡先をご記入の上）お送ください。電話によるご質問はご遠慮ください。また、内容については本書の正誤に関するお問い合わせのみとさせていただきますので、ご了承ください。

http://tuchiyago.co.jp

参考文献

■ 秋岡芳夫・著『ブルーバックス B-636 竹とんぼからの発想 手が考えて作る』講談社、1986
■ 有坂興太郎・著、発行『江都二色』郷土玩具普及会、1930
■ 一色八郎・著『箸の文化史』御茶の水書房、1990
■ 岩槻秀明・著『散歩の花図鑑』新星出版、2012
■ 奥成 達・文／ながたはるみ・絵『遊び図鑑―いつでも どこでも だれとでも―』福音館書店、1987
■ 小川清実・著『子どもに伝えたい伝承あそび―起源・魅力とその遊び方―』萌文書林、2001
■ 加古里子・著『伝承遊び考1 絵かき遊び考』小峰書店、2006
■ 加古里子・著『伝承遊び考2 石けり遊び考』小峰書店、2007
■ 加古里子・著『伝承遊び考3 鬼遊び考』小峰書店、2008
■ 加古里子・著『伝承遊び考4 じゃんけん遊び考』小峰書店、2008
■ 上 笙一郎・編『日本童謡事典』東京堂出版、2005
■ 木内 勝・作／木内勝、田中皓也・絵『工作図鑑―作って遊ぼう！ 伝承創作おもちゃ―』福音館書店、1988
■ 劇団かかし座・監修／後藤 圭・文『影絵 SHADOW ART』文溪堂、2012
■ グレイン調査団・編『ニッポンの大発明 歴史を変えたメイド・イン・ジャパン』辰巳出版、2010
■ 後藤 圭・著『手で遊ぶおもしろ影絵ブック』PHP研究所、2005
■ さいとうたま・採取、文／つじむらますろう・絵『親子であそぶあやとり絵本 あやとり いととり（1・3）』福音館書店、1982
■ 笹間良彦・著画『遊子館 歴史図鑑シリーズ3 日本こどもあそび図鑑』遊子館、2010
■ 佐藤亮一・監修『お国ことばを知る 方言の地図帳［新版］方言の読本』小学館、2002
■ 菅原道彦・指導『あそびとスポーツのひみつ101-13 ベーゴマ』ポプラ社、2001
■ 田中邦子・編著『シリーズ つくってあそんで1 お手玉しましょ』一声社、1987
■ 徳川義幸・著『負けるな！ 紙相撲』六興出版、1988
■ 中田幸平・著『江戸の子供の遊び辞典』八坂書房、2009
■ ながたはるみ・作『植物あそび』福音館書店、1998
■ 日本缶詰協会『かんづめハンドブック』2011
■ 半澤敏郎・著作『童遊文化史』全4巻、東京書籍、1980
■ 松永義希・指導『あそびとスポーツのひみつ101-10 けん玉 けん玉の奥義101』ポプラ社、1998
■ 若林健一、高瀬雄一郎・編著『シリーズ つくってあそんで6 こまであそぼう』一声社、1994